Auf der Suche nach Stabilität

# Forschungen zur Wirtschafts-, Finanz- und Sozialgeschichte

Geschäftsführender Herausgeber:
Franz Baltzarek
Fachbereich Wirtschaftsgeschichte des
Instituts für Wirtschaftswissenschaften
der Universität Wien



Band 5

PETER LANG
Frankfurt am Main · Berlin · Bern · New York · Paris · Wien

Wolfgang Zipser

# Auf der Suche nach Stabilität

## Das Zentralbankgeldangebot der österreichischen Nationalbank 1923 bis 1937

PETER LANG
Frankfurt am Main · Berlin · Bern · New York · Paris · Wien

Die Deutsche Bibliothek - CIP-Einheitsaufnahme

Zipser, Wolfgang:

Auf der Suche nach Stabilität : das Zentralbankgeldangebot der österreichischen Nationalbank 1923 bis 1937 / Wolfgang Zipser. - Frankfurt am Main ; Berlin ; Bern ; New York ; Paris ; Wien : Lang, 1997

(Forschungen zur Wirtschafts-, Finanz- und Sozialgeschichte ; Bd. 5)
Zugl.: Wien, Univ., Diss., 1993
ISBN 3-631-48488-7

Gefördert vom Dissertationsfonds
der Universität Wien

ISSN 0941-4754
ISBN 3-631-48488-7



Printed in Germany 1 2 4 5 6 7

*Für M.G. und V.G.*

# Inhaltsverzeichnis


Vorwort ........ 11

*Einleitung* ........ 13

1. Kapitel:

*Die Entwicklung des rechtlichen Rahmens und der Statuten 1923 bis 1937* ........ 23

1.1. Zielsetzung der Oesterreichischen Nationalbank ........ 23
1.2. Zielbestimmung und Entscheidungsspielraum ........ 26
1.3. Statutarischer Rahmen der Geldschöpfung ........ 28
1.4. Sanktionen bei Zielverletzung ........ 32
1.5. Zielhierarchie, Zielerreichung und Kontrolle der Zentralbankgeldschöpfung ........ 36
1.6. Einflüsse auf die Geschäftspolitik der Oesterreichischen Nationalbank ........ 40

2. Kapitel:

*Zentralbankgeldangebot und Zielerreichung 1923-1937* ........ 44

2.1. Stabilitätsziel und Zwischenziele ........ 44
2.2. Zentralbankgeld ........ 44
2.2.1. Zusammensetzung des Gesamtumlaufs ........ 44
2.2.2. Zielverletzung, Wachstumsraten und Komponenten des Gesamtumlaufswachstums nach Perioden ........ 45
2.2.3. Die Beziehung zwischen Gesamtumlaufswachstum und seinen Komponenten ........ 51
2.2.4. Das Verhältnis von Auslands- zu Refinanzierungskomponente ........ 52
2.2.4.1. Kausalität zwischen Auslands- und Refinanzierungskomponente ........ 54
2.2.5. Diskontpolitik ........ 56
2.3. Geldmengenschätzungen ........ 59
2.3.1. Die Entwicklung der Geldmengenschätzungen 1923/36 ........ 64
2.3.2. Komponenten des Geldmengenwachstums ........ 65
2.3.3. Verhältnis von Geldangebot, Geldnachfrage und Sozialprodukt ........ 70

**3. Kapitel:**

*Test der Glaubwürdigkeit und Durchsetzung des Geldangebotsmusters* ........ 72

3.1. Reale Aktivität und Preise ........ 72
3.2. Das Wachstum des Gesamtumlaufs 1923/1-1926/7 ........ 72
3.3. Die Ausgsanglage bei Geschäftsaufnahme ........ 73
3.3.1. Die Beendung der Hyperinflation ........ 74
3.4. Die Periode von Jänner 1923 bis Feber 1924 ........ 78
3.5. Erste Bankenkrise: Refinanzierungsphase 1924/3-1924/7 ........ 80
3.6. Erste Deflation 1924/8-1926/7 ........ 82
3.7. Kritik am Vorgehen der Oesterreichischen Nationalbank und Gegenvorschläge ........ 90
3.7.1. Währungspolitische Kritiken ........ 90
3.7.2. Vorschläge im Generalrat ........ 98
3.8. Ein Konzept zur Bankenstützung ........ 100

**4. Kapitel:**

*Die Periode des Golddevisenstandards von der Stabilisierung 1926 bis zur Creditanstaltkrise* ........ 103

4.1. Die Entwicklung des Zentralbankgeldes ........ 103
4.2. Die wirtschaftliche Entwicklung bis zur Creditanstalt-Krise ........ 105
4.3. Zahlungsbilanzentwicklung ........ 112
4.4. Die erste Phase der Depression bis zur Creditanstalt-Krise ........ 115
4.5. Diskussion der Bankenprobleme im Generalrat der Oesterreichischen Nationalbank ........ 116
4.6. Versuche zur Einführung einer Bankenaufsicht ........ 118
4.7. Die "Bodencreditanstaltskrise" ........ 122
4.8. Währungspolitik zwischen Bodencreditanstalts- und Creditanstaltskrise ........ 125

**5. Kapitel:**

*Die Creditanstalt-Krise bis zu den Lausanner Protokollen* ...... 130

5.1. Die Entwicklung des Zentralbankgeldes ........................ 130
5.1.1. Die Entwicklung des Zentralbankgeldes 1931/5-1932/2 ........................ 130
5.1.2. Die Entwicklung des Zentralbankgeldes 1932/3-1932/8 ........................ 130
5.2. Der Verlauf der Banken- und Währungskrise ............. 131
5.3. Währungspolitische Entscheidungen ........................... 132
5.3.1. Solvenzkrise, Rekapitalisierung und Run auf die Banken ........................ 132
5.3.2. Einlagengarantie und Stillhalteabkommen ................ 139
5.3.3. Zusammenbruch des Golddevisenstandards und Auseinandersetzung um die Kontrolle der Creditanstalt .... 146
5.3.4. Stabilisierungsversuch von der Einstellung der Refinanzierung der CA bis zum Transfermoratorium .. 153

**6. Kapitel:**

*Die Stabilisierung 1932-1934* ........................ 158

6.1. Die Entwicklung des Zentralbankgeldes 1932/8-1934/7 ........................ 158
6.2. Das Transfermoratorium ........................ 159
6.3. Die Lausanner Protokolle ........................ 160
6.4. Abkommen mit Auslandsgläubigern ........................ 169
6.5. Verwendung der Anleihemittel ........................ 171
6.6. Kursvereinheitlichung und Abwertung ........................ 174
6.7. Maßnahmen zur Bankenregulierung ........................ 177

**7. Kapitel:**

*Gespaltene Konjunktur und Stagnation 1934 bis 1937* ........... 184

7.1. Die Entwicklung des Zentralbankgeldes ........................ 184
7.2. Schwacher Aufschwung bei schrumpfenden Finanzmärkten ........................ 189
7.3. Wechselkurs ........................ 196
7.4. Kommentare und Empfehlungen zur Währungspolitik in der Depression ........................ 197

**8. Kapitel:**

*Übersicht über die Währungspolitik der Oesterreichischen Nationalbank im internationalen Umfeld* ..... 202

8.1. Die Periode des Golddevisenstandards ..... 202
8.1.1. Anpassungsbehinderung durch österreichische Währungspolitik ..... 203
8.2. Die Währungspolitik nach der Bankenkrise ..... 208
8.3. Die Währungspolitik der OeNB nach 1931 im internationalen Vergleich ..... 211
8.4. Wirkungen der österreichischen Währungspolitik nach 1931 ..... 221
8.5. Resümee ..... 225

*Anhang* ..... 227
*Verzeichnis der Tabellen* ..... 235
*Verzeichnis der Abbildungen* ..... 236
*Abkürzungen* ..... 236
*Literatur* ..... 237

## Vorwort des Herausgebers

Es ist kein Zufall, daß in den letzten Jahrzehnten immer wieder die österreichische Zentralbank- und Währungsgeschichte der alten Monarchie, vor allem aber der Zwischenkriegszeit zum Thema von ökonomischen und wirtschaftshistorischen Betrachtungen gewählt worden ist. Das Thema scheint einer ausgepreßten Zitrone zu gleichen, aus der aber immer noch erstaunlich viel Saft ausgepreßt werden kann.

Neben den immer wieder veröffentlichten Festschriften und der Geschichte der Geschäftsbanken ist das Thema der Währung und Zentralbank in den letzten Jahrzehnten insbesondere von Bachmayer (1960), Ausch (1968), März (1973, 1981), Suppanz (1976), Stiefel (1988, 1989), Kernbauer (1991) und Schubert (1991) behandelt worden. Aber nicht nur das Fallbeispiel der Österreichischen Währung und Zentralbank an sich und im Besonderen hat das Interesse der Forschung erweckt, es geht auch um Verallgemeinerungen und Erfahrungen der Vergangenheit, die zu systematischen Untersuchungen und Beurteilungen angeregt haben. Gerade im anglo-amerikanischen Raum hat sich hinsichtlich der Einschätzung des Erkenntniswertes wirtschaftshistorischer Analysen, insbesondere der Interpretation von quantitativ auswertbaren Materialien, aber auch hinsichtlich institutioneller Lösungsansätze der Vergangenheit in der letzten Zeit ein großer Wandel bemerkbar gemacht. Währungs- und Geldpolitik unter Berücksichtigung der österreichischen Erfahrungen in der Monarchie und in der 1. Republik flossen ein in grundsätzliche Forschungen von Paul Einzig (1967) und L.B. Yeager (1969), in Abhandlungen von Sargent (1986), Wicker (1986), und jüngst Eichengreen (1988, 1992).

In der Tat kann die österreichische Währungs- und Zentralbankgeschichte schon seit sehr früher Zeit große Experimentier- und Neuerungsfunktion (meist angesichts gravierender Notsituationen) für sich beanspruchen. Ich erinnere dabei an die diversen eigenständigen Experimente und Lösungen in der Währungs- und Geldpolitik zur Zeit der Napoleonischen Kriege, in den 50er Jahren des 19. Jahrhunderts oder an die Erfahrungen mit der Goldkernwährung (Gold-Devisenwährung) vor 1914, schließlich auch an die Pionierfunktion in Mitteleuropa hinsichtlich der Währungsstabilisierung nach dem 1. Weltkrieg.

Die vorliegende Studie von Wolfgang Zipser hat es sich zur Aufgabe gemacht, rechtliche und institutionelle Aspekte der Währungspolitik in geglückter Weise mit sorgfältiger quantitativer Schätzung aller erreichbaren Daten zu verbinden. Im Mittelpunkt steht dabei das Zentralbankgeldangebot und dessen Analyse innerhalb eines plausiblen Periodisierungsschemas. Besonders wertvoll ist vor allem auch der Vergleich der österreichischen Währungspolitik mit dem internationalen Umfeld. Dabei liegen die Schwerpunkte der Darstellung in erster Linie bei der Periode der Installierung der neuen Notenbank und der Währungsstabilisierung in den frühen Zwanzigerjahren, bei der Periode der großen Bankenkrise von 1931 und schließlich bei der Zeit der großen Deflation bis zum Ende der 1. Republik. Besonders wichtig sind die Untersuchungen Zipsers hinsichtlich der Darstellung der schon lange zurückreichenden Wurzeln der österreichischen Hartwährungspolitik. Genau wissen wir heute auch durch diese neue Analyse, daß die Daten über Kreditvolumen und Geldmengenaggregate darauf hinweisen, daß die österreichische Geld- und Währungspolitik ab 1931 deflationäre Wirkungen hervorbrachte. Entgegen zeitgenössischer und späterer Argumentation zeigt der Autor, daß man zur Erlangung dieses Erkenntnisses genau periodisieren muß. Deflationär war erst die Politik ab 1932. Dabei war weniger das Geldangebot selbst deflationär als die abschreckende Haltung der Nationalbank gegenüber der Kreditnachfrage der Geschäftsbanken.

Die Urfassung dieses Buches entstand 1991/92 als Dissertation am Institut für Wirtschaftswissenschaften der Universität Wien. Der Dank für finanzielle Unterstützung der Drucklegung gilt dem Drucksubventionsfonds für Dissertationen (o.Prof. Hunger) an der Universität Wien sowie der Deutschen Bank (Austria) AG in Wien. Die bewährte Computeraufbereitung erfolgte durch Dr. Johann Brazda, vom Verlag wurde die Arbeit wieder sehr freundlich von Herrn Dr. Norbert Willenpart betreut.

Wien, im Mai 1997

*Univ.Prof. Dr. Franz Baltzarek*
Fachbereich Wirtschafts- und Sozialgeschichte
am Institut für Wirtschaftswissenschaften
der Universität Wien

## Einleitung

Die österreichische Währungspolitik der Zwischenkriegszeit ist gekennzeichnet durch Erwerb, Verlust und neuerlichen Erwerb der Glaubwürdigkeit eines nicht inflationären Geldangebotes durch eine Reihe von Verpflichtungen von Bund und Notenbank.

Die Gründung der Oesterreichischen Nationalbank 1922 war Teil der Umstellung des Geldangebotes und der Stabilisierung der Geldnachfrage nach der Währungstrennung zwischen den Nachfolgestaaten der Monarchie und nach dem Ende der Hyperinflation.

Aus der Inflation und der Interessenkonstellation nach ihrer Beendung resultierten Institutionen zur Bindung der Geldpolitik gegen zeitinkonsistentes Verhalten der Währungsbehörden, die sich in der Folge teilweise als widersprüchlich erwiesen und mit hohen realen Kosten verbunden waren.[1]

Um das Vertrauen in die Währung dauerhaft zu sichern wurden Notenbank und Bund durch mehrfache Beschränkungen an statuierte Regeln gebunden, sodaß für sie eine Abweichung von den publizierten Zielen mit Kosten verbunden war.[2] Durch Kursfixierung und später durch gesetzliche Goldparität wurde das Geldangebot externen Beschränkungen unterworfen. Die gesetzliche Bindung umfaßte das Verbot der Monetisierung der Staatsschuld, eine Vorschrift für die Wahl des Wechselkurszieles sowie über Mindestwährungsreserven in den Notenbankstatuten. Die bei Verstoß gegen die Reservevorschriften fällige Notensteuer minderte den Gewinn der Bank nur geringfügig und kam dem Bund zugute. Mangelnde Reputation infolge der jüngsten Inflationsgeschichte, fehlende Kapitalmarktfähigkeit des Bundes, aufgehobene Bareinlösungspflicht und das Fehlen gesetzlicher Sanktionen bei Verletzung des Wechselkurs-Stabilitätszieles durch die Notenbank sowie die Rolle des Landes als Kapitalimporteur erforderten weitergehende Bindungen zur Verhinderung von Regelverstößen. Fiskal- und Geldpolitik wurden den externen Kontrollen einer Organisation mit abweichenden Zielen unterworfen: der direkten Kontrolle durch den

---

[1] Eine im Sinn der politischen Instanzen optimale Politik, die implementiert und vom privaten Sektor erwartet wird, verliert diese Optimalitätseigenschaft und die Behörden haben Interesse an vorübergehenden realen Effekten einer überraschenden Erhöhung des Geldangebotes. Nach Erhöhung der Inflationserwartungen steigt entweder die Inflation oder es kommt zur Abwertung über das optimale Ausmaß hinaus. Vgl. *Blanchard, O.J., Fischer, St.*, Lectures on Macroeconomics, S. 592-614.

[2] Vgl. *Blackburn, K., Christensen, M.*, Monetary Policy Credibility: Theories and Evidence, in: Journal of Economic Literature Vol. 27 (1989) S. 1-45.

Völkerbund bis 1926 und in der Folge durch einen ausländischen Berater bei der Notenbank. Vertreter ausländischer Kapitalgeber wurden zur Zeichnung des Aktienkapitals der Notenbank eingeladen und waren in ihren Organen repräsentiert. Der Gegenwert von achtzig Prozent des Kapitals der Notenbank wurde als Teil der Währungsreserven auf westlichen Finanzplätzen angelegt. Kapitalimporte und die hohe Auslandskomponente der Geldbasis stellten zusammen mit der steigenden gesetzlichen Mindestdeckung des Umlaufs durch Währungsreserven ein Anreizschema dar, durch das der private Sektor der Währungspolitik durch Reserveverluste bei steigenden Abwertungserwartungen infolge von Zielverletzungen Kosten auferlegen konnte. Steigende Abwertungserwartungen hätten die Schwankungen der Währungsreserven erhöht und die Einhaltung der statutarischen Mindestdeckung erschwert. Die Staatsschulden bestanden infolge des Verlustes der Kapitalmarktfähigkeit des Bundes aus den vom Völkerbund vermittelten ausländischen Hilfskrediten und somit überwiegend aus wertgesicherten Fremdwährungsschulden. Sie waren daher so strukturiert, daß jede Abwertung Kosten für das Budget in Form der gestiegenen Last der Schuldenbedienung nach sich zog.[3] Diese Kredite waren mit allgemeinen politischen Erklärungen der garantierenden Regierungen verbunden und durch Verpfändung von Staatseinnahmen gesichert.

Dieser Bindungsmechanismus begünstigte unmittelbar nach der Stabilisierung der Währung die Überbewertung der Währung und ein Interesse der Notenbank an hohen Währungsreserven mit den Folgen einer nach unten inflexiblen Geldmenge und der Bremsung der Restrukturierung des Kapital importierenden Bankensektors.

Die Inflexibilität der Geldmenge verhinderte eine Verringerung des Handelsbilanzdefizits. Das zum Kapitalimport erforderliche Zinsdifferential begrenzte die Rentabilität des Realkapitals. Ein hohes Zinsniveau und der Vorlauf des Wechselkurses vor der Binneninflation und der Steigerung der Preise der Vermögenswerte in der Schlußphase der Hyperinflation induzierten nach deren Ende kurzfristige Kapitalimporte und hohes Wachstum von Währungsreserven und Geldmenge. Inflationäre Verzerrungen der Bilanzen erschwerten die Einschätzung der Rentabilität des Realkapitals. Die nach der Hyperinflation geringe inländische Geldvermögensbildung verstärkte die Wirkung der Kapitalimporte auf die Anlagemärkte. Nach Revision der Ertragserwartungen der ausländischen Anleger bremste die OeNB in der ersten Bankenkrise den Abfluß der Reserven. Sie schwächte die Beschränkung des

---

3 Vgl. *Lucas, R.E. Jr., Stockey, N.L.,* Optimal Fiscal and Monetary Policy in an Economy without Capital, in: Journal of Monetary Economics Vol 12 (1983) S. 55-94.

Geldangebotes durch die Auslandskomponente, indem sie eine Verringerung der Fristigkeit und der Sicherheit der freien Devisenreserven hinnahm. Die Völkerbundkontrolle half Reserveverluste zu beschränken. Auf Intervention der Völkerbundorgane hin wurde die Bindung durch gesetzliche Goldparität verbunden mit der Einführung der Schillingwährung und durch die Etablierung des ausländischen Beraters im Zuge umfassender Statutenänderungen der Notenbank verstärkt.

Die Stützung des Finanzsektors verhinderte die Anpassung von Geldmenge, Wechselkurs und Leistungsbilanzsaldo und verlangsamte die durch den Zerfall des gemeinsamen Wirtschaftsraumes der Donaumonarchie notwendige Redimensionierung des Bankensektors.

Die OeNB verfolgte in der Golddevisenstandard-Periode zwischen den Bankenkrisen von 1924 und 1931 ihr Wechselkursziel über das Reserve-Zwischenziel ausreichender freier Devisenreserven und über den Diskontsatz als Instrument. Sie steuerte durch Diskontsatzpolitik die Zusammensetzung des Zentralbankgeldes derart, daß die Auslandskomponente ausreichend hoch war, um Abwertungserwartungen und Risikoprämien auf die Kapitalimporte der Geschäftsbanken gering zu halten. Das Zinsdifferential induzierte Kapitalimporte und der hohe Diskontsatz beschränkte die inländische Refinanzierung.

Kapitalkosten und Wechselkurs lasteten auf den Erträgen des Realkapitals. Die Investitionen blieben gering, die Kapitalimporte überwiegend kurzfristig. Die Eigenkapitalbasis von Industrieunternehmen und Banken wurde kaum ausgedehnt. Die Geschäftsbanken kumulierten in der Kreditexpansion und in ihren Beteiligungsportefeuilles miteinander korrelierte Risiken, die durch Bankenfusionen weiter konzentriert wurden.

Die unaufgedeckten Verluste der Banken stellten eine latente Abschwächung der Bindung dar, der steigende Anteil kurzfristiger Devisen geringerer Sicherheit an der Geldbasis und die abnehmende Devisendeckung der durch die Kreditexpansion ausgedehnte weiteren Geldmenge eine offene. Dem Bund blieb der Zugang zum inländischen Kapitalmarkt verschlossen. Eine nicht zuletzt zur Verlängerung der Fristigkeit der Währungsreserven angestrebte Auslandsanleihe konnte erst nach fünf Jahren plaziert werden. Zinserhöhungen in den Gläubigerländern und die Verringerung der internationalen Kreditgewährung ab 1928 machten eine Anpassungsdeflation unaufschiebbar. Diese nahm 1931 durch die Aufdeckung des Kapitalverlustes der größten Kapital importierenden Bank, der CA, die Form einer Banken- und Währungskrise an.

Die Verluste der CA verringerten die Erwartungen künftiger zur Wechselkursfixierung erforderlicher Kapitalimporte und der Aufrechterhaltung des Bindungsmechanismus der Währungspolitik. Die OeNB zog die kurzfristige Stabilisierung des Finanzsystems und damit des Wertes der ausländischen Kapitalgeber unter Verstoß gegen die Regeln des Wechselkursregimes einem deklarierten Abgehen von der Kursbindung vor und behielt auch nach dem Zusammenbruch des internationalen Kapitalverkehrs ihre Orientierung an der Sicherung des Zuganges zu den internationalen Kapitalmärkten bei. Ressourcen und Wille zur Änderung der nominellen Verankerung des Geldangebotes und zu neuerlichem Reputationserwerb fehlten. Die ausländischen Kapitalgeber waren am Schutz ihrer Aktiva interessiert. Die internationalen Währungsorganisationen hatten ungenügende Mittel und waren bestrebt, die Störung des Kapitalverkehrs gering zu halten.

Die Mitwirkung des Bundes bei der Rekapitalisierung der CA überforderte dessen Kreditwürdigkeit. Die OeNB ging zur Sicherung des Finanzsystems zu Geldschöpfung über und refinanzierte die Bank zehn Monate lang bis zur Entscheidung des Konfliktes über die Kontrolle der CA. Im Zuge der Bankenstützung wurden die Bindungsmechanismen des laufenden Geldangebotes weitgehend außer Kraft gesetzt und mit Duldung der internationalen Instanzen gegen Mindestreserve- und Deckungsvorschriften verstoßen und de facto von der bestehenden Goldparität abgegangen. Kontenabhebungen verringerten die Geldmenge. Durch Abwertungserwartungen verlor die OeNB ihre Währungsreserven und war zur vorübergehenden Aufgabe des Wechselkurszieles und zur Einführung der Devisenbewirtschaftung gezwungen. Fremdwährungskredite wurden zurückgezogen oder nur befristet verlängert. Die Regierung erklärte ihre Absicht zur Erneuerung der Bindungsmechanismen. Die direkte Völkerbundkontrolle wurde ab Herbst 1931 wieder aufgenommen und Geldschöpfung und expansive Fiskalpolitik auf die Stützung der CA beschränkt.

Aus Zahlungsbilanzgründen und zur Wiederaufnahme des Wechselkurszieles entzog die OeNB in der Folge anderen Banken die Liquiditätsstützungen, bevor die Kontenabhebungen völlig zum Stillstand kamen. Auf den Mittelentzug durch Rückzahlung von Auslandskrediten, durch die Einlagenabhebungen, die Einschränkung der Notenbankrefinanzierung, die Verringerung ihres Eigenkapitals und der Deckungswerte der Kreditnehmer und auf das gestiegene Konkursrisiko reagierten die Banken mit jahrelanger Verringerung des Kreditvolumens überwiegend in Form von Mengenrationierung. Diese Notenbank- und Bankenpolitik setzte neben der in den ersten Jahren nach der Bankenkrise restriktiven Fiskalpolitik die Einschränkung der inländischen Nachfrage durch, die für der Verbesserung der Zahlungsbilanzsituation erforderlich war.

Die Einstellung des Devisentransfers für private Auslandsschulden ermöglichte die Aufrechterhaltung des staatlichen Schuldendienstes und eine Zusage langfristiger regierungsgarantierter Auslandskredite an den Bund. Die Fähigkeit zur laufenden Bedienung der Fremdwährungsschuld des Staates und die langfristige Sicherung der Kapitalimporte wurden in der Bankenkrise als Schranke für die Abwertung wirksam.

Die Beendung der Devisenverlustes durch ein Teilmoratorium, die Bindung an die Völkerbundkontrolle und die Kreditzusage stabilisierten die Geldnachfrage. Nach der Restrukturierung der Auslandsschulden der CA wurden 1932 die kurzfristigen Bundesschulden aus der Bankenstützung durch die Lausanner Anleihe fundiert. Die Deflation des Zentralbankgeldes wurde beendet und der Wechselkurs wurde neuerlich derart fixiert, daß bei gegebenen erwarteten Leistungsbilanztransaktionen die Bedienung der Auslandsschulden gewährleistet war. Die Bindungsinstitutionen der Währungspolitk waren damit wiederhergestellt. Die Lockerung der Deckungsvorschriften und das Fehlen einer neuerlichen gesetzlichen Goldparität wurde durch die Berufung einer konservativen Notenbankleitung kompensiert. Verbleibende Instrumente der Devisenbewirtschaftung, fehlende Fluktuationen des kurzfristigen Kapitalverkehrs, die Verringerung des Handelsbilanzpassivums sowie die Sanierung der Banken und deren restriktive Geschäftspolitik ermöglichten die Verbesserung der Fristigkeit und Sicherheit der Währungsreserven. Die OeNB erhöhte ihre Währungsreserven in Verfolgung des Reservezieles, das die Dotierung des Auslandsschuldendienstes sicherstellte und beschränkte das Wachstum des Zentralbankgeldes. Beschleunigte Rückzahlung von Fremdwährungsschulden und Wechselkursbindung waren mit Reflation unvereinbar.

Die Möglichkeiten zur Außenfinanzierung blieben nach der Bankenkrise für private Nichtbanken eingeschränkt, da Unternehmen und Banken ihre Liquidität und Vermögensstände erhöhten, bevor sich ihr Zugang zu den Finanzmärkten verbesserte.

Ökonomische Analysen befaßten sich mit der Wirtschatspolitik der Zwischenkriegszeit zur Theorieprüfung und -entwicklung oder wegen des heuristischen Wertes der Analyse umfassenderer wirtschaftspolitischer Regimes zur Erkenntnis von Teilaspekten der stochastischen Umwelt.[4]

---

4 Vgl. *Friedman, M., Schwartz, A.,* Monetary History of the United States 1867-1960, Princeton 1971; *Friedman, M., Schwartz, A.,* Monetary Trends in the United States and the

Einige Regimes, die auch die österreichische Währungspolitik durchlief, wurden solcherart analysiert:

- Die Stabilisierung der Geldnachfrage nach der Hyperinflation durch mehrfache Bindung des Geldangebotes und Einstellung der Geldschöpfung.
- Die Wirkungen des Festhaltens am Golddevisenstandard in der Depression erwiesen sich als restriktiv, weil sie in Bankenkrisen die Notenbanken an der Stabilisierung des Geldangebotes hinderten und in der Folge eine Reflation ausschlossen.
- Die rasche Rückzahlung von Auslandsschulden bedingte unterdurchschnittliches Wirtschaftswachstum.
- Weniger systematisch erfaßt sind die Folgen der Beendung hoher Inflation durch Kursfixierung und Kapitalimporte bei geringer Liquidität inländischer Finanzmärkte.
- Der Überbewertung bei Inflationsstabilisierung durch Wechselkursfixierung und dem Zustrom kurzfristiger Kapitalimporte folgen Zahlungsbilanzprobleme und eventuell Finanzkrisen.
- Der Verringerung der Werte der Aktiva von Unternehmen und Banken und der Erhöhung des Risikos durch den Schock der Banken- und Währungskrise folgte eine extreme Verringerung der Liquidität der Finanzmärkte und eine anhaltende Funktionsminderung der Finanzintermediation.

---

United Kingdom. Their Relation to Income, Prices and Interest Rates 1867-1975, Chicago 1982. Finanzkrisen: *Bordo, M.D.*, Financial Crises, Banking Crises, Stock Market Crashes and the Money Supply. in: *Capie, F., Wood, G.E.(eds),* Financial Crises and the World Banking System, London 1985 und *Bordo, M. (ed),* Financial Crises, Vol 2, New York 1992, darin besonders *Bernanke, B., J, H.,* The Gold Standard and Financial Crises in the Great Depression: An International Comparison, S. 242-277; Politik- oder Marktversagen in der Depression in den USA: *Brunner, K., Meltzer, A.H. (eds),* The Great Depression Revisited, Boston 1981, darin: *Gordon, R.J., Wilcox, J.A.,* Monetarist Interpretations of the Great Depression: An Evaluation and Critique, S. 49-105*; Schwartz, A.,* Understanding 1929-1933, S. 5-48 *und Temin, P.,* Transmission of the Great Depression, in: Journal of Economic Perspectives Vol 7 (1993), S. 87-102*;* Währungssystem: *Nurkse, R. (League of Nations ed.),* International Currency Experience. Lessons of the Inter-War-Period, Genf 1944; *Eichengreen, B.,* Golden Fetters. The Goldstandard and the Great Depression 1919-1939, Oxford 1992. Schuldenkrise: *Eichengreen, B., Lindert, H.(eds),* The International Debt Crisis in Perspective, Cambridge Mass 1988. Thesenprüfung: Erwartungsbildung: *Cagan, Ph.,* The Monetary Dynamics of Hyperinflations, in: *Friedman, M. (ed.),* Studies in the Quantity of Money, Chicago 1956, S. 25-117; *Sargent, Sargent / Wallace*: in *Sargent, T.,* The End of Four Big Inflations, in: ders., Rational Expectations and Inflation, London 1986, S. 45-108. Geldnachfragefunktion: *Gandolfi, A.,* The Stability of the Demand for Money during the Great Contraction 1929-1933, in: Journal of Political Economy Vol 82 (1971), S. 969-983; *Gandolfi, A., Lothian, J.,* The Demand for Money from the Great Depression to the Present, in: American Economic Review Vol 66 (1976), Papers and Proceedings, S. 46-51. Finanzkrise in Österreich: *Schubert, A.,* The Credit-Anstalt Crisis of 1931, Cambridge 1991.

- Die Priorität von Reputationserwerb der Währungspolitik und der auf lange Sicht orientierten Struktur- vor der Stabilisierungspolitik verursachte angesichts der vorhandenen Rigiditäten hohe Outputkosten und hinderte die Wirtschaftspolitik an der Korrektur von Marktversagen.
- Das Beibehalten des währungspolitischen Kurses, das Ausmaß der unaufgedeckten Verluste von Banken und Industrieunternehmen, der fehlende Kapitalmarktzugang des Bundes und das Ausmaß der Stützung der CA und die neuerliche Stabilisierung durch Völkerbundkredite stellen Besonderheiten der österreichischen Entwicklung dar und weisen auf das geringe Niveau politischer Legitimation und wirtschaftlicher Rentabilität hin.

Langfristig haben sich als Folge der Bankenkrise die Finanzbeziehungen ebenso geändert wie die Integration in das Währungssystem. Der Intermediationsgrad der Finanzierungsbeziehungen und der Anteil öffentlichen Eigentums sind als Ergebnis der Depression und ihrer Interpretation gestiegen.

In der folgenden Entwicklung wiederholten sich in Österreich die währungspolitischen Regimes der Zwischenkriegszeit nicht. Die Darstellungen bezogen sich auf grundlegende Orientierungen der Währungspolitik. Die Verteidiger der Währungspolitik wiesen implizit einen Zusammenhang zwischen Notenbankpolitik und Bankenverhalten zurück.

Der neue Leiter des Wiener Instituts für Wirtschaftsforschung, Ernst Wagemann, kritisierte nach dem Anschluß 1938 das Unterlassen expansiver Fiskal- und Geldpolitik und die gläubigerfreundliche Orientierung am Zugang zum internationalen Kapitalmarkt.[5]

Die Kritik der Deflation und Befürwortung einer Reflation nach der Bankenkrise steht vor dem Problem des Reputationserwerbs der Währungspolitik und den Folgen einer Reflation für die Inflationserwartungen zu dessen Lösung alternative Ansätze fehlten.

Verteidiger der Währungspolitik nach 1931 betonten die Verringerung der Abwertungserwartungen, unterschätzten jedoch das Ausmaß der von der Notenbank mitherbeigeführten Verringerung der Geldmengen- und Kreditaggregate und die Outputkosten der Deflation.[6] Sie

---

5 *MB des WIfW* 1938/3, S. 76.

6 *Wifo MB* 1945/1-2, *Kienböck, V.*, Währung und Wirtschaft. Vortrag vor dem Niederösterreichischen Gewerbeverein am 17. 10. 1947, Wien 1947. *Kernbauer, H.*, Währungspolitik in der Zwischenkriegszeit. Geschichte der Oesterreichischen Nationalbank von 1923 bis 1938, Wien 1991. *Schubert A., Theurl Th.*, 70 Jahre österreichischer Schilling, in: Oesterreichische Nationalbank (Hg.), Berichte und Studien 1995/1, S. 43-59.

schätzten die Rolle der Geld- und Kreditpolitik nach 1931 als passiv akkommodierend, die Wahl des Wechselkursregimes, die Orientierung am Golddevisenstandard und die Kurshöhe als restriktiv ein, ohne auf die Währungspolitik in der CA-Krise 1931/32 und in der Deflationsperiode bis Mitte 1933 einzugehen. Die Abwertungserwartungen in der CA-Krise wurden nicht auf die Geldschöpfung der OeNB bezogen. Die Abwägung alternativer nomineller Anker für die Währung wurde unterlassen. Die Restrukturierung der Banken wurde in der Darstellung des österreichischen Wirtschaftsforschungsinstituts 1945 als unausweichlich in Form von Zusammenbrüchen verlaufend gesehen.[7]

Die hier vorgelegte Darstellung unterscheidet sich von den früheren Annahmen in mehrfacher Hinsicht:

1. Die Notenbank beeinflußte das Verhalten der Geschäftsbanken entscheidend.

2. Die Währungspolitik hat bis 1929 die Geschäftspolitik der Banken gestützt. Die OeNB schuf in Verfolgung ihres Wechselkurszieles ein Zinsdifferential, das die Kapitalimporte und die Kreditexpansion der Geschäftsbanken ermöglichte. Sie ermutigte die Banken zum Kapitalreexport. Intransparente Bilanzerstellung der Geschäftsbanken, die deren Verluste verdeckte, wurde hingenommen. Bankenfusionen, die die Risiken konzentrierten, wurden unterstützt.

3. Die Kreditpolitik der Banken nach der CA-Krise wurde vom Refinanzierungsverhalten und vom Zahlungsbilanzziel der Währungspolitik sowie durch von der Bankenpolitik herbeigeführte Strukturänderungen im Bankensektor mitbestimmt.

   Die Fehler der Währungspolitik in der CA-Krise beeinflußten den realen Sektor über monetäre und nichtmonetäre Transmissionskanäle. Sie trugen zu Kontenabhebungen und zur Verringerung der Geldmenge und damit zur Deflation der Vermögenswerte bei und reduzierten in der Folge die Grundlagen für Kreditgewährung und verschärften die Depression.

   Nach der CA-Krise schränkte die OeNB von 1931 bis 1933 das Zentralbankgeld trotz der von Kontenabhebungen geschrumpften Geldmenge ein und zwang Geschäftsbanken durch Kürzung der Refinanzierung zur Verringerung ihres Kreditvolumens.

   Die Wechselkursfixierung war mit integrationspolitischem Mißerfolg verbunden.

---

[7] *Wifo MB* 1945/1-2.

Die Priorität des Stabilitätszieles und des Erwerbs einer entsprechenden Reputation der Währungspolitk vor der realwirtschaftlichen Kompatibilität[8] wirkte in der Periode bis zur Creditanstaltskrise störend auf die Währungspolitik zurück. Die OeNB mußte zur Stützung der Banken, deren Kapitalimporte das Wechselkursziel einhalten helfen sollten, zu einer mit diesem Ziel unvereinbaren Geldschöpfung übergehen. Der Vorrang der Wechselkursfixierung zur Inflationskontrolle bedingte auch den integrationspolitischen Rückschlag.

4. Die CA-Krise weitete sich zur zentraleuropäischen Bankenkrise aus, die in Reserveverlusten aller Defizitländer mündete und somit den Anlaß für den Zusammenbruch des Golddevisenstandards gab. Die österreichische Währungspolitik war zur vorübergehenden Aufgabe des Wechselkurszieles, zur Devisenbewirtschaftung und zu einer einmaligen Abwertung gezwungen.

   Die Rückkehr zur Orientierung am Golddevisenstandard verstärkten die restriktive Auswirkungen der Bankenkrise, wie der hier vorgelegte Ländervergleich bestätigt. Monarchiezerfall und Hyperinflation ließen unterschiedliche Reaktionen der Währungspolitik in der Depression zu, worauf die Währungspolitik anderer Nachfolgestaaten hinweist.

   Die neuerliche Goldbindung beschränkte das Geldmengenwachstum. Die informelle Bindung an den Goldblock und die relative Aufwertung nach dessen Zerfall bei nur teilweise abgebauter Devisenbewirtschaftung waren am Realwert der goldgebundenen Fremdwährungsschulden orientiert, nicht an aktuellen Integrationszielen.

5. Die wirtschaftliche Entwicklung nach beiden Kursstabilisierungen war nicht langfristig durchhaltbar.

   Trotz hoher Kapitalimporte blieb die Investitionsquote in der Periode freien Kapitalverkehrs bis 1931 gering. Das Handelsbilanzpassivum blieb unverändert. Die Rentablität des Realkapitals blieb gering, das Eigenkapital von Banken und Unternehmen wurde kaum ausgweitet. Dem Bund blieb der Zugang zum Kapitalmarkt verschlossen. In den Konditionenforderungen der ausländischen Kapitalgeber waren diese Umstände antizipiert. Der private Sektor erhielt kaum langfristige Auslandskredite, die Kredite an den Bund waren durch Pfänder und Goldbindung gesichert.

---

[8] *Schubert A., Theurl, Th.,* 70 Jahre österreichischer Schilling, in: Oesterreichische Nationalbank, Berichte und Studien 1995/1, S. 43.

An die Stelle steigender Auslandsverschuldung bis 1931 trat in der zweiten Stabilisierung nach der CA-Krise verstärkter innerer Substanzverzehr. Aus zahlungsbilanzpolitischen Gründen wurde das Aktivitätsniveau soweit reduziert, daß von 1932 bis 1937 die Bruttoanlageinvestitionen geringer waren als die volkswirtschaftlichen Abschreibungen.[9]

---

[9] *Kausel, A., Nemeth, N., Seidel, H.,* Österreichs Volkseinkommen 1913-1963, Wifo MB Sonderheft 14, Wien 1965, S. 39, 41.

# 1. Kapitel

# Die Entwicklung des rechtlichen Rahmens und der Statuten 1923 bis 1937

## 1.1. Zielsetzung der Oesterreichischen Nationalbank

Die Neugründung der österreichischen Notenbank 1922 war ein Instrument zur Stabilisierung der Geldnachfrage und zur Institutionalisierung eines inflationsfreien Geldangebotsprozesses nach der Periode inflationärer Geldschöpfung von Juli 1914 bis zur Hyperinflation 1922.[1]

Schon die Oesterreichisch-Ungarische Bank war ab Juli 1914 in steigendem Ausmaß zur Kriegsfinanzierung herangezogen worden. Nach Kriegsende hatte sich die Finanzierung der fiskalischen Folgelasten des Krieges durch Steuern als undurchsetzbar erwiesen. Nach der durch Maßnahmen der Nachfolgestaaten erzwungenen Währungstrennung führte die österreichische Geschäftsführung der OeUB als Notenbankprovisorium die Finanzierung der steigenden Bundesdefizite weiter.[2] In mehreren von der staatlichen Devisenzentrale unternommenen Versuchen, den Wechselkurs zu stabilisieren, wurden die schon im Krieg dezimierten Devisenreserven nahezu völlig verbraucht.

Im Juli 1922 scheiterte ein letzter Stabilisierungsversuch, der auch den Plan einer Notenbankgründung umfaßte. Die Währungsreserven der Notenbank sollten dabei durch die Zwangsablieferung von Gold- und Devisenbeständen der Geschäftsbanken aufgebracht werden.

Die Stabilisierung erfolgte ab August 1922 durch die Senkung der Inflationserwartungen infolge des Abschlußes eines vom Völkerbund vermittelten Kreditabkommens, durch die Änderung des Geldangebotsprozesses und der Einstellung der Geldmengenfinanzierung, der Gründung einer neuen Notenbank und letztlich durch die eingehenden Mittel der Anleihe.[3]

---

1 *Stenographisches Protokoll des Nationalrates* 146. Sitzung am 7.11. 1922 (Vizekanzler Frank). *Dornbusch, R.,* Exchange Rates and Inflation, Cambridge Mass. 1991, S. 410.

2 Von den Budgetdefiziten von 3 714.7 Mrd K zwischen 1.7.1919 und 31.12.1922 waren 68% durch Übernahme von Schatzscheinen durch die OeUB finanziert worden waren, welche den Notenumlauf am 18.11.1922 zu ca 75% deckten. Die Inflation hatte die Kriegs- und Vorkriegsschulden ohne formelle Repudiation reduziert. Von Mitte 1921 bis Ende 1922 verringerte sich der Realwert des österreichischen Anteils an den Staatsschulden der Gesamtmonarchie um über 96%. Der gesamte Wertverlust wurde auf über 99.9% geschätzt.

3 Art. 6 c des dritten Genfer Protokolls hatte die Unabhängigkeit der Nationalbank von der Regierung gefordert. (Vgl. *Kienböck, V.,* Das österreichische Sanierungswerk, Stuttgart 1925, S. 87)

Bis zur Begebung der Anleihe signalisierten verschärfte Devisenbewirtschaftung und Überbrückungskredite, die die erfolgreiche Wechselkursfixierung ermöglichten, sowie die Kontrolle der Gebarung des Bundes durch Organe des Völkerbundes die Entschlossenheit der Währungspolitik zur Stabilisierung.

Der Stabilisierungsfunktion am Ende der jahrelangen Inflation entsprachen die Statuten der neuen Notenbank: Trennung von der Staatsverwaltung und Organisation der Bank als Aktiengesellschaft, das Verbot direkter Kreditgewährung an den Staat, das Abwertungsverbot gegenüber Hartwährungen, das Gebot des Aufbaues einer Goldreserve mit steigender Umlaufsdeckung und schließlich als zusätzliche institutionalisierte Bindung die Heranziehung ausländischen Kapitals zur Notenbankgründung.

Zur verstärkten Bindung des Geldangebotes gegenüber Abwertungserwartungen ausländischer Anleger und des inländischen Publikums war schon vor der letzten Phase der Hyperinflation die Einbindung ausländischer Interessenten bei der Notenbankgründung geplant worden. Im Notenbankgesetz vom 24.7.1922 war der Finanzminister beauftragt worden, "einer unter Heranziehung ausländischen Kapitals zu errichtenden Aktiengesellschaft für die Dauer von zwanzig Jahren" das Notenmonopol zu verleihen.[4] Das Projekt, Währungsreserven durch Devisenablieferungspflicht der Geschäftsbanken aufzubringen, scheiterte und beschleunigte endgültig die Hyperinflation. Das Stabilisierungsprogramm des Völkerbundes regelte die Notenbankgründung neu. Die Statutenänderungen zwischen Juli und November 1922 resultierten aus der Entscheidung des Konfliktes über die Kontrolle der Notenbank zwischen Bund und Aktienbanken zu Gunsten letzterer. Die Verringerung des Aktienkapitals, das die Grundausstattung mit Währungsreserven mit dotieren sollte, von 100 Mill Schweizer Franken auf 30 Mill Goldkronen erhöhte zusammen mit der Einführung der Mindestquoten für die Umlaufsdeckung den Einfluß der Auslandskomponente, besonders der Kapitalimporte der Banken, auf das Zentralbankgeldangebot. Die geplante Aufbringung des Aktienkapitals durch Anforderung der ausländischen Devisen der Geschäftsbanken nach Staatsgesetzblatt Nr. 353 vom 4.7.1919[5] wurde nicht verwirklicht und statt dessen die

---

4 Die Aktien der OeNB wurden international plaziert, flossen aber bald nach Österreich zurück. Vgl. *Benzion, E.*, Die Oesterreichische Nationalbank. Der Staat und das Notenregal, Wien 1927, S. 35. Das Nationalbankgesetz der 2. Republik, (BGBl 184/1955) untersagte die Beteiligung ausländischer Aktionäre.

5 *Stenographische Protokolle des Nationalrates*, Nr. 1101 der Beilagen vom 11.7.1922, Par. 7 (2).

OeNB in Art. 85 verpflichtet, 25 Mill K Gold auf "Hauptbankplätzen Europas und Amerikas" zu deponieren. Das staatliche Ernennungsrecht für die von Berufskorporationen gestellten Generalräte wurde beseitigt, die Befugnisse des Staatskommissärs bei der OeNB wurden eingeschränkt und auf die Sanktion des Privilegsentzugs bei Verstoß gegen das Wechselkursziel wurde verzichtet.[6]

Primäres Ziel des Nationalbankgesetzes vom 14. November 1922 "betreffend die Abänderung und Ergänzung des Bundesgesetzes vom 24.Juli 1922 BGBl Nr 490 über die Errichtung einer Notenbank" war die Verhinderung jeglicher Geldmengenfinanzierung von Defiziten öffentlicher Haushalte. Diesem Ziel dienten neben der organisatorischen Trennung vom Bund das an Bund und Länder gerichtete Verbot der Ausgabe von Papiergeld und das an die Notenbank gerichtete Verbot direkter Kreditgewährung an Gebietskörperschaften.[7]

Die Statuten konstituierten die Oesterreichische Nationalbank als Aktiengesellschaft (Art.1). Sie hatte den "Geldumlauf zu regeln, die Zahlungsausgleichungen zu erleichtern und für die Nutzbarmachung des verfügbaren Kapitals zu sorgen" sowie "die Aufnahme von Barzahlungen durch Ansammlung von Edelmetall und auf wertbeständige Währung lautende Guthaben vorzubereiten" (Art.1).[8]

Bis dahin hatte sie "mit allen ihr zu Gebote stehenden Mitteln dahin zu sorgen, daß bis zur gesetzlichen Regelung der Einlösung des Papiergeldes in Metall der Wert ihrer Noten, wie er im Kurs der Devisen auf Goldwährungsländer oder auf Länder mit wertstabiler Währung zum Ausdruck kommt, mindestens keine Verschlechterung erfahre" (Art.1).

Aufgabe der Geschäftsführung der OeNB war nach Art.83 - bis zur Statutenänderung 1931 - die Ansammlung eines Edelmetallschatzes, sodaß sie nach der Festsetzung einer gesetzlichen Parität und nach der Reduktion der Darlehensschuld des Bundes auf 30 Mill Goldkronen die Barzahlung aufnehmen hätte können. Bis dahin war die Geldschöpfung

---

6 *Stenographische Protokolle des Nationalrates,* Bericht des Finanz - und Budgetausschusses Nr. 1269 der Beilagen vom 11.11.1922, S. 2.

7 BGBl Nr 823/1922. Die Defizitfinanzierung war mit 18.11.1922 eingestellt worden. Vgl. *Walre de Bordes, J.v.,* The Austrian Crown.It's Depreciation and Stabilization, London 1924. Nach dem Staatsbankrott 1811 hatte die Notenbank 1813, 1848, 1859, 1866, 1914-22 den Staat finanziert. Die letzte Staatsfinanzierung bestand 1931/32 in der Refinanzierung eines Teiles der Hilfe des Bundes für die CA durch die OeNB.

8 *Reisch* kritisierte die fehlende Erwähnung der Refinanzierung in Art 1 und die Zielsetzung der Nutzbarmachung verfügbaren Kapitals. Er hielt den Art. 1 für "völlig mißglückt.... In dieser Definition wird also der Notenbank als Kreditquelle überhaupt nicht Erwähnung getan, ..." Vgl. *Reisch, R.,* Schillingwährung und Oesterreichische Nationalbank, in: *MdVÖBuB* 14. Jg. (1931), S. 213-220.

durch die Vorschriften über die Mindestdeckung und durch den Umfang der statutarisch zulässigen Geschäfte und durch das auf den Wechselkurs bezogene Stabilitätsziel beschränkt.

Die um die Bundesschuld bei der Notenbank verminderte Summe aus Notenumlauf und sofort fälligen Verbindlichkeiten hatte die OeNB nach Art.86 der ursprünglichen Deckungsvorschriften durch die in Art.85 geregelten Währungsreserven und darüber hinaus bankmäßig durch das Wechselportefeuille und durch Lombard zu decken.

Dabei hatte sie den um das Darlehen an den Staat verminderten Gesamtumlauf in der Zeit zwischen der Volleinzahlung des Aktienkapitals und der Aufnahme der Barzahlung im ersten, zweiten und dritten Jahrfünft jeweils mindestens zu 20%, 24% und 28% und danach zu 33% durch Edelmetalle, Devisen und Valuten zu decken (Art.85). Diese Bestände waren bis zur Festsetzung der Parität am Jahresende für das folgende Jahr mit den Durchschnittskursen der Wiener Börse im letzten Halbjahr zu bewerten.

Innerhalb der durch die Deckungspflicht festgesetzten Grenzen war das Zentralbankgeldangebot durch die Anfangsausstattung der Bank und durch den Bereich der erlaubten Bankgeschäfte beschränkt.

## 1.2. Zielbestimmung und Entscheidungsspielraum

Der Art. 1 der Notenbankstatuten umfaßte ein präzise definiertes Ziel, das Abwertungsverbot, ein Fernziel, die Bareinlösung, mit einem statutarisch nicht bestimmtem Pfad zu seiner Erreichung und Beschränkungen hinsichtlich der zulässigen Zusammensetzung des Zentralbankgeldes.

Die Verbote der Abwertung gegenüber wertstabilen Währungen und der direkten Kreditgewährung an den Bund bildeten die äußersten Grenzen für geldpolitische Maßnahmen.

Bei suspendierter Bareinlösungspflicht und oberhalb der Mindestdeckung war die Geldschöpfung indirekt durch den Wechselkurs am Gold verankert.

Der Entscheidungsspielraum der äußeren Währungspolitik , bei der Bund und OeNB zusammenwirkten, bestand in der Verschiebung der Ankerbedingungen durch die Wahl der Leitwährung und des Devisen- und Kapitalmarktregimes. Bei gegebenem Wechselkurs bestand der Spielraum der OeNB in der Abweichung von der Parität innerhalb der Goldpunkte und in der Beeinflußung der Zusammensetzung des Zentralbankgeldes zwischen Innen- und Auslandskomponente beziehungsweise der Struktur der beiden Komponenten sowie in Geschäften außerhalb der statutarischen Geldschöpfung.

Die Sicherung des Bankensystems und die Einhaltung bzw Verletzung des Wechselkurszieles wirkten über die Veränderung der Abwertungserwartungen auf die Geldnachfrage.

Entsprechend der Bürokratie-Theorie des Notenbankverhaltens hielt die Notenbankleitung die genau definierten gut beobachtbaren Ziele, das Wechselkurs- und das Deckungsziel, exakt ein und unterschritt sie, etwa bei der Hereinnahme der Finanzwechsel der CA 1931, nur in Kooperation mit der Bundesregierung und den internationalen Finanzinstitutionen, wie z.B. der BIZ. Die Ziele spezifizierte sie durch Bestimmung von Zwischenzielen und Instrumenten in eigener Kompetenz.[9]

Die folgenschwersten Entscheidungen der Währungspolitik, die Bankenstützungen und die Kapitalbeteiligungen während der CA-Krise und im Zuge der Beilegung der Bankenkrise von 1933/34, fielen außerhalb des Bereichs der statutarisch präzis beschriebenen Zielsetzungen in den Bereich der Zielinterpretation durch die Notenbankleitung.

Die Organisation der OeNB als Aktiengesellschaft beschränkte den Einsatz von Mitteln für währungspolitische Ziele.

Im Fall der Mitwirkung der OeNB an der Sicherung des Finanzsystems reklamierte der erste Präsident Reisch für die Geschäftsführung die Kompetenz, implizit übertragene "höhere" wirtschaftspolitische Aufgaben zu erfüllen und zu diesem Zweck über die Reserven und den Gewinn bis an die Grenze der gesetzlich fixierten Mindestrendite des Aktienkapitals der Notenbank zu verfügen. Diese Aufgaben seien in den "Satzungen nur sehr vage angedeutet". Den Notenbanken werden "gleichsam mit der Privilegiumserteilung implicite auch diese höheren Aufgaben überwiesen", die Bankleitungen werden "bei Vorhandensein des zu erwartenden Pflichtbewußtseins und Taktes sozusagen automatisch zur Erfüllung dieser höheren Aufgaben genötigt". Der Aktionär der Notenbank sei ein qualifizierter, "der nebenbei ein hohes Amt, sozusagen ein officium nobile, nämlich die Ermöglichung eines klaglosen Funktionierens der Geldverfassung und einer reibungslosen Entwicklung der Volkswirtschaft eines Landes zu erfüllen hat. Dem Aktionär fällt dabei eine mehr passive Rolle zu - er hat das finanzielle Ergebnis solcher Erwägungen zu dulden, während die aktive Rolle, das Handeln gemäß diesem officium nobile und die Verantwortung für dieses Handeln der Geschäftsleitung zufällt."[10]

---

[9] Vgl. *Acheson, K., Chant, J.F.,* Bureaucratic Theory and the Choice of Central Bank Goal, in: Journal of Money, Credit and Banking Vol 5 (1973), S. 635-655. *Epstein, G.,* Political Economy and Comparative Central Banking, in: Review of Radical Political Economy Vol 24 (1992), S. 1-30.

[10] *Reisch, R.,* Die höheren Aufgaben einer modernen Notenbank, insbesondere in Krisenzeiten, in: *MdVÖBuB* 8. Jg. (1925), S. 193-207, S. 195f.

## 1.3. Statutarischer Rahmen der Geldschöpfung

Die OeNB konnte Zentralbankgeld schöpfen, indem sie entweder Gold, in den Barschatz einrechenbare Devisen oder andere von den Statuten als bankmäßige Deckung zugelassene Aktiva kaufte, in die Bilanz einstellte und im selben Ausmaß ihre Verpflichtungen, Notenumlauf und Einlagen, erweiterte.

Von den in Art. 57 aufgezählten erlaubten Geschäften der Bank waren in der anfänglichen Fassung der Statuten folgende zur Notendeckung zugelassen:
Wechsel (Art.58-63: Wechsel in Inlandswährung), Wertpapiere, Zwischenscheine, Darlehen gegen Handpfand (Art.64 - Art.70) auf maximal drei Monate gegen Verpfändung von Gold, Silber, börsennotierten Wertpapieren außer Aktien, Wechsel, Devisen und Valuten, Transaktionen in Gold und Silber, sowie Transaktionen im In- und Ausland (Art. 67 g) mit auf auswärtige Plätze lautenden Wechseln und Schecks, ausländischen Noten, Wechseln in Auslandswährungen. Darüber hinaus waren nicht deckungsrelevante Kommissions-, und auf der Passivseite der Bilanz Einlagen- und Kassenscheingeschäfte erlaubt.

Geldschöpfung durch die Auslandskomponente war bis 1925 nur durch Ankauf von Gold und in den Barschatz einrechenbaren Devisen und Valuten möglich, nach der Statutenreform auch durch Devisen in bankmäßiger Deckung. Art. 85 definierte das in den Barschatz einrechenbare Deckungsmaterial:
Devisen in ausländischen, keinen außerordentlichen Kursschwankungen unterliegende Währungen ausgestellte Wechsel, die an Hauptbankplätzen Europas und Amerikas zahlbar sind, sowie ähnlich geregelte Bankguthaben und gleichwertige Valuten.

Durch die Statutenänderung von 1925 wurde die Zentralbankgeld-Schöpfung den Erfordernissen der Wechselkursfixierung und der Kurssicherung angepaßt.

Nach den novellierten Deckungsbestimmungen des Art 86 BGBl 18/1925 mußte der gesamte Notenumlauf zuzüglich der sofort fälligen Verbindlichkeiten, soweit er die Darlehensschuld des Bundes überstieg, gedeckt sein durch:

1. den Barschatz (Art. 85)
2. satzungsgemäß eskontierte Wechsel
3. durch Wechsel,Guthaben,Bardepots,Valuten, die nicht in den Barschatz eingerechnet werden können

4. im Inland zahlbare Wechsel auf ausländische Währung, die den Eskont-Bestimmungen des Art.58 entsprechen
5. durch die im Besitz der Bank befindlichen Scheidemünzen des Bundes.

Die größte Änderung betraf dabei die in Fremdwährung im Inland zahlbaren Wechsel inländischer Verpflichteter, die zuvor weder in die Währungsreserven noch in das Portefeuille einrechenbar gewesen waren. Damit wurden Kurssicherungsfunktionen mit der Rolle inländischer Refinanzierungsgeschäfte verbunden und die statutarische Dekkungsstruktur der betriebenen Wechselkurspolitik angepaßt.

Die Kontrolle der OeNB über die Geldschöpfung war insofern eingeschränkt, als sie Devisenwechsel im Zuge der Wechselkursfixierung schwerer zurückweisen konnte als Wechsel in Inlandswährung. Die im Inland zahlbaren Fremdwährungswechsel behoben den Mangel an inländischen Refinanzierungsinstrumenten. Sie stellten einen Teil der Auslandskomponente mit gegenüber den statutarischen Währungsreserven verringerter Liquidität dar. Als Instrument der Kurssicherung der Kapitalimporte der Geschäftsbanken waren diese Devisen die Grundlage der Kreditexpansion zwischen 1925 und 1929. Die OeNB rechnete sie in die von ihr publizierte Devisendeckung ein, um das Vertrauen in die Währung zu stärken. Das Finanzkomitee akzeptierte sie nur als bankmäßige Deckung und bestand auf ihrer gesonderten Ausweisung. Die ertragbringende Devisenkomponente der Währungsreserven wurde nach der CA-Krise nicht mehr forciert. 1929 war der Goldanteil an den Währungsreserven der OeNB im internationalen Vergleich unterdurchschnittlich, 1932 bereits überdurchschnittlich hoch.[11]

Die Umlaufsdeckung verstärkte die Tendenz zur Behinderung von Devisenabflüssen. Der Verlust einer Einheit Währungsreserven hätte die Verringerung des Gesamtumlaufes um ein Vielfaches erzwungen, um die Deckungsquote konstant zu halten.

Die Geldschöpfung durch die Inlandskomponente sollte hauptsächlich durch Wechselrefinanzierung erfolgen. Direkte Kreditgewährung an den Bund war untersagt. Die fiduziäre Komponente aus der Geldschöpfung der Inflationsperiode sollte schrittweise verringert werden. Geschäfte mit Wechseln, Wertpapieren, Zwischenscheinen und Lagerpfandscheinen waren zugelassen. Die Papiere hatten mit den Unterschriften von drei, jedenfalls zwei als zahlungsfähig bekannten Ver-

[11] *Nurkse, R. (League of Nations ed.),* International Currency Experience. Lessons of the Inter-War-Period, Geneva 1944, S. 57.

pflichteten versehen zu sein. Über das eingereichte Material entschied ein Zensurkomitee nach den vom Generalrat festgelegten Richtlinien.

Im Gegensatz zu den Regeln der OeUB waren die Zensoren jedoch zur Verschwiegenheit gegenüber den Generalräten verpflichtet, sodaß der Generalrat insgesamt über die konkrete Refinanzierungpolitik nicht informiert war, da der Vorsitz im Zensurkomitee von einem Mitglied des Direktoriums geführt wurde.[12] Dieser Mangel in der Koordinierungsstruktur der Notenbank ermöglichte Divergenzen zwischen der vom Generalrat präferierten und der von der Geschäftsführung durchgeführten Refinanzierungspolitik. Diese wurden bei der Refinanzierung von Bankenkrisen wirksam, wo Generalräte in Umfang und Bedingungen der Stützungsaktionen nur unzulänglichen Einblick hatten und diese nicht voll billigten. Eine glaubwürdige und konsistente Politik wurde dadurch erschwert und begleitende Diskontsatzerhöhungen wurden verzögert.

Eine weitere Schwäche der Regeln über die Refinanzierungskomponente lag im Mangel an Wechselmaterial infolge der Veränderungen in den Zahlungsgewohnheiten der Industriebetriebe. Warenwechsel waren in der Inflation außer Übung gekommen und Wechsel von Konzernbetrieben, die nun in den Sukzessionsstaaten lagen, waren nicht rediskontfähig.[13]

Das Material bestand hauptsächlich aus Verpflichtungen von Konzernunternehmen der Großbanken, wobei die Banken selbst das Zahlungsverhalten beeinflußen konnten. Die Rolle der Wechsel wurde im zu Grunde liegenden Warengeschäft gesehen, obwohl die zur Rechtfertigung reklamierte "real bills doctrine" das Preisniveau nicht eindeutig bestimmt.[14] Die Warenwechsel sollten die Flexibilität des Gesamtumlaufs gewährleisten. Als Ergebnis der Bankenstützungen bestand das Portefeuille in Zeiten seiner stärksten Expansion - 1924, 1929 und 1931 - in großem Ausmaß aus Finanzwechseln. Wegen der massiven Hereinnahme von Finanzwechseln in den Bankenstützungsaktionen fehlte der an reale Umsätze gebundene Rückflußeffekt der Warenwechsel und die Zentralbankgeldmenge blieb nach den Finanzkrisen inflexibel.

---

[12] Zur unzureichenden Kontrolle der Refinanzierungspolitik der Geschäftsführung vgl. *Ausch, K.*, Als die Banken fielen. Zur Soziologie der politischen Korruption, Wien 1968.

[13] *Sokal, M.*, Die Banken, in: *Bunzel, J.*, Geldentwertung und Stabilisierung in ihren Einflüssen auf die soziale Entwicklung in Österreich, München-Leipzig 1925, S. 62.

[14] Der Wechseleskont erhöht das Preisniveau, dieses wiederum das Portefeuille. Vgl. *Sargent, T.*, Makroökonomie, Wien-München 1981, S. 93ff.

Die ursprünglichen Statuten sahen geringe Möglichkeiten zur Geldschöpfung über die Innenkomponente vor. Sie wurden durch die diversen Statutenänderungen wenig erweitert.

Direkte Kreditgewährung an den Bund war als Folge der Inflationsfinanzierung 1914 bis 1922 strikt ausgeschlossen. Der geringe Besitz der Bank an Teilmünzen des Bundes war ab 1925 in die bankmäßige Deckung einrechenbar. Offenmarktgeschäfte waren im Gegensatz zu den Statuten des Federal Reserve Systems von 1913 nicht zugelassen. Die Lombard-Geschäfte waren beschränkt: Schuldverschreibungen des Bundes wurden erst nach der Statutenänderung von 1927 lombardfähig.

Die fiduziäre Komponente der in der Inflation entstandenen Darlehensschuld des Bundes bei der Notenbank wurde in mehrmaligen Vereinbarungen zwischen Finanzminister und Nationalbank verringert, womit in geringfügigem Ausmaß unerwünschte Geldmengenimpulse neutralisiert wurden.

Durch die Übernahme der vom Bund garantierten Wechselverschuldung der CA bei der OeNB in Bundesschuld wurde diese Komponente wieder ausgeweitet. Der Gesamtumlauf war wieder überwiegend fiduziär durch die Notenbankverschuldung des Bundes gedeckt. Dies war das Ergebnis des Scheiterns der zwischen 1923 und 1931 betriebenen Währungspolitik. Die neuerlich vorgesehene Verringerung der Bundesschuld erfolgte nur in geringem Umfang und wurde z.T. aus der Beteiligung des Bundes am Notenbankgewinn dotiert. Als nachteilig erwies sich, daß die OeNB wegen des Fehlens eines Marktes für Industrieanleihen und der Enge des Kapitalmarktes mit ihren Instrumenten nahezu vollständig auf die Geschäftsbanken orientiert war.[15]

Zuletzt noch zu den Reserven und zur Gewinnverteilung. Die Vorschriften über die Verteilung der Seignorage resultierten aus Kompromissen zwischen den wirtschaftspolitischen Funktionen der OeNB und den Ertragsansprüche der Kapitaleigner.

Vom Jahresertrag waren laut Art. 99 der ursprünglichen Statuten 5% dem Pensionsfonds, 10% dem Reservefonds solange zuzuweisen, bis dieser 20% des Aktienkapitals erreichten. Danach war die Mindestrendite der Aktionäre von ursprünglich 8% zu dotieren. Von den nächsten zwei Prozenten Eigenkapitalrendite erhielten die Aktionäre 1/3, die Bundesverwaltung 2/3, vom darüber hinausgehenden Gewinn 1/4 der Aktionäre und der Bund 3/4. Der Bundesanteil war zur Rückzahlung der Notenbankverschuldung des Bundes, nach der CA-Krise auch für den

---

[15] *Wärmer, G.,* Das österreichische Kreditwesen, Wien 1936.

Zinsendienst zu verwenden. Reserven hatten zur Verlustdeckung zu dienen. Von diesen Fonds konnten den Deckungsvorschriften nicht entsprechende Transaktionen durchgeführt werden, die, sofern sie mit der OeNB erfolgten zentralbankgeldwirksam zur Neutralisierung nicht erwünschter Geldmengeneffekte eingesetzt wurden. Entsprechend wurde ihr Zweck im Einsatz für Bankenstützungen und notfalls in der Stützung des Barschatzes gesehen.[16] Ertragslose Wechsel wurden vom Portefeuille in die anderen Aktiven übernommen.

Dieser Tendenz entsprach auch eine Reihe von Änderungen, in denen die Ansprüche der Aktionäre der abnehmenden Fähigkeit des Bundes zur Bedienung seiner Notenbankschuld und den steigenden Reservierungsbedürfnissen der OeNB angepaßt wurden: Ende 1923 wurde in einer Übereinkunft zwischen OeNB und dem Finanzministerium die Einrichtung einer Währungsreserve aus mehreren Komponenten beschlossen. Nach der Festsetzung der gesetzlichen Parität des Schilling wurden 1925 die Mittel der Kursverlustreserve, die den eventuellen Wertverlust der Devisenreserven aus einer Aufwertung gegenüber dem Stabilisierungskurs nach der Hyperinflation decken sollten, zur Verringerung der Bundesschuld verwendet. 1929 wurden die Mindestansprüche der Aktionäre auf 6% reduziert und die Reservebildung erleichtert. Nach der CA-Krise wurde der Bundesanteil am Gewinn auch zur Rückzahlung der Bundesschuld bei der OeNB verwendet.

### 1.4. Sanktionen bei Zielverletzung

Die Verletzung des als Wechselkursziel formulierten Stabilitätszieles war mit keinen statutarischen Sanktionen verbunden.

Die Sanktion bei Verletzung des statutarischen Reservezieles bestand in der Fälligkeit der gewinnmindernden Notensteuer. Bei Überschreitung der zulässigen Geldschöpfung war von dem den gedeckten Gesamtumlauf übersteigenden Betrag für die ersten zwei Prozent der Überschreitung 1%, für jeweils angefangene weitere zwei Prozent 1.5% Notensteuer an den Bund abzuführen (Art. 89).

Sowohl die OeUB als auch die Deutsche Reichsbank hatten steuerpflichtige Noten ausgegeben. Nach der CA-Krise wurde 1932 sowohl der Prozentsatz der Mindestdeckung verringert als auch die von der Deckungspflicht ausgenommene fiduziäre Komponente erhöht.

[16] *Reisch, R.*, Die höheren Aufgaben einer modernen Notenbank, insbesondere in Krisenzeiten, in: *MdVÖBuB* 8. Jg. (1925), S. 205.

Die Sanktionsmöglichkeiten bei Verletzung der währungspolitischen Interessen der Bundesregierung bestanden in der Nichtverlängerung des Privilegiums bei dessen Ablauf und in der Annahme des Rücktrittsangebotes des Präsidenten.[17]

Die Kompetenz zur formellen Festsetzung der Wechselkursparität gegenüber dem Gold hatte der Gesetzgeber. Dessen Glaubwürdigkeit bei der Verfolgung inflationsfreier Währungspolitik war durch die Hyperinflation vermindert.

*Abbildung 1.1.*

**Wechsel 1923-1937**

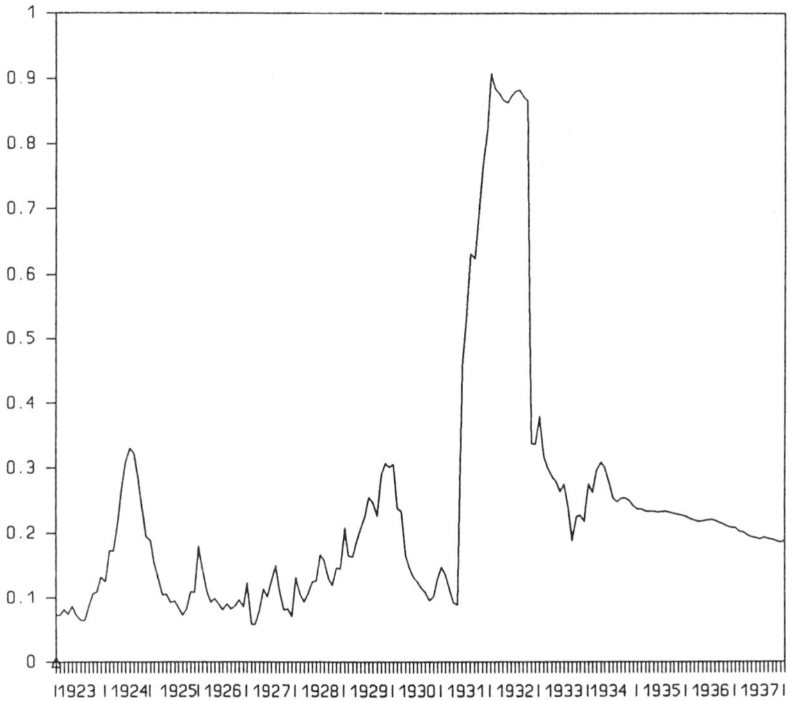


[17] Die Privilgsverlängerung wurde zu vermögensrechtlichen Regelungen eingesetzt. Siehe 83. GR v. 4.2.1930. Anläßlich der Privilegsverlängerung um 20 Jahre wurden 15 Mio S aus dem unabhängigen Pensionsfonds bilanzwirksam in die Pensionsreserve der OeNB eingerechnet und im Gegenzug die Staatsschuld bei der Notenbank zinsenfrei gestellt.

Zwischen 1923 und 1929 und von 1931 bis 1936 wurde die Budgetpolitik des Bundes durch einen Vertreter des Völkerbundes und ab 1925 die Geldpolitik der OeNB durch einen ausländischen Berater direkt kontrolliert. Dies verminderte die Möglichkeit überraschender Änderungen der währungspolitischen Ziele, die kurzfristig reale Wirkungen haben, aber langfristig die Erreichung des Stabilitätszieles erschweren, wenn das Publikum derartige Änderungen antizipiert.[18]

*Abbildung 1.2.*

**Bundesschuld 1923-1937**

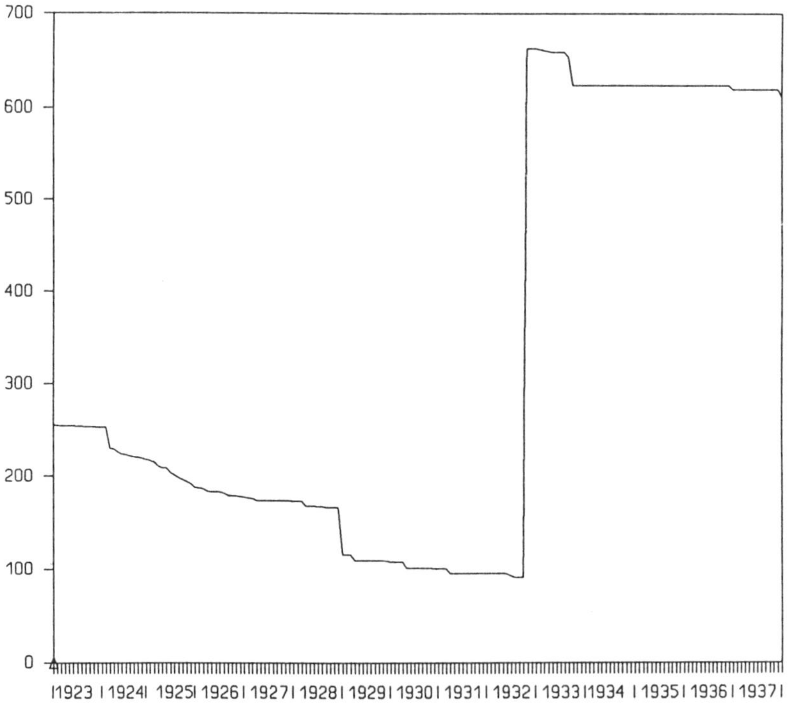


[18] Vgl. *Goodhart, Ch.A.E.,* Game Theory for Central Bankers, in: Journal of Economic Literature Vol 32 (1994), S. 101-114. Häufigere Politikänderungen erhöhen Mittelwert und Varianz der Inflation.

Als Sanktionsmechanismen gegen die Verletzung des Wechselkurszieles durch die äußere Währungspolitik fungierten die Fremdwährungsschulden des Bundes. Eine Abwertung erhöhte die Kosten der Bedienung der durch Pfand auf Einnahmen gesicherten, in Leitwährungen denominierten Auslandsschuld des Bundes aus den Völkerbundanleihen und damit die Bundesausgaben. Sie beeinflußte die Wahl des Devisenverkehrsregimes.

*Abbildung 1.3.*

**Auslanskomponente und Barschatz 1923-1937**

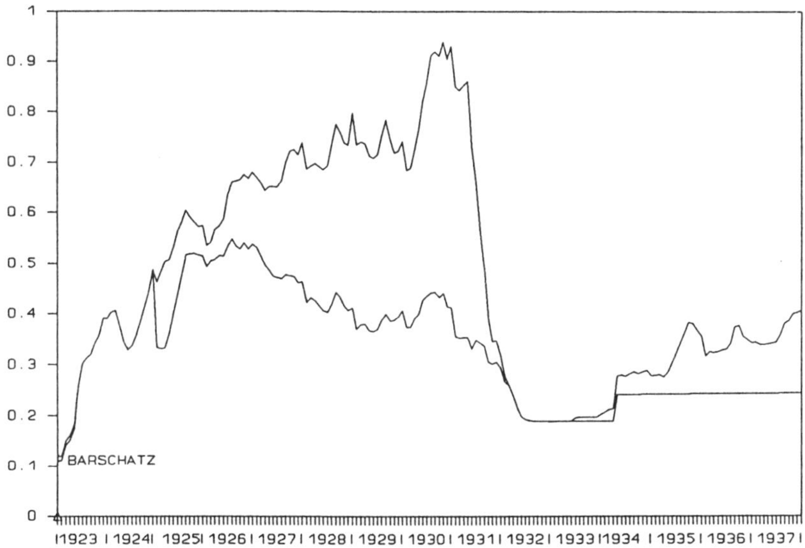


Von einer geplanten einseitigen Einstellung der Bedienung der Auslandsschulden des Bundes wurde abgesehen, als Kienböck auf den Zusammenhang mit dem Ansuchen um eine neue garantierte Auslandsanleihe hinwies.[19] Die Aufwertung erhöhte die Währungsreserven und Handlungsspielraum der Nationalbank.

## 1.5. Zielhierarchie, Zielerreichung und Kontrolle der Zentralbankgeldschöpfung

Die Statuten verpflichteten die OeNB auf ein als Wechselkurs formuliertes Stabilitätsziel. Die Kursfixierung erfüllte mehrere Zwecke. Sie war eine von mehreren Strategien zur Sicherung der Geldfunktionen.

Die Wechselkurspolitik war nicht in der alleinigen Zuständigkeit der OeNB. Die Kompetenz zur direkten Bindung an das Gold in Form einer gesetzlichen Parität bestimmte die Bundesregierung in Abstimmung mit der OeNB ebenso wie die Wahl des Wechselkurs- und Kapitalverkehrsregimes. Verschiedene Formen von Devisenbewirtschaftung konnten den Zusammenhang zwischen Wechselkurs und Zentralbankgeld lockern.

Der Fixe Wechselkurs beziehungsweise der über den Wechselkurs festgesetzte Preis des Goldes bildete den Anker für ein nicht von der Geldnachfrage bestimmtes Geldangebot, das ein eindeutig festgelegtes Preisniveau und damit die Erfüllung der Geldfunktionen und die Einhaltung des statutarischen Stabilitätszieles gewährleistete.

Eine Wechselkursfixierung zwecks Inflationskontrolle, wie sie von August 1922 an bestand, beruhte auf einem Mangel an Glaubwürdigkeit der inländischen Währungspolitik. Sie stellte einen Ersatz für die fehlende direkte Möglichkeit zur Beobachtung der Glaubwürdigkeit des Geldangebotes dar und war ein Signal für die Absicht nichtinflationären Geldangebotes an den privaten Sektor im In- und Ausland. Die Wechselkursfixierung und Golddevisenbindung wurde auch zur Sicherung von Kapitalimporten eingesetzt.

Die indirekte Goldbindung über den Kurs zu in Gold konvertiblen Währungen und Devisenreserven war schon seit dem 19. Jahrhundert der Anker-Mechanismus für Währungen kapitalimportierender Länder mit geringen eigenen Goldbeständen gewesen.[20] Die OeUB hatte diese Politik seit 1892 verfolgt. Das statutarische Wechselkursziel entstamm-

---

19 Vgl. *Kienböck* im Ministerrat, MRP Nr. 785 vom 15.4.1932, S. 18f.

20 Zusammen mit ressourcenreichen Großreichen mit kurzfristiger Auslandsverschuldung wie Rußland und Indien (*Keynes, J. M.,* On Indian Currency and Finance, in: Collected Writings Vol I, London 1971, S. 19f.). Die OeUB beherrschte als größter Händler den Devisenmarkt in Wien (ebenda S. 23). Vgl. auch *Mises, L.,* The Foreign Exchange Policy of the Austro-Hungarian Bank, in: The Economic Journal Vol 35 (1925), S. 201-211. *Walre de Bordes, J.v.,* The Austrian Crown. It's Depreciation and Stabilisation, London 1924, S. 220.

te der verstärkten Bindung der Währungspolitik der OeUB im Ausgleich für eine Erweiterung des staatlichen Geldschöpfungsspielraumes. 1911 waren die Bedingungen für die Suspendierung der Bareinlösung auf "durch höhere Gewalt hervorgerufene, von beiden Regierungen anerkannte unmittelbare Behinderung" erweitert worden. Zugleich war die von der Notensteuer befreite Staatsverschuldung bei der Notenbank von 400 auf 600 Mill Kronen erhöht worden (Art. 84 (d), RGBl Nr. 157/1911, vom 8.8.1911). Im Gegenzug war die OeUB verpflichtet worden, "mit allen ihr zur Verfügung stehenden Mitteln dafür zu sorgen, daß der im Kurse der ausländischen Wechsel zum Ausdruck kommende Wert ihrer Noten entsprechend der Parität des gesetzlichen Münzfußes andauernd gesichert bleibt" (Art.1). Ein Verstoß gegen das Kursziel hätte den Verlust des Privilegs zur Folge gehabt (Art.111).[21]

Die Währungskonferenz von Genua 1922 hatte die Wechselkursfixierung zusammen mit der Aufnahme von Hartwährungsdevisen in die Währungsreserven nach dem Scheitern weitergehender Kooperationspläne empfohlen, um die Wechselkurse bei ausreichender internationaler Liquidität zu stabilisieren.

Österreich hatte nach Schweden als zweites Land seinen Wechselkurs nach dem ersten Weltkrieg fixiert und war als erstes Land Gegenstand einer von internationalen Organisationen koordinierten Stabilisierung. Über Prioritäten, Zwischenziele und Instrumente entschied die Geschäftsleitung in eigener Kompetenz. Das Wechselkursziel wurde anderen Strategien untergeordnet, wenn diese zur Sicherung des Zahlungssystems erforderlich waren.

Die Erreichung oder Verletzung der prioritären Ziele der Sicherung des Finanzsystems und der währungspolitischen Voraussetzungen des Zugangs inländischer Kreditwerber zum internationalen Kapitalmarkt bestimmten die Einhaltung des Wechselkurszieles.

Die Einhaltung des oder die Wiederannäherung an das Stabilitätsziel bestimmten zusammen mit dem Umfang internationaler Kapitalmobilität Ausmaß, Schwankung und Zusammensetzung der Schöpfung von Zentralbankgeld und Geldmenge.

Bei fixiertem Wechselkurs konnte die OeNB die Zusammensetzung des Gesamtumlaufs aus Inlands- und Auslandskomponente, nicht aber dessen Höhe beeinflussen. Die Zentralbankgeldmenge war endogen. In

---

[21] Das Kursziel wurde vom Nationalbankgesetz 1955 in Paragraph 2 Abs. 3 ebenso übernommen wie die Verpflichtung zur Berücksichtigung des inländischen Preisniveaus, die auf eine Verpflichtungserklärung der Bundesregierung gegenüber dem Völkerbund von 1924 zurückgeht (10. GR 23.10.1924).

der Perioden ihres Abgehens vom Wechselkursziel akkomodierte die OeNB den Zentralbankgeldbedarf der Banken zu Anfang der CA-Krise 1931 und verfolgte zur Zahlungsbilanzanpassung ein - beschränkt eingehaltenes - Ziel der Verringerung der Zentralbankgeldmenge während der Stabilisierungsphase 1932-1933, um danach neuerlich ein Wechselkursziel anzusteuern.

Die Reihenfolge der Zielverletzungen ergab folgende Hierarchie: Dem Ziel ausreichender freier Währungsreserven wurde 1924, 1929 und 1931 das Wechselkursziel vorgezogen, diesem die Sicherung des Finanzsystems und die Erhaltung der Aktiven der Kapitalgeber der CA. Das Devisenmarktregime wurde der Einhaltung der statutarischen Devisendeckung und nach deren Verletzung 1932 den Erfordernissen der Bedienung der Auslandsschuld in erster Linie des Staates untergeordnet.

In der Stabilisierungsphase nach der Hyperinflation wurde die Krone an den Schweizer Franken gebunden, nach dessen Abwertung an den US Dollar. 1923 wurden einströmende Kapitalimporte zum Aufbau der offiziellen Währungsreserven und zur Aufwertung um ca 16% verwendet. Die Bindung an den Goldpreis erfolgte bis Dezember 1924 nur indirekt über die Leitwährung aufgrund des in den Statuten verankerten Abwertungsverbotes. In der Bankenkrise von 1924 trat der Widerspruch zwischen dem Wechselkursziel und der Stützung des Bankensystems erstmals zutage.

Von Jänner 1925 bis September 1931 war ein direkter Goldanker mit gesetzlicher Parität wirksam. Im März 1925 erfolgte eine Teilliberalisierung des Devisenverkehrs, die Schwankungsbreite des Kurses um die Goldpunkte wurde erweitert. Ab August 1925 wurde der Dollarkurs nach erfolgreicher Durchsetzung der neuen Wechselkurspolitik freigegeben.[22] Vom 18.Dezember 1926 bis September 1931 war der Devisenverkehr liberalisiert.

Bei internationaler Kapitalmobilität steuerte die OeNB das Wechselkursziel durch Devisenmarktinterventionen an. Die Höhe der Zentralbankgeldmenge war infolge der Wechselkursfixierung von der OeNB nicht beeinflußbar. Sie steuerte deren Zusammensetzung zwischen Inlands- und Auslandskomponente. Zwischen September 1924 und Mai 1931 verfolgte sie das Wechselkursziel über ein Reserve-Zwischenziel

[22] Vgl. *Kernbauer, H.,* Währungspolitik in der Zwischenkriegszeit. Geschichte der Oesterreichischen Nationalbank von 1923 bis 1938, Wien 1991, S. 196.

durch den Diskontsatz als Instrument.[23] Das Differential zu den Sätzen anderer Notenbanken und zum inländischen Geldmarktsatz sowie die Veränderung der Währungsreserven dienten als Indikatoren für die Wirkung der Diskontsatzänderungen.

Bei unvollkommener Substituierbarkeit zwischen in- und ausländischen Aktiven ermöglichte die Diskontpolitik die Steuerung der Höhe des Wechselportefeuilles, sodaß bei gegebener Zentralbankgeldmenge, der Bilanzmechanik entsprechend, die Deckung durch als ausreichend angesehene internationale Liquidität gewährleistet war, die die Grundlage der Kreditexpansion der Banken bildete.

Der Diskontsatz wurde über den Geldmarktzins konkurrierender Kapitalimportländer, der den Zusammenhang mit dem internationalen Kapitalmarkt repräsentierte, und über den inländischen Geldmarktsatz angehoben.

Der Aufbau der kurzfristigen Auslandsverschuldung und die Konzentration der Risken durch Bankenfusionen erzwang in der CA-Krise den Übergang zur Priorität der Sicherung des Finanzsystems. Nach der Ausdehnung des Gesamtumlaufs, dem nahezu vollständigen Verlust der Währungsreserven, wurde das Wechselkursziel aufgegeben.

Am 9.10.1931 wurde, nachdem England den Goldstandard verlassen hatte, die Devisenbewirtschaftung offiziell eingeführt. Bis auf die Bedienung der Auslandsschuld des Bundes wurde in der Folge die gesamte Devisennachfrage an den privaten Devisenmarkt verwiesen. Die Entstehungsseite des Zentralbankgeldes war durch die Aufgabe des Wechselkurszieles von Zahlungsbilanztransaktionen abgekoppelt und damit von der Wechselkursschranke befreit.

Zur Abschwächung der Abwertungserwartungen und aus zahlungsbilanzpolitischen Zielen, die die rasche Verringerung der Auslandsverschuldung vorsahen, wurde die Zentralbankgeldmenge verringert.

Die Reduktion der Zentralbankgeldmenge zwischen 1932 und 1933 wurde durch die Inflexibilität der Inlandskomponente begrenzt. Die Einigung zwischen Bund und Auslandsgläubigern der CA im Jänner 1933 ermöglichte die Festlegung einer wichtigen Komponente der Zahlungsbilanzposition und damit die Wiederannäherung an ein Wechselkursziel sowie die Festlegung des damit verbundenen Zentralbankgeldangebotes.

---

[23] Ein Reserveziel liegt weder formuliert noch als Schätzung vor. Es wurde aus den Umständen und Begründungen von Diskontsatzänderungen in den Diskussionen im Generalrat geschlossen.

Ab März 1933 wurde im Zug der Goldklauselverordnung durch Verlautbarung der laufenden Abwertung gegenüber dem Goldkurs die Wiederaufnahme des Wechselkurszieles vorbereitet. Am 5.4.1933 verließ Österreich formal den Goldstandard zur alten Parität. Am 30.4.1934 wurde eine provisorische Parität verlautbart.

Die Kursschwankungen wurden bis Juli 1933 verringert. Der Wechselkurs fungierte wieder als Zwischenziel.[24] Zwischen der Neubewertung der Devisenreserven 1934 und der französischen Abwertung im Oktober 1936 wurde der Kurs des Schilling an den Franc, danach an den Dollar gebunden. Die Wiederaufnahme der Devisenzuteilung für Auslandsschulden stellte wieder einen gewissen Zusammenhang zwischen Zahlungsbilanz und Zentralbankgeld her.

Von 1934 bis Ende 1937 verfolgte die OeNB ihr Reserveziel durch sterilisierte Intervention. Sie stellte verfügbare Währungsreserven in die Auslandskomponente ein, verringerte zugleich das Portefeuille. Weiter bestehende Beschränkungen des Güter- und Devisenverkehrs, die Einschränkung des internationalen Kapitalverkehrs, die Kreditrestriktion der Banken, die diese von der Notenbankrefinanzierung unabhängig machte und das Portefeuille auf von einem von der OeNB zur Bankenstützung eingerichteten Institut eingereichtes Material beschränkte, erhöhten den Spielraum zur direkten Steuerung des Zentralbankgeldes.

## 1.6. Einflüsse auf die Geschäftspolitik der Oesterreichischen Nationalbank

Geldangebotsänderungen haben, wenn sie nicht vollständig antizipiert werden oder Preise nicht vollständig flexibel sind, güterwirtschaftliche Auswirkungen.[25] Die Kontrolle über den Geldangebotsprozeß war daher Gegenstand des Konflikts zwischen dem Staat, Ausland, inländischen Banken, Industrie, Gewerkschaften sowie Eigentümern und Management der Notenbank selbst.

Die institutionelle Ausgangslage bei der Notenbankgründung war gekennzeichnet durch das Scheitern des Bundes bei der Organisation

---

24 *MB des ÖIfK* 1934/2, S. 22.

25 Unvollständige Information, unvollkommene Preisflexibilität, Änderung der antizipierten Inflationsrate und des Verhältnisses zwischen Innen- und Außengeld verursachen güterwirtschaftliche Folgen. Vgl. *Patinkin, D.,* Neutrality of Money, in: *Eatwell, J., Milgate, M., Newman, P.,* The New Palgrave. A Dictionary of Economics, Vol. 4, London 1987, S. 638-644. Siehe auch *Epstein, P.,* Political Economy and Comparative Central Banking, in: Review of Radical Political Economy Vol 24 (1992), S. 1-30.

der Grundkapitalaufbringung für die Notenbank im Sommer 1922, die fehlende Kapitalmarktfähigkeit des Bundes, die Notwendigkeit der Dotierung der Anfangsausstattung der Notenbank mit Währungsreserven, die geplante Hereinnahme ausländischen Kapitals und die Aufnahme der Notenbankgründung in das Genfer Stabilisierungsprogramm.[26]

Wechselkursfixierung zwecks Inflationskontrolle, die Bindung der möglichen Geldschöpfung durch die statutarische Devisendeckung, die Sicherung der Kapitalimporte und des Bankensystems setzten den Rahmen für die Geldschöpfung.

Durch sie wurden Stabilitätsziel, zulässige Geschäfte, Eigentümerkreis, die Rekrutierung der geschäftsführenden Organe und deren Geschäftsordnung festgesetzt.

Die Grundsätze der laufenden Geschäftspolitik der OeNB bestimmte der Generalrat, der Vorstand der Bank, der diese gerichtlich und außergerichtlich vertrat. Seine - vom Präsidenten abgesehen - 13 Mitglieder waren auf fünf Jahre gewählt. Er wählte und überwachte das Direktorium und die Vizepräsidenten und entschied die Grundzüge der Diskontpolitik.

Neben acht Vertretern der Aktionäre wurden nach Art. 22, welcher der korporativen Phase zu Beginn der Ersten Republik entsprang, je ein Vertreter von Banken, Sparkassen, Industrie, Handel und Gewerbe, der Landwirtschaft und der Arbeiterschaft in den Generalrat gewählt.

Der statutarische Spielraum der Geschäftsleitung war gegenüber jenem der OeUB in zwei Punkten erweitert worden. Verletzungen statutarischer Ziele waren nicht vom Verlust des Notenprivilegs bedroht und die Geschäftsleitung mußte dem Generalrat keine Möglichkeit zur Kontrolle einzelner Refinanzierungsgeschäfte gewähren.

Der Einfluß der Bundesregierungen lag, zusammen mit dem Bundesgesetzgeber, in der Gestaltung der gesetzlichen Rahmenbedingungen, wie der Verlängerung des mit zwanzig Jahren kurz befristeten Notenbankprivilegs, dem Devisenmarktregime, der Festsetzung der Wechselkursparität, der Bankengesetzgebung sowie in der notwendigen Mitwirkung des Gesetzgebers beim Inkrafttreten statutenändernder Beschlüsse der Generalversammlung, in der Ernennung des Präsidenten mit fünfjähriger Amtsperiode sowie allgemein im Einfluß der Fiskal- und Kreditpolitik des Bundes auf die Währungspolitik.

---

[26] Anglo- und Länderbank hatten im Juli 1922 ein Notenbankprojekt, das die Heranziehung von Devisenbeständen der Geschäftsbanken für die Währungsreserven der Notenbank vorsah, durch ihren Rückzug zu Fall gebracht. *März, E.*, Österreichische Bankenpolitik in der Zeit der großen Wende 1913-1923. Am Beispiel der Creditanstalt für Handel und Gewerbe, Wien 1981, S. 576.

Durch Zielverletzungen setzte die Geschäftsführung die OeNB 1924/25 und 1932 statutenändernden Interventionen aus. Das dazu notwendige Zusammenwirken von Bundesgesetzgeber und Generalversammlung der Bank implizierte das Einvernehmen mit dem Finanzkomitee des Völkerbundes. Von Gefährdung oder Verletzung des Stabilitätszieles verursachte statutenändernde Einflußnahmen bezogen sich auf folgende Ziele:

- Ergänzung des Stabilitätszieles 1924.
- Änderung der zulässigen Geldschöpfung:
- Einschränkung der Refinanzierungskomponente, Erweiterung der statutarisch zulässigen Auslandskomponente 1924,
- Reduzierung von Notensteuerpflicht und Mindestdeckungsquote 1932
- Änderung der Entscheidungsstruktur der OeNB, d.h. Etablierung des Exekutivkomitees und eines ausländischen Beraters bei der OeNB.

Auf Ansprüche des Bundes ging die Änderung der Verteilung der Seignorage zwischen Notenbank und Staat zurück, die in mehreren Gesetztesnovellen den Budgetbedürfnissen angepaßt wurden. Zudem wurde die Verteilung zwischen Management und Kapitaleignern der Bank verändert. Zur Sicherung des Bankensystems und zur Erhaltung von Aktiven der Auslandsinvestoren erfolgte in der CA-Krise statutenwidrige Geldschöpfung. Diese erfolgte im Einvernehmen mit der Regierung, jedoch ohne gesetzliche Deckung und wurde durch Annahme des Rücktrittsangebotes des Präsidenten beendet.

Die Leitung der OeNB wurde in einen umfassenden Wechsel des währungspolitischen Regimes einbezogen. Nach der Beilegung der CA-Krise und dem Stillstand des internationalen Kapitalverkehrs stieg der Spielraum der Geschäftsleitung.

In der Devisenbewirtschaftung ab 1931 erhielt die OeNB Hoheitsfunktionen übertragen, ohne selbst in einem direktem Weisungsverhältnis zum Bund zu stehen.

Gestärkt wurde die Position der Geschäftsleitung der OeNB in der Bankenkrise 1933/34, zu deren Bewältigung nur die Nationalbank noch Reserven und die erforderliche Expertise besaß.

Ab Anfang 1934 waren die Einflüsse von Ausland, Staat und Banken zurückgedrängt und die Unabhängigkeit der OeNB erhöht, da sie zu von Zielverletzungen motivierten Interventionen keinen Anlaß gab.

*Abbildung 1.4.*

**Sonstige Aktiva 1923-1937**

# 2. Kapitel

# Zentralbankgeldangebot und Zielerreichung 1923-1937

## 2.1. Stabilitätsziel und Zwischenziele

Die Erreichung oder Verfehlung des Zieles der Sicherung des Finanzsystems und der Fähigkeit zur Bedienung der Fremdwährungsschulden bestimmten die Einhaltung des Wechselkurszieles. Die Einhaltung des Wechselkurs-Stabilitätszieles bestimmte zusammen mit dem Umfang internationaler Kapitalmobilität Ausmaß, Schwankungen und Zusammensetzung des Angebots an Zentralbankgeld und Geldmenge.

## 2.2. Zentralbankgeld

### 2.2.1. Zusammensetzung des Gesamtumlaufs

Die Einhaltung des Wechselkurszieles bei Kapitalmobilität schlug sich in einem von der Auslandskomponente dominierten Zentralbankgeldangebot nieder. Durch die Maßnahmen zur Sicherung des Finanzsystems wurde die Inlandskomponente ausgeweitet. Stabilisierungsphasen waren durch Verringerung der Inlandskomponente und Aufbau der Währungsreserven gekennzeichnet.

Das Zentralbankgeld wuchs bis zum Höhepunkt der CA-Krise 1931. Bis 1933 wurde es eingeschränkt und schwankte in der Folge geringfügig. Der Notenumlauf wurde in der Stabilisierung nach der CA-Krise stark eingeschränkt und befand sich Ende 1937 auf dem Niveau von Ende 1926. Nach der CA-Krise erhöhten die Geschäftsbanken ihre Liquiditätsreserven bei der OeNB.

Die Währungsreserven stiegen mit der durch die Bodencreditanstat-Krise bedingten Ausnahme von 1929 bis Ende 1930. In der CA-Krise sanken sie unter das statutarische Minimum. Ab 1932 wurden sie wieder aufgebaut.

Die Refinanzierungskomponente wurde in den Bankenkrisen 1924, 1929 und 1931 ausgeweitet und in der Folge eingeschränkt. Das Verhältnis zwischen Auslands- und Bundeskomponente hatte sich 1937 gegenüber dem Stand von 1923 gedreht. Der Wachstumsbeitrag der Außenkomponente war 1929, 1931, 1932 verursacht durch Bankenkrisen und 1936 aufgrund einer Buchung des Bundes negativ.

Die Refinanzierungskomponente erhöhte das Gesamtumlaufswachstum am stärksten 1929 und 1931 und beeinflußte es nach Bankenkrisen negativ in den Jahren 1925, 1926, 1930 und ab 1932.

Der Beitrag der Bundeskomponente war wegen der Rückzahlungen der Bundesschuld bei der Notenbank stets negativ mit Ausnahme von 1932, als der Bund in Erfüllung seiner Haftungsverpflichtung die Wechselschuld der CA übernahm.

Die Gebarung mit sonstigen Aktiven und Passiven gibt die gestiegenen Möglichkeiten zur Beeinflußung des Zentralbankgeldes wieder. Sie wirkte ab 1931 mit Ausnahme der Jahre 1933, 1935 und 1937 restriktiv.

### 2.2.2. Zielverletzung, Wachstumsraten und Komponenten des Gesamtumlaufs nach Perioden

Wechselkursziel, Sicherung des Finanzsystems und Umfang der Kapitalmobilität bestimmten Ausmaß und Struktur des Zentralbankgeldwachstums in voneinander verschiedenen Subperioden. (siehe Anhang Seite 227).

Die Periode von 1923/1-1924/2, von der Geschäftsaufnahme bis zum Beginn der Börsenkrise 1924 war bestimmt von Kapitalreimporten und dem Einfließen der Völkerbundanleihe, dies ermöglichte ein die gestiegene reale Geldnachfrage überschießendes Geldmengenwachstum. Der Gesamtumlauf stieg um 57.2% (4.04% monatlich). Dies war vor allem auf den Wachstumsbeitrag der Währungsreserven von 45.25% (3.23%) zurückzuführen.

Das Wechselportefeuille trug infolge der Wiederaufnahme normalen Finanzierungsverhaltens nach der Hyperinflation mit 16.66% (oder 1.19% monatlich) zum Gesamtumlaufswachstum bei, während die Bundeskomponente und die Gebarung mit sonstigen Aktiven und Passiven insgesamt mit 0.42% und 4.26% restriktiv wirkten.

Die Refinanzierungsphase der ersten Bankenkrise von 1924/3-1924/7 verfehlte im Verlauf der Bankenstützung nach dem Platzen der spekulativen Blase an der Wiener Börse das Reserveziel. Das Zentralbankgeldwachstum wurde vom Finanzkomitee als zu hoch kritisiert. Die OeNB verlor zwischen 1924/3 und 1924/7 Devisenreseven im Ausmaß von 8.3% (-2.08% monatl.) des Gesamtumlaufs. Dies wurde durch die Ausdehnung des Wechselportefeuilles im Zuge der Refinanzierung von Kreditinstituten im Ausmaß von 18.7% Gesamtumlaufswachstum und den expansiven Beitrag der Gebarung mit sonstigen Aktiven und Passiven von 2.2% kompensiert, sodaß sich - abgesehen von einer geringfügig kontraktiven Wirkung der Bundeskomponente - die Expansion des Gesamtumlaufes mit 11.85% fortsetzte.

*Tabelle 2.1.*

**Komponenten des Zentralbankgeldes in Tausend S, 10.000K = 1 S (Jahresendstände)**

| | WR | BUND | REF | SONST | NUM | VERB | GESUM |
|---|---|---|---|---|---|---|---|
| | 1 | 2 | 3 | 4 | 5 | 6 | 5+6 |
| 1923 | 391530 | 253449 | 132538 | 0 | 712575 | 64942 | 777517 |
| 1924 | 488143 | 217818 | 188159 | 0 | 838776 | 55345 | 894121 |
| 1925 | 573194 | 191237 | 180603 | 0 | 890001 | 55033 | 945034 |
| 1926 | 679957 | 180783 | 123928 | 0 | 947321 | 37347 | 984668 |
| 1927 | 737869 | 174904 | 132139 | -1 | 1005315 | 39596 | 1044911 |
| 1928 | 797361 | 117983 | 208492 | 0 | 1067363 | 56473 | 1123836 |
| 1929 | 740517 | 111110 | 310618 | -3956 | 1094362 | 63927 | 1158289 |
| 1930 | 929834 | 103948 | 155907 | -6916 | 1090070 | 92703 | 1182773 |
| 1931 | 317559 | 97926 | 941040 | -45127 | 1183266 | 128132 | 1311398 |
| 1932 | 188587 | 666612 | 410080 | -132868 | 913756 | 218655 | 1132411 |
| 1933 | 201727 | 627018 | 288772 | -22870 | 952385 | 142262 | 1094647 |
| 1934 | 277447 | 637210 | 239292 | -35990 | 963921 | 154038 | 1117959 |
| 1935 | 354597 | 630692 | 227200 | -20555 | 975577 | 216357 | 1191934 |
| 1936 | 341938 | 626210 | 209026 | -29092 | 944241 | 203841 | 1148082 |
| 1937 | 404361 | 619652 | 189124 | -16757 | 943914 | 252563 | 1196477 |

WR: Gold, Devisen u. Valuten
BUND: Bundesschuld, Teilmünzen bei OeNB
REF: Wechsel, Darlehen gegen Handpfand, Effekten
SONST: Sonstige Aktiva-Aktienkapital-Reserven-Sonstige Passiva
GESUM: Zentralbankgeld: Notenumlauf (NUM) + sofort fällige Verbindlichkeiten (VERB) der OeNB

In der Stabilisierungsphase von 1924/8-1926/7 wurde die Außenkomponente erhöht und das Portefeuille eingeschränkt, um das Reserveziel wieder zu erreichen. Die Periode endete mit der vollständigen Erreichung der währungspolitischen Ziele: als ausreichend angesehene Währungsreserven bei freiem Kapitalverkehr. Die Schwankungsbreite gegenüber dem Dollar konnte erweitert werden. Ab August 1924 stellte

*Tabelle 2.2.*

**Komponenten des Zentralbankgeldes in Prozent (Jahresendstände)**

| | WR<br>1 | BUND<br>2 | REF<br>3 | SONST<br>4 | NUM<br>5 | VERB<br>6 |
|---|---|---|---|---|---|---|
| 1923 | 50.36% | 32.60% | 17.05% | 0.00% | 91.65% | 8.35% |
| 1924 | 54.59% | 24.36% | 21.04% | 0.00% | 93.81% | 6.19% |
| 1925 | 60.65% | 20.24% | 19.11% | 0.00% | 94.18% | 5.82% |
| 1926 | 69.05% | 18.36% | 12.59% | 0.00% | 96.21% | 3.79% |
| 1927 | 70.62% | 16.74% | 12.65% | 0.00% | 96.21% | 3.79% |
| 1928 | 70.95% | 10.50% | 18.55% | 0.00% | 94.97% | 5.03% |
| 1929 | 63.93% | 9.59% | 26.82% | -0.34% | 94.48% | 5.52% |
| 1930 | 78.61% | 8.79% | 13.18% | -0.58% | 92.16% | 7.84% |
| 1931 | 24.22% | 7.47% | 71.76% | -3.44% | 90.23% | 9.77% |
| 1932 | 16.65% | 58.87% | 36.21% | -11.73% | 80.69% | 19.31% |
| 1933 | 18.43% | 57.28% | 26.38% | -2.09% | 87.00% | 13.00% |
| 1934 | 24.82% | 57.00% | 21.40% | -3.22% | 86.22% | 13.78% |
| 1935 | 29.75% | 52.91% | 19.06% | -1.72% | 81.85% | 18.15% |
| 1936 | 29.78% | 54.54% | 18.21% | -2.53% | 82.25% | 17.75% |
| 1937 | 33.80% | 51.79% | 15.81% | -1.40% | 78.89% | 21.11% |

Legende siehe Tabelle 2.1.

die OeNB die Refinanzierung ein und trat durch Devisenkostgeschäfte dem weiteren Abzug von Auslandsgeldern entgegen. Die Außenkomponente trug mit 35.5% zum Gesamtumlaufswachstum bei, während der Abbau des Portefeuilles mit 26.35% ebenso negativ auf den Gesamtumlauf wirkte wie der Abbau der Bundesverschuldung bei der OeNB mit 4.39%. Die Verringerung des Gesamtumlaufswachstums ging passivseitig auf den Abbau der Verbindlichkeiten bei der OeNB im Umfang von 4.53% des Wachstums zurück. Das Notenumlaufswachstum verlangsamte sich daher in geringerem Ausmaß. Die Verringerung der Verbindlichkeiten der OeNB war von Buchungen im Zuge der Völkerbundanleihe und von der Verminderung der Notenbankguthaben der Kreditinstitute verursacht. Das durchschnittliche Gesamtumlaufswachstum verlangsamte sich nach 4.8% 1923/1 bis 1924/2 auf 2.96% zwischen 1924/2 und 1924/7 schließlich auf 0.21% von 1924/8 bis 1926/7.

*Tabelle 2.3.:*

**Beiträge der Komponenten zum Zentralbankgeldwachstum (Logarithmische Differenzen der Jahresendstände)**

| | WR<br>1 | BUND<br>2 | REF<br>3 | SONST<br>4 | NUM<br>5 | VERB<br>6 | GESUM<br>5+6 |
|---|---|---|---|---|---|---|---|
| 1924 | 0.12 | -0.04 | 0.07 | 0.00 | 0.15 | -0.01 | 0.14 |
| 1925 | 0.09 | -0.03 | -0.01 | 0.00 | 0.06 | 0.00 | 0.06 |
| 1926 | 0.11 | -0.01 | -0.06 | 0.00 | 0.06 | -0.02 | 0.04 |
| 1927 | 0.06 | -0.01 | 0.01 | 0.00 | 0.06 | 0.00 | 0.06 |
| 1928 | 0.05 | -0.05 | 0.07 | 0.00 | 0.06 | 0.02 | 0.07 |
| 1929 | -0.05 | -0.01 | 0.09 | 0.00 | 0.02 | 0.01 | 0.03 |
| 1930 | 0.16 | -0.01 | -0.13 | 0.00 | 0.00 | 0.02 | 0.02 |
| 1931 | -0.49 | 0.00 | 0.63 | -0.03 | 0.07 | 0.03 | 0.10 |
| 1932 | -0.11 | 0.47 | -0.44 | -0.07 | -0.22 | 0.07 | -0.15 |
| 1933 | 0.01 | -0.04 | -0.11 | 0.10 | 0.03 | -0.07 | -0.03 |
| 1934 | 0.07 | 0.01 | -0.04 | -0.01 | 0.01 | 0.01 | 0.02 |
| 1935 | 0.07 | -0.01 | -0.01 | 0.01 | 0.01 | 0.05 | 0.06 |
| 1936 | -0.01 | 0.00 | -0.02 | -0.01 | -0.03 | -0.01 | -0.04 |
| 1937 | 0.05 | -0.01 | -0.02 | 0.01 | 0.00 | 0.04 | 0.04 |

Legende siehe Tabelle 2.1.

Quellen: *Mitteilungen des Direktoriums der Oesterreichischen Nationalbank,* Statistische Übersichten

Es folgte die Periode von 1926/8 bis 1929/12. Wechselkurs- und das Reserveziel waren erreicht. Die OeNB ließ ab Mitte 1926 die Ausdehnung des Portefeuilles zu. Das Zinsdifferential zu anderen Kapital importierenden Ländern wurde ab 1927 verringert. Schon 1929 war jedoch das Konzept der Dotierung der Währungsreserven aus Kapitalimporten der Geschäftsbanken in der Bodencredtianstaltskrise gefährdet. Diese verursachte die Ausdehnung des Portefeuilles zu Ende der Periode, die mit der Verletzung des Reservezieles endete. 1926/8-1929/12 ging das Gesamtumlaufswachstum von 0.54% monatlich überwiegend auf den Wachstumsbeitrag der Refinanzierungskomponente von 0.53% zurück, während dem durchschnittlichen Beitrag der Außenkomponente von 0.19% restriktive Einflüsse der Bundeskomponente von 0.17%

und der sonstigen Positionen von 0.01% gegenüberstanden. Das Übergewicht der Refinanzierungskomponente über die Außenkomponente ist auf die Verteuerung der Auslandskredite ab Mitte 1928 und auf die Ausdehnung des Wechselportefeuilles durch die Refinanzierung der Bodencreditanstalt ab Mitte 1929 zurückzuführen. Von Anfang 1923 bis Ende 1929 wurde die Bundesschuld in allen Perioden stets mit einer restriktiven Wirkung von etwas über 0.15% des monatlichen Gesamtumlaufswachstums abgebaut. Mit dem Beginn der Depression waren die dazu erforderlichen Mittel nicht mehr verfügbar.

Im Konjunktureinbruch der Periode von 1930/1-1931/4 sank der Bestand an Wechseln. Zugleich erhöhte die OeNB zwecks Erreichung des in der Krise verfehlten Reservezieles die Währungsreserven aus den Mitteln der Internationalen Investitionsanleihe des Bundes auf einen Höchststand. Von Anfang 1930 bis zum Beginn der CA-Krise fiel der Gesamtumlauf monatlich um 0.64%. Die Periode entsprach dem Geldangebotsmuster der OeNB nach einer Bankenkrise. Der Gesamtumlauf sank unter dem Einfluß der Depression. Die expansive Wirkung der Außenkomponente war auf die Anleihe des öffentlichen Sektors zurückzuführen. Die durch die einsetzende Depression und den Abbau der Bodencreditanstalts-Wechsel verursachte Verringerung des Wechselportefeuilles trug mit -19.4% bzw mit einem negativen monatlichen Beitrag von 1.29% zum Schrumpfen des Gesamtumlaufes bei. Aus dem expansiven Einfluß der Außenkomponente und einem negativen Beitrag der Bundeskomponente sowie der sonstigen Positionen resultierte eine Gesamtumlaufsreduktion von 9.96% in den 16 Monaten vom Einsetzen der Depression bis zur CA-Krise. Diese schlug sich in einer Verringerung des Notenumlaufs um 9.97% nieder, während die Notenbankguthaben der Kreditinstitute nahezu unverändert blieben.

In der Refinanzierungsphase der CA-Krise von 1931/5-1932/2 erhielt die Sicherung des Finanzsystems Vorrang vor den außenwirtschaftlichen Zielen der Währungspolitik. Die Refinanzierung der CA widersprach dem Wechselkurs- und dem Reserveziel, die vorübergehend aufgegeben wurden. In der Refinanzierungsphase der CA-Krise 1931/5-1932/2 stieg der Notenumlauf um 11.15% bzw 1.24% monatlich. Dies war darauf zurückzuführen, daß der restriktive Einfluß des nahezu vollständigen Verlustes der Währungsreserven, der mit 54.21% negativ auf das Gesamtumlaufswachstum wirkte, und der Gebarung mit sonstigen Aktiven und Passiven von -7.8% durch den expansiven Impuls der Refinanzierung der CA und anderer Kreditinstitute von 73.25 Prozent Gesamtumlaufswachstum mehr als kompensiert wurde. Die Notenumlaufssteigerung machte mit 5.36% nur weniger als die Hälfte des Gesamtwachstums aus. Der Rest war auf die Erhöhung von Guthaben bei der Notenbank zurückzuführen. Das Notenumlaufswachstum beschleunigte sich durch den Run auf die Banken im Mai 1931 auf über 20% wöchentlich. Mit der Ausbreitung der Bankenkrise kam der internationale Kapitalverkehr im Sommer 1931 zum Stillstand.

Es folgte der Konsolidierungsversuch von 1932/3-1932/7. Die Währungsreseven sanken nach Einstellung der Bankenrefinanzierung weiter bis unter das statutarische Minimum. Erst durch die Einstellung der Devisenzuteilung für die Bedienung der Fremdwährungsschuld im Juli 1932 konnte die OeNB die Auslandskomponente kontrollieren.

In den fünf Monaten des Konsolidierungsversuches 1932/3-1932/7 zwischen der Einstellung der Refinanzierung der CA und dem Transfermoratorium und Abkommen über die Lausanner Anleihe sank der Gesamtumlauf um 3.6% und damit etwa mit dreiviertel der Geschwindigkeit (0.89% monatlich) mit der er in der Refinanzierungsphase gestiegen war.

Die Devisenbewirtschaftung konnte bis zum Transfermoratorium den anhaltenden Verlust von Reserven mit einem negativen Beitrag zum Gesamtumlauf von 4.4% nicht verhindern. Die Refinanzierungskomponente wirkte nur noch mit 0.4% expansiv, die restlichen Komponenten mit 0.2% insgesamt restriktiv. Die Gesamtumlaufsverringerung wurde durch die Verringerung des Notenumlaufs um 5.35% bzw 1.34% monatlich bewirkt.

Die Stabilisierungsphase von 1932/8-1934/6 setzte mit dem Transfermoratorium und der Lausanner Zusage einer Völkerbundanleihe ein und wurde mit der neuerlichen Wechselkursfixierung und der Aufhebung der Bundesgarantie für Verbindlichkeiten der CA abgeschlossen. Die Entstehungsseite des Zentralbankgeldes wurde durch die Devisenbewirtschaftung weitgehend von der Zahlungsbilanz getrennt. Das Zentralbankgeldangebot war exogen durch die Geldmengenwirksamkeit der Bankensanierung und der Konsolidierung der Finanzsituation des Bundes bestimmt. Durch Devisenbewirtschaftung, Suspendierung des Devisentransfers für den staatlichen Auslandsschuldendienst und Ausweitung des privaten Devisenmarktes hatte die OeNB die Kontrolle über die Auslandskomponente erlangt. Die Einigung mit den Auslandsgläubigern der CA im Jänner 1933 ermöglichte die Festlegung der wichtigen Zahlungsbilanzposition und die Festlegung des Wechselkurses und des Zentralbankgeldangebotes. Damit und durch die Lausanner Anleihe war die durch Zahlungsbilanz- und Wechselkursziele bedingte Deflation des Zentralbankgeldes beendet.

Bis Juli 1933 wurde der Gesamtumlauf um 8.8% reduziert, danach stieg er um 10.2%. Über die Gesamtperiode von 22 Monaten nahm er um 1.3% zu, was erstmals seit Ausbruch der CA-Krise auf den expansiven Effekt der Auslandskomponente und der sonstigen Aktiven und Passiven zurückzuführen war, der mit zusammengenommen 12.1% die restriktive Wirkung der Inlandskomponente übertraf. Die Auslandskomponente erhielt Mittel aus der Aufwertung der Goldbestände und in geringem Ausmaß aus der Lausanner Anleihe. Die Übernahme der Notenbankverschuldung der CA bewirkte einen Aktivatausch zwischen Refinanzierungs- und Bundeskomponente.

Im Gegensatz zu den Perioden vorher und nachher wuchs der Notenumlauf, wenn auch nur mit 0.027% monatlich.

In der Periode von 1934/7-1937/12 wurde das Wechselkursziel erreicht und die Reserven wurden weiter gesteigert. Von der Aufwertung der Goldbestände an schwankte der Gesamtumlauf bei geringfügiger Sterilisierung der Devisenzuflüsse mit der Außenkomponente. Die Gestion mit sonstigen Aktiva und Passiva gewann an Einfluß auf den Gesamtumlauf. Diese Periode war vom weiteren Abbau des Wechselportefeuilles durch Rücknahme von notleidenden Wechseln der Industriekredit-AG, durch den langsamen Aufbau der ausgewiesenen Währungsreserven und durch den Aufbau der Reserven der Kreditinstitute in Gestalt der Aufstockung ihrer Guthaben bei der Notenbank gekennzeichnet.

Das Gesamtumlaufswachstum von 7.37% (durchschnittlich 0.18%) von Juli 1934 bis Ende 1937 war auf die expansiven Beiträge der Außenkomponente und der Gebarung mit sonstigen Aktiven und Passiven von 11% und 3.49% und auf die restriktive Wirkung der Refinanzierungskomponente von -6.45% und der Bundeskomponente von 0.72% zurückzuführen. Im Monatsschnitt wuchs der Gesamtumlauf mit 0.06%.

### 2.2.3. Beziehungen zwischen Gesamtumlaufswachstum und seinen Komponenten

Die Gliederung durch Korrelation der wöchentlichen Änderungen der Entstehungskomponenten des Gesamtumlaufs zeigt den Einfluß des Wechselkurs- und Reservezieles, der Sicherung des Finanzsystems und der internationalen Kapitalmobilität auf die Zusammensetzung des Zentralbankgeldangebotes. (Vgl. Anhang S. 227) Über alle Perioden von 1923 bis zur CA-Krise 1931 war der Gesamtumlauf bei in Grundzügen (nach Abbau anfänglicher Beschränkungen) freiem internationalen Kapitalverkehr mit der Auslands- und der Refinanzierungskomponente signifikant positiv korreliert.

Die Bankenkrise veränderte das Geldangebotsmuster. Von 1931/5 bis 1932/7 korrelierte der Gesamtumlauf als Folge der Bankenrefinanzierung stark und signifikant mit der Wechselkomponente und in der Phase der starken Notenumlaufssteigerung negativ mit der Auslandskomponente. Das Wechselkursziel wurde aufgegeben.

In der Stabilisierungsphase 1932/8-1934/6, bis zur neuerlichen Kursfixierung und der endgültigen Beilegung der Bankenkrise, stieg bei fehlender Kapitalmobilität der Einfluß der Währungspolitik auf das Zentralbankgeld über die Gebarung mit Sonstigen Aktiven und Passiven. Der Gesamtumlauf war mit dieser Komponente signifikant korreliert.

Nach der neuerlichen Kursfixierung verfolgte die OeNB von 1934/7 bis 1937/12 bei eingefrorenem Wechselportefeuille und versiegtem internationalen Kapitalverkehr ein Wechselkurs- und ein Reserveziel. Sie band das Gesamtumlaufswachstum an jenes der Auslandskomponente und beeinflußte die Einstellung von Devisen in die ausgewiesenen Währungsreserven. Der Gesamtumlauf korrelierte mit den ausgewiesenen Währungsreserven und mit dem Saldo der Gebarung mit sonstigen Aktiven und sonstigen Passiven.

### 2.2.4. Das Verhältnis von Auslands- zu Refinanzierungskomponente

Aus dem Verhältnis zwischen Außen- und Refinanzierungskomponente des Zentralbankgeldes lassen sich durch Korrelationen und anhand von Kausalitätstests Schlüsse auf die Beziehung zwischen Auslandssektor und Notenbank bzw Auslandssektor und Anpassungsprozessen im Inland ziehen.

Die Goldstandard Anpassungsmechanismen erforderten eine gleichgerichtete Bewegung der Innen- und der Außenkomponente des Zentralbankgeldes.[1] Eine gegenläufige Bewegung ist ein Indiz für Interventionen der Notenbank oder für "automatische Neutralisierung" durch die Geschäftsbanken.[2] Kurzfristige, das Geldangebot verstetigende Neutra-

1 *Nurkse, R.,* International Currency Experience, Geneva 1944, S. 66. Um einem den specie flow entsprechenden Anpassungsmechanismus in Gang zu setzen, muß die Geldmenge auf die Veränderung der Währungsreserven reagieren. Diese darf nicht kompensiert werden.

2 *Nurkse,* a.a.O., S. 70.

lisierung von Schwankungen der Währungsreserven war während des klassischen Goldstandardregimes 1879-1913 praktiziert worden.[3]

Außen- und Refinanzierungskomponente korrelierten in allen Subperioden zwischen der Bankenkrise 1924 und der CA-Krise 1931 gemessen an der Veränderung ihrer Wochenstände signifikant positiv. Binnen Wochenfrist wurden die Veränderungen der einen Komponente durch die jeweils andere nicht kompensiert. Weder Kapitalmobilität noch Sterilisierungsabsichten der Notenbank wurden in dieser kürzesten Frist wirksam. Die Reaktionszeiten waren länger. Dies weist neben dem parallelen Verlauf der Beiträge der beiden Komponenten zum Gesamtumlaufswachstum darauf hin, daß sich die Kreditinstitute gewöhnlich sowohl durch Abgabe von Devisen aus Fremdwährungskrediten als auch durch Einreichen von rediskontfähigem Wechselmaterial refinanzieren konnten.

In der Phase der CA-Refinanzierung 1931/5-1932/2 war das Portefeuille wegen des Zusammenhanges zwischen der Geldschöpfung zu Gunsten der CA und der Flucht aus der Währung signifikant negativ mit der Außenkomponente korreliert.

*Tabelle 2.4.*

**Korrelation von Außen- und Wechselkomponente wöchentliche Vierwochendifferenzen**

| | | |
|---|---|---|
| 1923/2/ 1 - 1931/4/4 | -0.0511 | N=396 |
| 1924/10/ 1 - 1929/12/4 | -0.1968[1] | N=256 |
| 1931/5/ 1 - 1937/12/4 | -0.0915 | N=316 |
| 1934/8/ 1 - 1937/12/4 | -0.7008[2] | N=163 |

2-seit. Signif: [1] - 01
[2] -.001
Quellen: Wochenausweise der OeNB
Außenkomponente: Summe von Gold, Devisen und Valuten

[3] Vgl. *McKinnon, R.,* The Rules of the Game: International Money in Historical Perspective, in: Journal of Economic Literature 31 (1993), S. 9, der bestreitet, daß die von *Nurkse* geforderte Nichtsterilisation je zu den "Goldstandard-Regeln" gehörte.

In den folgende Perioden bestand ebenso wie in der Zeit bis August 1934 kein signifikanter Zusammenhang zwischen den beiden Komponenten. In den ersten Perioden nach 1923 war der Einfluß der Kapitalimporte auf das Gesamtumlaufswachstum groß und die Bedeutung der inländischen Refinanzierung gering. Nach der CA-Krise war das Wechselportefeuille großteils starr und der internationale Kapitalverkehr war zusammengebrochen.

Bei längerer Anpassungszeit änderte sich die Beziehung zwischen Wechsel- und Auslandskomponente.

Sowohl zwischen dem Ende der ersten Bankenkrise 1924 bis nach der Bodencreditanstaltskrise 1929 als auch zwischen dem Ende der Periode der Bankenkrisen 1931-1934 und Dezember 1937 waren die wöchentlich gemessenen Monatsabstände von Währungsreserven und Wechselbestand signifikant negativ korreliert. Von der Zahlungsbilanz ausgehende Impulse wurden in den zwanziger Jahren durch Notenbank und Geschäftsbanken, nach der CA-Krise von der Notenbank binnen vier Wochen kompensiert.

#### 2.2.4.1. Kausalität zwischen Auslands- und Refinanzierungskomponente

Entsprechend sowohl der Kapitalmobilitätshypothese als auch des monetären Ansatzes zur Zahlungsbilanztheorie und der Anpassungsmechanismen des Goldstandards verursacht ein durch Ausweitung des Portefeuilles hervorgerufenes Überangebot an Zentralbankgeld Devisenabflüsse. Die Kausalität verläuft vom Wechselportefeuille zu den Währungsreserven.

Die Sterilisationshypothese trifft hingegen zu, wenn Notenbank oder Geschäftsbanken von der Auslandskomponente ausgehende Schocks auf das Zentralbankgeld neutralisieren können. Veränderungen der Außenkomponente verursachen Veränderungen der Refinanzierungskomponente.

Als Kausalität gilt in dieser Interpretation der signifikante Einfluß einer zusammengefaßten Gruppe von verzögerten Werten der exogenen Variablen auf die laufende endogene Variable, wobei die Rollen beider Variablen in einer zweiten Schätzung getauscht werden.[4] (Siehe Anhang mit dem Kausalitätstests, S. 231-234)

---

[4] Vgl. insb.: *Feige, E., Johannes, M.*, Testing the Causal Relationship between the Domestic Credit and Reserve Components of a Country's Monetary Base, in: Journal of Macroeconomics 3 (1982), S. 55-76. *Handler, H.*, Capital Mobility Versus Sterilization Policy: A Time Series Approach for Austria, in: Empirica 12 (1985), S. 163-190.

Für die Sargent-Tests wurden zwölf verzögerte Werte der ersten Differenzen der Monatsendstände des Wechselportefeuilles und der Summe aus Gold, Devisen und Valuten verwendet. Die Tests ergaben eine von der Wechsel- zur Außenkomponente gerichtete Wirkung bis zum Ende der CA-Krise und eine entgegengesetzte Wirkungsrichtung danach.

Für die Periode von der Geschäftsaufnahme bis zur Einstellung der Refinanzierung der CA (1923/2-1931/4) und für die Periode vom Ende der ersten Bankenkrise 1924 bis zum Ausbruch der CA-Krise (1924/9-1931/4) kann die Kapitalmobilitätsthese nicht zurückgewiesen werden. In der untersuchten Jahresfrist verursachte das Wachstum der Refinanzierungskomponente die Veränderung der Außenkomponente. Vom Ende der CA-Refinanzierung bis Ende 1937 stützen die Ergebnisse die Sterilisierungshypothese.[5] Der internationale Kapitalverkehr war in der Bankenkrise zusammengebrochen, der Einfluß der Währungspolitik auf die Entwicklung des Gesamtumlaufs war gestiegen.

Sowohl die Währungsflucht im Gefolge der Refinanzierung von in Liquiditsschwierigkeiten geratenen Geschäftsbanken als auch die Politik der OeNB, einen als ausreichend angesehenen Stand der Währungsreserven anzustreben und das Portefeuille entsprechend einzuschränken, wirkten in die von der Kapitalmobilitätsthese prognostizierte Richtung. Näherte sich das Portefeuille oder umgekehrt die Devisendeckung einem als kritisch angesehenen Niveau, erschwerte die OeNB die Refinanzierung, um die Geschäftsbanken zur Substitution ihrer Notenbankrefinanzierung durch Kapitalimporte zu bewegen und damit die offiziellen Währungsreserven zu erhöhen beziehungsweise umgekehrt im Fall von geringem Portefeuillestand.

Während der beiden großen Bankenkrisen 1924 und 1931 verursachten sowohl die ursprüngliche Krise als auch die mit der Liquiditätshilfe durch die OeNB verbundene Portefeuilleausweitung Kapitalrückzüge.

Von Februar 1932 bis Ende 1937 verursachte (unter Berücksichtigung der Lags) umgekehrt die Bewegung der Außenkomponente die Veränderung des Wechselportefeuilles. Dies bestätigt zusammen mit der hohen

---

[5] Vgl. *Zipser, W.,* Das Zentralbankgeldangebot der Oesterreichischen Nationalbank, Diss. Univ. Wien 1993, S. 88-94. Tests mit dreimonatigen Lags ergaben für die Gesamtperiode eine Bestätigung der Sterilisierungshypothese und zwischen 1924/8 und der Refinanzierung der Bodencreditanstalt wechselseitige Kausalität. Dies weist darauf hin, daß sich die Geschäftsbanken in dieser Zeit sowohl im In- als auch im Ausland refinanzieren konnten. Dazu auch: *Schubert, A.,* The Credit-Anstalt Crisis of 1931. A Financial Crisis Revisited, Diss Univ. of South Carolina 1985, S. 251, der die gesamte Inlandskomponente und die Auslandskomponente von 1925/10 bis 1936/12 testete.

negativen Korrelation der laufenden wöchentlichen Monatsdifferenzen die Sterilisationshypothese.

Ab 1932 war die OeNB bestrebt, die Währungsreserven wieder aufzubauen. Nach dem faktischen Ende der kommerziellen Wechselrefinanzierung und nach Einführung der Devisenbewirtschaftung konnte sie dies direkt durch die Einstellung von Devisen in die ausgewiesenen Währungsreserven und durch die Rücklösung von Wechseln. Das Portefeuille bestand überwiegend aus Finanzwechseln der der OeNB gehörenden Industriekredit AG. Diese wurden in dem Ausmaß rückgelöst als Devisen in die offiziellen Währungsreserven eingestellt wurden. Diese Bewegung dominierte die nicht kompensierbaren Devisenbewegungen.

Das Ergebnis ist in beiden Teilperioden auf die Steuerung der Zusammensetzung des Zentralbankgeldes durch die OeNB zur Einhaltung von als ausreichend angesehenen Reservequoten (als Zwischenziel für ihr Stabilitäts- und Wechselkursziel) zurückzuführen. Bis 1931 geschah dies unter der Bedingung eines rasch liberalisierten Kapitalverkehrs durch Diskontpolitik, nach dem Ende des internationalen Kapitalverkehrs durch direkte Beeinflußung von Devisenreserven und Wechselbestand.

### 2.2.5. Diskontpolitik

Neben den Auswirkungen der Zielhierarchie der OeNB auf Komponenten und Höhe des Zentralbankgeldwachstums von 1923 bis Ende 1937 lassen sich für die engere Goldstandardperiode zwischen Anfang 1925 und Mai 1931 einige Komponenten ihrer Zielfunktion anhand der Diskontsatzpolitik belegen.

In der Periode der engsten Integration in den Golddevisenstandard von Ende 1924 bis zur CA-Krise 1931 versuchte die OeNB ihr Wechselkurs-Stabilitätsziel durch den Einsatz des Diskontsatzes als Instrument zu erreichen, wobei als ausreichend angesehene freie Währungsreserven ein Zwischenziel darstellten. Die Veränderung der Währungsreserven sowie die Differenz zwischen Diskontsatz und Geldmarktsatz dienten als Indikatoren zur Beurteilung der Wirkung der währungspolitischen Maßnahmen.

Bei fixiertem Wechselkurs und unvollständiger Substituierbarkeit zwischen in- und ausländischen Anlagen konnte die OeNB die Zusammensetzung des Zentralbankgeldes steuern. Sie versuchte durch den Diskontsatz Portefeuille und Währungsreserven zu beeinflussen. Bei niedrigen Währungsreserven wurde ein hoher Diskontsatz fixiert und umgekehrt waren hohe Währungsreserven mit einem geringeren Diskontsatz verbunden.[6] Die Geschäftsbanken refinanzierten sich bei höherem Diskontsatz stärker im Ausland durch Kapitalimporte als durch Wechselrediskont. Die Höhe des Diskontsatzes korrelierte mit dem Stand der Währungsreserven signifikant negativ. Neben der Berücksichtigung anderer Beschränkungen mußte die OeNB ein positives Zinsdifferential gegenüber konkurrierenden Kapitalimporteuren aufrechterhalten, wobei die Höhe der für Kapitalimporte notwendigen Risikoprämie variierte.

Die Veränderung des Diskontsatzes der OeNB war mit jener des Leitzinses der Deutschen Reichsbank signifikant, aber nicht stark korreliert.

Die enge Korrelation zwischen den Wachstumsraten von Diskontsatz und Privatdiskontsatz war das Ergebnis der Diskontpolitik, die sich daran orientierte, den Diskontsatz in einem variablen Abstand über dem Privatdiskontsatz der Wiener Börse zu fixieren.

Der inländische Geldmarktsatz (Privatdiskontsatz) wurde von den Sätzen für Devisenleihgeld beeinflußt, die von der Entwicklung der Diskont- und Geldmarktsätze der Kapitalexport- und konkurrierender Kapitalimportländer sowie von Wechselkurserwartungen und der Einschätzung der Risken abhingen. Er brachte so den Einfluß des internationalen Kapitalmarktes auf das inländische Zinsgefüge zur Geltung.

Der Monatsgeldsatz der Wiener Börse und die Sollzinsen der Geschäftsbanken korrelierten mit dem Diskontsatz.

Die Diskontpolitik beeinflußte die Kosten der Kreditnehmer, die sich in Inlandswährung verschuldeten. Ein implizites Kartell der Geschäftsbanken baute seine Zinsforderungen auf dem Diskontsatz auf. Diese Geldmarktzusammenhänge bleiben nach Ausbruch der Weltwirtschaftskrise nicht erhalten.

Die OeNB konnte die reklamierte "real bills doctrine" nicht verfolgen. Zwischen Wechselportefeuille und Produktionsindex bestand kein signifikanter Zusammenhang.[7] Das Portefeuille war stets in den Perioden von Bankenkrisen am höchsten, in denen die OeNB Finanzwechsel hereinnehmen mußte.

---

6 Die Diskontpolitik folgte, wie aus den Generalratsprotokollen zu entnehmen ist, ähnlich jener der BOE einer Erfahrungsregel. Vgl. *Eichengreen, B., Watson, M.W., Grossman, R.S.*, Bank Rate Policy under the Interwar Gold Standard: A Dynamic Probit Model, in: The Economic Journal Vol 95 (1985), S. 724-747.

7 *Reisch, R.*, Schillingwährung und oesterreichische Nationalbank, *MdVÖBuB* 1931, S. 213-220, S. 217. Vgl. *Zipser, W.*, Das Zentralbankgeldangebot der Oesterreichischen Nationalbank 1923-1937, Diss. Univ. Wien 1993, S. 85f.

*Tabelle 2.5.*

**Korrelation von Zinssätzen**
**1925/2-1931/4**

| | DPRDISK | DMONG | DBANK | DDD | WR |
|---|---|---|---|---|---|
| DDOE | .6011[2] | .5829[2] | .6567[2] | .3868[2] | .1729 |
| DPRDISK | - | .5356[2] | .6118[2] | .3412[1] | .0586 |
| DMONG | | - | .4262[2] | .3106[1] | .1612 |
| DOE | | | | .0558 | -.7679[2] |

N: 74
2-seit.Signif: [1] -.01
[2] -.001

Monatliche Änderungsraten von:

| | |
|---|---|
| DDOE | Diskontsatz der OeNB |
| DPRDISK | Privatdiskontsatz der Wiener Börse |
| DBANK | Sollzinsen |
| DMONG | Monatsgeldsatz der Wiener Börse |
| DDD | Diskontsatz der Deutschen Reichsbank |

Stände:

| | |
|---|---|
| DOE | Höhe des Diskontsatzes der OeNB |
| WR | Auslandskomponente des Wochenausweises der OeNB |

Quellen: *MB des ÖIfK* 6/1938, S. 140, *Mitteilungen des Direktoriums der OeNB,* laufende Jahrgänge.

Zur Veränderung des Notenumlaufs parallel zum Bestand an Warenwechsel im Portefeuille als Indikator der Kapazitätsauslastung war die OeNB bei der von ihr verfolgten Politik nur dann imstande, wenn sie keine in Liquiditätsschwierigkeiten befindliche Banken refinanzieren mußte, ein als ausreichend erachtetes Deckungsverhältnis erreichte und die Kreditunternehmen ihre Notenbankkonten nicht drastisch veränderten. Die Sicherung des Finanzsystems verhinderte ein solches dem Goldstandard entsprechendes Geldangebotsmuster.

*Tabelle 2.6.*

**Wechselportefeuille und Warenwechsel 1923-37**
**Höhe des Wechselportefeuilles und Anteil an Warenwechseln**

| | Wechselbestand 1928=100% | Warenwechsel in % des Bestandes |
|---|---|---|
| 1923 | 77% | 71% |
| 1924 | 212% | 52% |
| 1925 | 98% | 61% |
| 1926 | 81% | 59% |
| 1927 | 70% | 65% |
| 1928 | 100% | 54% |
| 1929 | 194% | 48% |
| 1930 | 116% | 65% |
| 1931 | 409% | 17% |
| 1932 | 685% | 10% |
| 1933 | 238% | 16% |
| 1934 | 246% | 8% |
| 1935 | 220% | 8% |
| 1936 | 206% | 0% |
| 1937 | 184% | 0% |

Quelle: *MB des ÖIfK*, 1938/2.

## 2.3. Geldmengenschätzungen

Die Geldmenge ergibt sich aus der Interaktion von Notenbank, Banken und Publikum.[8] An ihrer Entwicklung lassen sich die Wirkungen der Einhaltung des Stabilitätszieles der Nationalbank - Verhinderung von Abwertungserwartungen und Sicherung einer stabilen Giralgeldnachfrage durch Verhinderung von Bankenzusammenbrüchen - sowie die Reaktion von Währungspolitik, Banken und Publikum auf Verfehlungen des Stabilitätszieles analysieren.

[8] *Handler, H.*, Geldpolitik, Geldbasis und Geldmenge, in: Wifo Monatsberichte 1/1977, S. 37-46, S. 43.

*Abbildung 2.1.*

**Gesamtumlauf, Innen- und Außenkomponente 1923-1937**

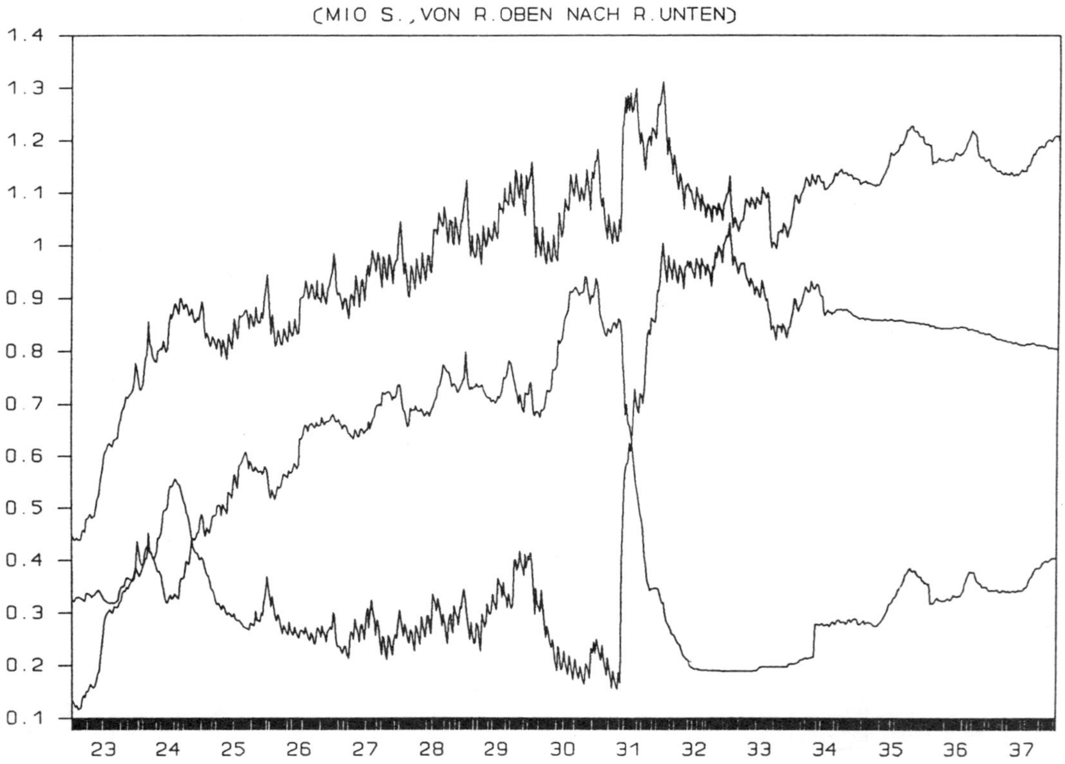

*Abbildung 2.2.*

**Gesamtumlauf, Notenumlauf, sofort fällige Verbindlichkeiten**

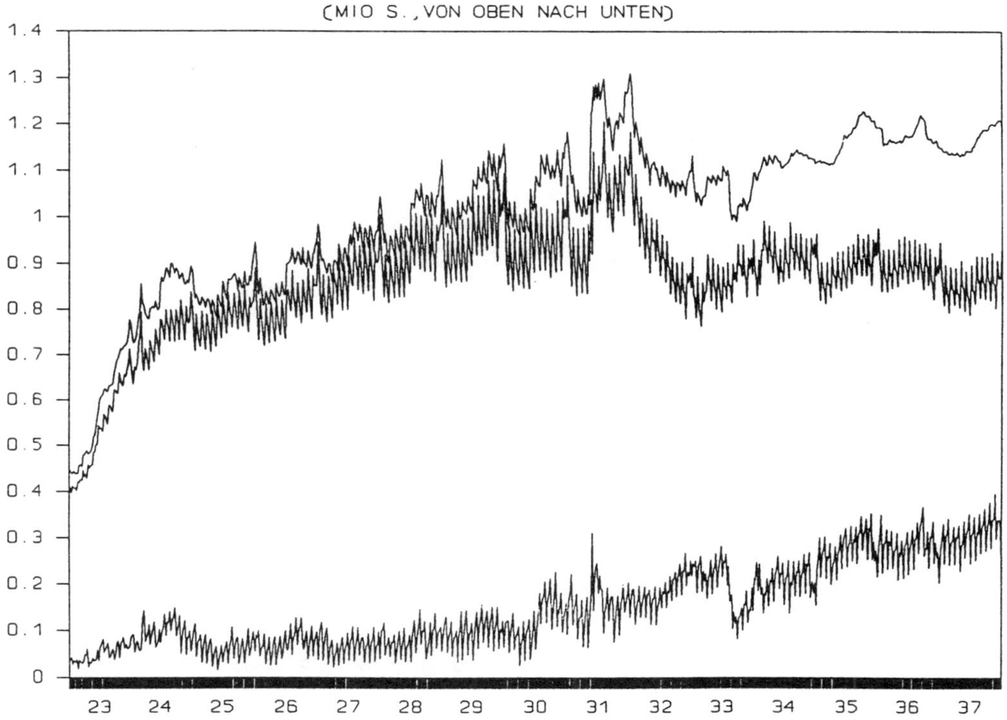

Die Geldmengenschätzung ist Ausgangspunkt für die Analyse der Transmission vom Finanzsektor zum realen Sektor und somit eines der Wirkungskanäle der Notenbankpolitik. Die Datenmängel der Geldmengenschätzungen lassen nur grobe Aussagen zu. Ähnliche Mängel behindern die Analysen alternativer Übertragungskanäle. Die Liquidität der Banken ist wegen der uneinheitlichen Bilanzen schlecht dokumentiert. Die Zinssatzreihen sind teilweise unvollständig und wegen der nach 1931 stark abnehmenden Volumina der Geldmärkte wenig aussagekräftig.

Die Geldmengenaggregate wurden aus Schätzungen für die Geldbasis und Einlagedaten gebildet. Die Geldbasis besteht aus dem Bargeldumlauf des Publikums und den sofort fälligen Verbindlichkeiten der Notenbank gegenüber inländischen Kreditunternehmungen. Auf den Bargeldumlauf des Publikums wird geschlossen, indem die Summe aus Noten- und Münzumlauf um die Münzbestände der Notenbank und die Kassenbestände der Kreditunternehmungen verringert wird.

Aus den Verbindlichkeiten der Nationalbank wurden die im Zusammenhang mit den Völkerbundanleihen und mit dem Transfermoratorium stehenden Konten herausgerechnet.

Die Schätzungen für die zur Geldmenge M1 zählenden Einlagen umfassen die Daten für Gläubiger in laufender Rechnung abzüglich der ausgewiesenen Zwischenbankeinlagen. Die Schätzung für M2 enthält zusätzlich zu M1 die Spareinlagen.

Verfügbar sind jährliche Bilanzen für Aktien-, Hypothekenbanken, Sparkassen und Postsparkasse, die 1936 zusammen auf dem Spareinlagenmarkt über einen Marktanteil von etwa 70% verfügten. Nicht verfügbar sind Daten über die Privatbanken und in hinreichender Frequenz Daten über sämtliche Kreditgenossenschaften. Deshalb wird die Geldmenge M2 in steigendem Maße vor allem nach der Bankenkrise 1931 bis 1933, von der die Aktienbanken weitaus am stärksten betroffen waren, unterschätzt. Der entsprechende Multiplikator wird unter-, seine Verringerung nach 1931 überschätzt. Die sofort fälligen Verbindlichkeiten der OeNB enthalten noch in geringem Ausmaß Einlagen ausländischer Notenbanken und des Bundes. Die Einlagedaten umfassen in wechselndem Ausmaß Kasssenscheine und Einlagen in Fremdwährung. Die ausgewiesenen Kassenbestände der Kreditunternehmungen enthalten auch Wertpapiere.

*Tabelle 2.7.*

**Vergleich verschiedener Einlagenschätzungen 1929-1933**

| | Sparein-lagen Schätzung Mill S | Ver-änderung % | einschl. Genossen-schaften | Ver-änderung % | Schätzung[1] Veränderung % | Schätzung[2] Veränderung % |
|---|---|---|---|---|---|---|
| 1929 | 1428.2 | - | 1996.5 | — | — | - |
| 1930 | 1664.3 | 16.5 | 2243.0 | 12.3 | 11.4 | 16.8 |
| 1931 | 1522.8 | -8.5 | 2073.6 | -7.6 | -13.5 | -12.0 |
| 1932 | 1582.7 | 3.9 | 2079.6 | 0.3 | -5.6 | 7.9 |
| 1933 | 1578.1 | -0.3 | 2099.9 | 1.0 | 2.2 | 1.4 |

1 *Stiefel, D.*, Die große Krise im kleinen Land. Österreichische Finanz- und Wirtschaftspolitik 1929-1938, Wien 1988, S. 263.

2 *Schubert, A.*, The Credit Anstalt Crisis of 1931 - A Financial Crisis Revisited, Diss. University of South Carolina 1985, S. 185, und eigene Berechnungen.

Quellen: *MB des ÖIfK* 1935/7, S. 154, 155. *Statistisches Handbuch der Republik Österreich,* lf. Jg.

Die für die Schätzung von M2 verwendeten Einlagendaten schätzen die Steigerung 1930 höher, die unmittelbare Einlagenverringerung in der CA-Krise geringer und die Einlagen für 1933 etwas niedriger ein als die verglichenen Schätzungen.

Besonders für die Zeit nach der CA-Krise läßt sich der "Umfang der Hortungen ... nicht feststellen"[9], doch die Grundtendenz bleibt bei allen Varianten gleich und im wesentlichen bestätigen alle verfügbaren Daten die Einlagen- und Geldmengenreduktion im Gefolge der CA-Krise.

Aufgrund der Korrelation der Scheck- und Spareinlagen der Aktienbanken bzw der sonstigen Einlagen der Sparkassen mit Sicht- und Spareinlagen aller anderen Sektoren wurden die Scheck- und Spareinlagen der Aktienbanken den Einlagen zu M1 und die sonstigen Einlagen der Sparkassen den Einlagen zu M2 zugerechnet.[10] Die so gebildeten

9 Vgl. *Kernbauer, H.*, Währungspolitik in der Zwischenkriegszeit, S. 401.

10 *Zipser, W.*, Das Zentralbankgeldangebot der Oesterreichischen Nationalbank 1923-1937, S. 318.

Schätzungen für M1 und M2 korrelieren mit Koeffizienten von 0.93 und 0.80 mit dem nominellen BNP. Nach 1932 verringert sich die Korrelation zwischen BNP wegen des zusammengebrochenen Zusammenhanges zwischen Scheckeinlagen und BNP (-0.002).[11] Dies war eine Wirkung der Einschränkung der Kredite der Aktienbanken an die Industrie.

### 2.3.1. Die Entwicklung der Geldmengenschätzungen 1923 bis 1936

Entsprechend der Einhaltung oder Verletzung der Ziele der Währungspolitik, stabiler Wechselkurserwartungen und gesichertem Bankensystem unterscheiden sich drei Perioden der Geldmengenentwicklung von 1923 bis 1936 voneinander:

1. Die Periode zunehmender realer Geldnachfrage 1923-1929. Infolge der Verringerung der Abwertungs- und Inflationserwartungen nach dem Ende der Hyperinflation und bedingt durch Kapitalimporte und Kreditexpansion wuchsen sämtliche Einlagenkategorien rasch. Ausgangspunkt für die steigende Giralgeldnachfrage war die Zerstörung der Spareinlagen in der Hyperinflation. Die Spareinlagen der Sparkassen betrugen 1923 nominell 0.1% des Standes von 1913, real bedeutend weniger.[12]

2. Die Periode der großen Bankenkrisen

   Der Zusammenbruch der CA führte zur Verletzung des Stabilitätszieles der OeNB. Gestiegene Abwertungserwartungen und gesunkenes Vertrauen in die Sicherheit der Einlagen verringerten die Geldmenge im Wege von Währungsflucht und Kontenabhebungen in den Bankenkrisen von 1929 bzw von 1931 bis 1933. Dieser Mechanismus hatte schon 1929 mit dem Zusammenbruch der Bodencreditanstalt eingesetzt und kam mit der Fusion von CA und Wiener Bankverein 1933 sowie dem Ende der Bundeshaftung für die Einlagen bei der CA Mitte 1934 endgültig zum Stillstand.

3. Konsolidierungsphase und Stagnation

   Die Stabilisierung erfolgte 1935 auf tieferem Niveau. Erst 1935 und 1936 stiegen Einlagen (einschließlich Zinsgutschriften) und Multiplikatoren wieder an. Das wesentlich geringere Einkommenswachstum nach dem Ende der Bankenkrise, Kreditrestriktion und Änderungen im Anlageverhalten ließen das Einlagenwachstum unter Abzug der

---

11 ebenda S. 320.

12 *MB des ÖIfK* 1935/7, S. 153.

Zinsgutschriften zurückgehen. Die CA Krise und ihre Folgen haben die Geldnachfrage gemessen an Schätzung für Geldbasis und Sichteinlagen auf der Grundlage der Daten für Aktienbanken, Sparkassen und Postsparkassenamt dauerhaft verringert.

## 2.3.2. Komponenten des Geldmengenwachstums

Die Komponentenzerlegung des Geldmengenwachstums zeigt die Wirkungen der Zielerreichung der Währungspolitik, stabile Wechselkurserwartungen und Sicherung des Finanzsektors, über die störungsfreie Entwicklung der Auslandskomponente und der Giralgeldnachfrage auf die Geldmenge.

Angesichts der Datenprobleme sind nur vorsichtige Schlüsse über die Komponenten möglich. Es lassen sich Phasen des Geldmengenwachstums von Bankenkrisen oder Strukturänderungen im Bankensektor unterscheiden, in denen die Änderung der Bankeinlagen die Geldmengenänderung dominierte.

Von 1923 bis zur Bodencreditanstalt-Krise 1929 bestimmte die Veränderung der Auslandskomponente das Wachstum des Zentralbankgeldes. Nur 1925 überwog der Einfluß der Kassenhaltungskomponente auf den Multiplikator und das Geldmengenwachstum. Ab 1929 dominierte in der Folge der mehrfachen und anhaltenden Bankenkrisen die Veränderung der Bargeldhaltung die Geldmengenentwicklung. Ausnahmen bildeten die Nach-Krisen-Jahre 1930, 1932 und 1935, in denen keine krisenbedingten Veränderungen der Bargeldhaltung auftraten und die Geldmenge der Entwicklung der Basis folgte.

Dies waren die einzigen Jahre der Bankenkrise, in denen die Änderung der Geldbasis von der Auslandskomponente bestimmt wurde.

1929 und 1931 war die Entwicklung von großen Bankenkrisen bei freiem Kapitalverkehr geprägt: die Refinanzierungskomponente dominierte die Geldbasis, die OeNB verlor Währungsreserven und die gestiegene Bargeldhaltung beherrschte die Multiplikator- und Geldmengeentwicklung. 1933 dominierte die Multiplikatorkomponente die Geldmengenverringerung bei Einschränkung des Portefeuilles und steigenden Währungsreserven.

Deutlich restriktiven Einfluß auf die M1 Schätzung hatte die Bargeldnachfrage in den Jahren 1929 bis 1934, in denen Bankenkrisen oder Fusionen und Restrukturierungen im Geschäftsbankensektor stattfanden. Der Reservenaufbau der Kreditunternehmungen wirkte mit Ausnahme der Jahre 1930 und 1936 restriktiv auf das Geldmengenwachstum.

*Tabelle 2.8.*

**Geldmengenschätzungen, Multiplikator, Umlaufsgeschwindigkeiten**

| | Geld-basis | M1 | M2 | Wachstums-raten | | Multi-plika-tor | Umlaufsge-schwindigkeit | |
|---|---|---|---|---|---|---|---|---|
| | | | | M1 | M2 | M1 | M1 | M2 |
| 1924 | 873 | 2654 | 2923 | 21.8% | 28.9% | 2.9 | 3.5 | 3.2 |
| 1925 | 921 | 2828 | 3371 | 6.6% | 15.3% | 3.0 | 3.6 | 3.1 |
| 1926 | 974 | 3557 | 4334 | 25.8% | 28.6% | 3.1 | 2.9 | 2.3 |
| 1927 | 1040 | 3789 | 4783 | 6.5% | 10.4% | 3.7 | 2.9 | 2.2 |
| 1928 | 1100 | 4049 | 5306 | 6.9% | 10.9% | 3.6 | 2.9 | 2.3 |
| 1929[1] | 1128 | 3900 | 5328 | -3.7% | 0.4% | 3.7 | 3.1 | 2.1 |
| 1930[2] | 1116 | 3865 | 5529 | -0.9% | 3.8% | 3.5 | 3.0 | 2.3 |
| 1931 | 1218 | 2900 | 4422 | -25.0% | -20.0% | 3.5 | 3.6 | 2.4 |
| 1932 | 959 | 2374 | 3957 | -18.1% | -10.5% | 2.4 | 4.0 | 2.3 |
| 1933 | 1017 | 2347 | 3925 | -1.2% | -0.8% | 2.5 | 3.8 | 2.1 |
| 1934 | 1057 | 2290 | 3967 | -2.4% | 1.1% | 2.3 | 3.6 | 2.1 |
| 1935 | 1165 | 2503 | 4269 | 9.3% | 7.6% | 2.2 | 3.7 | 2.1 |
| 1936 | 1122 | 2575 | 4410 | 2.9% | 3.3% | 2.1 | 3.6 | 2.1 |

[1] Bodencreditanstalt mit 50% der Werte der Bilanz 1928

[2] CA mit 90% des Verlustes von 1930 bis 1932.

Jahresendstände

Sektoren: Aktienbanken, Hypothekenbanken, Sparkassen, Postsparkassenamt

Quellen: *OeNB Wochenausweise, Generalratsprotokolle, Statistisches Handbuch der Republik Österreich 1923-1937, Finanz-Compass* 1932, 1938, 1939, *Jahresberichte des Österreichischen Postsparkassenamtes, Gallhuber:* Hundert Jahre Sparkassen

*Tabelle 2.9.*

**Komponenten der Geldmengenänderung 1924-36 (Änderungsraten der Jahresendstände nat. Log.)**

| | Geldbasis | Multiplikator | M1-Schätzung |
|---|---|---|---|
| 1924 | 4.8% | 14.9% | 19.7% |
| 1925 | 1.7% | 4.6% | 6.4% |
| 1926 | 1.7% | 21.3% | 23.0% |
| 1927 | 1.8% | 4.5% | 6.3% |
| 1928 | 1.5% | 5.1% | 6.6% |
| 1929 | 0.7% | -4.5% | -3.7% |
| 1930 | -0.3% | -0.6% | -0.9% |
| 1931 | 3.0% | -31.8% | -28.7% |
| 1932 | -9.8% | -10.1% | -20.0% |
| 1933 | 2.4% | -3.6% | -1.2% |
| 1934 | 1.7% | -4.1% | -2.4% |
| 1935 | 4.5% | 4.4% | 8.9% |
| 1936 | -1.7% | 4.6% | 2.9% |

Die Veränderung der Umlaufsgeschwindigkeit der Geldmengenschätzungen wurden von nichtmonetären Faktoren bestimmt.[13] Wegen der nach dem Ende der Hyperinflation gestiegenen Realkassennachfrage sanken die Umlaufsgeschwindigkeiten von M1 bis 1931 und M2 bis 1930 (Siehe Tabelle 2.8. S. 66). In der Finanz- und Währungskrise sank 1931 durch Abwertungserwartungen und Kontenabhebungen bedingt die Geldnachfrage sowie durch Abhebungen und Kreditkürzungen verursacht das Geldangebot. Die Umlaufsgeschwindigkeit der M1-Schätzung stieg 1932, jene der M2-Schätzung von 1930 bis 1932. Das Geldangebot wurde stärker verringert als die Geldnachfrage gesunken war. Nach der neuerlichen Stabilisierung 1933 nahmen sie leicht ab oder blieben am selben Niveau. Die zeitliche Entwicklung der Umlaufsgeschwindigkeit der Schätzung für das nominelle M1 weist auf die geringe Einkommenselastizität in der Geldnachfrage hin.

[13] Im Gegensatz zur monetaristischen Interpretation, wonach die Umlaufsgeschwindigkeit bezüglich der Geldmenge endogen ist. Vgl. *Brunner, K.,* Understanding the Great Depression, in: *Brunner, K., Meltzer, A.,* The Great Depression Revisited, S. 319-332.

Einblick in den Zusammenhang zwischen der Geldpolitik, dem Finanz- und dem realen Sektor gibt die Geldnachfragefunktion. Der natürliche Logarithmus der M1-Schätzung pro Kopf, deflationiert mit dem Verbraucherpreisindex, wurde auf das ebenso berechnete reale BNP zur Darstellung des Transaktionsmotives, auf den Logarithmus des Monatsgeldsatzes der Wiener Börse als Preis der Anlagesubstitute, auf die Änderungsrate des Verbraucherpreisindex als Indikator für Inflationserwartungen, die reale Geldmenge des Vorjahres zur Darstellung des Anpassungsprozesses der tatsächlichen an die gewünschte Realkasse und auf eine Dummyvariable als Näherung für die Faktoren einer Verschiebung der Geldnachfragefunktion im Gefolge der Bankenkrise von 1931 regressiert.[14]

Die Dummyvariable gibt sowohl die Qualitätsänderungen der Anlageaktiva, Änderungen der Präferenzen des Publikums oder der Politik von Notenbank bzw Geschäftsbanken wieder.

### Schätzung für reale Geldmenge M1 pro Kopf: 1925-1936 (OLS)

Log. Reale Geldmenge = 0.5076 * Konst. + 0.6315 * Log.Realeinkommen
(0.3149) (2.3754)
- 0.0788 * Log. Zinssatz - 0.0185 * Inflationsr.
(-1.8727) (.-5.0292)
+ 0.2117 * Log. Reale Geldmenge d. Vorjahres
(2.5163)
- 0.3039 * Dummy f. 1931-1936
(-13.8135)

Rquadr. ad.: 0.98 F (5.6) = 108.9060 t-Werte in Klammern

Die kurzfristig Einkommenselastizität der Nachfrage nach realer Geldmenge M1 pro Kopf betrug 63%, die kurzfristige Zinselastizität ca 8%.

Die Erwartung von einem Prozent Verbraucherpreissteigerung verringerte die reale Geldnachfrage um rund 1.8%. Innerhalb einer Periode wurden 79% der Differenz zwischen tatsächlicher und geplanter Realkasse abgebaut. In der Folge der CA-Krise verringerte sich die Nachfra-

---

14 Die Geldnachfragefunktion folgt *Schubert, A.,* The Credit Anstalt Crisis of 1931 - A Financial Crisis Revisited, Univ. of South Carolina 1985, S. 292-328. Vgl. *Laidler, D.E.W.,* The Demand for Money, Cambridge 1985. *Gandolfi, A.,* Stability of the Demand for Money during the Great Contraction 1929-1933, in: JPE 82 (1974), S. 969-983. *Friedman, M., Schwartz, A.,* Monetary Trends in the United States and the United Kingdom, Chicago 1982, S. 254.

ge nach der realen Geldmenge M1 um 30%.[15] Die langfristigen Elastizitäten der Geldnachfrage bezüglich Realeinkommen und Zins betrugen 80% und 10%.[16]

Aus den Daten ist eine markante Verringerung der Kontokorrenteinlagen bei Aktienbanken ersichtlich. Dies waren Geschäftskonten, deren Stände durch die Verringerung des Kreditvolumens durch die Aktienbanken abnahmen. Die M1-Schätzung zeigt die nichtmonetären Einflüsse der geänderten Kreditvergabe, vor allem der CA.

Aus dem kurzfristigen Anpassungskoeffizienten der verzögerten Geldmenge ergibt sich die langfristige Elastizität des realen BNP pro Kopf bezüglich des realem M1 pro Kopf[17]. Eine direkte Schätzung des realen BNP pro Kopf aus der realen Geldmenge und den anderen Argumenten der Geldnachfragefunktion liefert einen Koeffizienten von 0.77 für die reale Geldmenge pro Kopf.

Die Änderung von M1 real um ein Prozent hätte eine Steigerung des realen BNP pro Kopf um ein dreiviertel Prozent herbeigeführt.

Trotz der Datenprobleme sind Folgerungen aus der Geldnachfrageschätzung möglich:

Der erwartete Zusammenhang zwischen Geldnachfrage, Einkommen, Zinssatz und Inflationsrate bestand. Die Geldnachfrage veränderte sich im Gefolge der Bankenkrise dauerhaft. Der Einfluß der Sicherheit der Einlagen und der Änderung der Kreditpolitik der Banken auf die Geldnachfrage war wesentlich größer als jener der konventionellen Kosten der Geldhaltung, eine Konsequenz der labilen Situation von Banken und in der Folge von Zahlungsbilanz und Budget.

---

15 1-Regressionskoeffizient für m(t-1) Vgl. *Laidler, D.E.W.*, The Demand for Money, Cambridge 1985, S. 105ff.

16 langfristige Elastizität = Koeffizient * 1/k. Die mit 0.8 vergleichsweise geringe langfristige Einkommenselastizität der Geldnachfrage widerspricht den Erwartungen sowie vergleichbaren Schätzungen. Dies ist auf die im Zeitablauf steigende Unterschätzung der Geldmenge durch das Fehlen Daten der Kreditgenossenschaften, die kontinuierlich Anteile auf den Einlagemärkten gewannen, sowie darauf zurückzuführen, daß die Einlagedaten auch Kassenscheine in Fremdwährung einschließen. Verschiedene Schätzungen der langfristigen Elastizitäten der Geldnachfrage bezüglich des permanenten Einkommens liegen zwischen 1.1 und 1.3. *Gandolfi, A.E., Lothian, J.R.*, The Demand for Money from the Great Depression to the present, in: AER Papers and Proceedings 66 (1976), S. 46-51, S. 48. *Gandolfi, A.E.*, The Stability of the Demand for Money During the Great Contraction 1929-1933, in: Journal of Political Economy 83 (1974), S. 969-983, S. 973. *Klovland, J.T.*, The Stability of the Demand for Money in the Interwar Years. The Case of Norway 1925-1939, in: Journal of Money Credit and Banking 14 (1982), S. 252-264, S. 259.

17 0,6315 / 0.7883 = 0.8011. Die Auflösung der Geldnachfragefunktion nach dem realen BNP pro Kopf ergibt für die unverzögerte Geldmenge den Koeffizienten (0.7881/0.8011=) 0.9840. Dieser unterscheidet sich jedoch von der direkten Schätzung der nach dem Sozialprodukt aufgelösten Geldnachfragefunktion. Vgl. *Friedman, M., Schwartz, A.*, Monetary Trends in the United States and the United Kingdom, Chicago 1982, S. 345.

### 2.3.3. Das Verhältnis von Geldangebot, Geldnachfrage und Sozialprodukt

Die geschätzte Geldmenge M1 wuchs bis 1929 und schrumpfte von 1929 bis 1934. Das nominelle BNP wuchs zwischen 1924 und 1929 im Durchschnitt mit Jahresraten von 5.5%, sank 1930 bis 1934 durchschnittlich um 4.7% und stieg zwischen 1935 und 1937 im Schnitt um 3%. Das nominelle BNP schrumpfte im Zuge der CA-Krise 1931 am schnellsten.

In der Stabilisierung 1923/24 wurden in unvollständig antizipiertem Verlauf Geldmengenwachstum und Staatsausgaben bei gleichzeitiger Aufwertung verringert. In der Goldstandardperiode 1925-1930 war mit Einschränkung der Nachwirkungen der ersten Bankenkrise auf das Einlagenwachstum 1925 die Geldmenge endogen. Der negative Erwartungsschock und die Bankenrise 1929 verringerten vor allem Kreditvergabe und die Investitionen. Die Depression wurde in ihrer Anfangsphase nicht durch monetäre Kanäle übertragen.[18] Die Fiskalpolitik bremste 1929 und 1930 die Nachfrageverringerung. Zwischen 1931 und 1934 sanken sowohl Geldmengenschätzungen als auch das nominelle BNP.

1931, in eingeschränktem Ausmaß 1932, und 1933 dominierte wie in den anderen Jahren mit Bankenkrisen, 1926 und 1929, die Multiplikatorkomponente, die Änderung von Angebot und Nachfrage nach Bankeinlagen, das Geldmengenwachstum.

In der Bankenkrise 1931 bis 1933 bewirkte die Geldangebotsverringerung zusammen mit Kreditkürzungen und der Verringerung der Staatsausgaben die Einkommensreduktion. Das Einkommen schrumpfte stark und gleichgerichtet mit der Geldmenge, was mit verursachender Wirkung bei geringer Verzögerung erklärbar ist. Die Verschiebung von Geldnachfrage und Geldangebot in der Bankenkrise wurden nicht von der Einkommensentwicklung verursacht. Die Geldmengenverringerung war exogen bedingt.[19]

1931 wurde die Geldmenge im Zuge der CA-Krise durch Kontenabhebungen und Flucht in Bargeldhorte, in Sachwerte, sowie in Fremdwährungen verringert. 1932 führte die durch Devisenverluste verursachte

[18] Ähnlich die gemeinsame Interpretation des "soft-line monetarism" und des "soft-line nonmonetarism", Vgl. *Gordon, R. J., Wilcox, J. A.,* Monetarist Interpretations of the Great Depression: An Evaluation and Critique, in: *Brunner, K., Meltzer, A. H. (eds),* The Great Depression Revisited, S. 53.

[19] *Schwartz, A.,* Understanding 1929-1933, in: *Brunner, K., Meltzer, A.H.,* The Great Depression Revisited, S. 5-48, S. 39. *Gandolfi, A.E.,* Stability of the Demand for Money during the Great Depression 1929-1933, in: JPE 82 (1974), S. 969-83.

Verringerung des Zentralbankgeldangebotes zu einer Geldmengenreduktion um die Hälfte. Die Abwertungserwartungen wurden im Gefolge der Lausanner Protokolle gebrochen und die Geldnachfrage begann zu steigen. 1933 wurde die Einlagenverringerung durch Fusion und durch Liquidation von Geschäftsbanken verursacht. 1934 wirkten die Einlagenentwicklung und 1936 Reserveverluste restriktiv auf das M1-Wachstum. Daneben beschränkten die reduzierten Möglichkeiten zur Außenfinanzierung, die anhaltende Verringerung des Kreditvolumens, die Nachfragesteigerung. Exporte und in geringem Umfang die Fiskalpolitik wirkten expansiv.

# 3. Kapitel

# Test der Glaubwürdigkeit und Durchsetzung des Geldangebotsmusters

## 3.1. Reale Aktivität und Preise

Die Stabilisierung nach der Hyperinflation 1922 beruhte auf einem geldpolitischen Regimewechsel. Dieser war dennoch in den ersten einundzwanzig Monaten mit einem die Umsätze zu konstanten Preisen überschießenden Zentralbankgeldwachstum verbunden. Von Jänner bis Dezember 1923 stieg der Gesamtumlauf um 75%, der saisonbereinigte Index der reagiblen Warenpreise um 54%. Als in der Bankenkrise bis September 1924 das Wechselportefeuille auf 593% seines Standes von Anfang 1923 gestiegen war, wurde eine zweite Stufe der Stabilisierung erzwungen.

Das Gesamtumlaufswachstum wurde 1924 auf 17% und 1925 auf 4.5% reduziert, was die Inflationsrate des Index der reagiblen Warenpreise 1924 auf 15% und 1925 auf 5.6% senkte.[1] Bis August 1926 wurde das Portefeuille auf etwa zwanzig Prozent seines Höchststandes vom September 1924 eingeschränkt.

Die restriktive Wirkung der Verringerung des Gesamtumlaufswachstums setzte rasch ein. Produktionsindex und Index der Produktionsgüterumsätze erreichten nach einem Rückgang um 24% und 27% im Jahresabstand ihre unteren Wendepunkte bereits im November 1924. Ein zweiter Abschwung Mitte 1926 brachte neuerliche Rückgänge der beiden Indizes um 25% und 23%.

## 3.2. Das Wachstum des Gesamtumlaufes 1923/1-1926/7

Die Periode zerfällt entsprechend der Erreichung des Reservezieles in drei Subperioden mit unterschiedlichen Strukturen des Zentralbankgeldangebotes:

- *Erste Stabilisierungsphase 1923/1-1924/2*

  Von der Geschäftsaufnahme 1923/1 bis zum Zusammenbruch der Börsenhausse verursachten kommerzielle Kapitalimporte und das Einströmen der Erlöse der Völkerbundanleihe einen starken expan-

[1] *ÖIfK,* Die Entwicklung der Wirtschaft Österreichs 1923-1932, Wien 1933, S. 31.

siven Impuls der Außenkomponente, die 45.2 Prozentpunkte zum Gesamtumlaufswachstum von 57% beitrug. Die Refinanzierungskomponente wirkte mit 16.6% expansiv, die Gebarung mit anderen Aktiven und Passiven mit 4.3% kontraktiv. Mit dem drohenden Rückzug kurzfristiger Kapitalimporte war die Grundlage des Geldangebotes in Frage gestellt.

- *Börsen- und Bankenkrise 1924/3-1924/8*

  Zur Sicherung der Kapitalimporte refinanzierte die OeNB Geschäftsbanken und nahm die Verletzung des Reservezieles in Kauf, da sie den Verlust an Währungsreserven nun bremsen konnte. Von März bis August 1924 wirkte in Umkehrung des vorherigen Verhältnisses die Außenkomponente mit 8.3 Prozentpunkten Gesamtumlaufswachstum negativ und die Refinanzierungskomponente mit 18.7% expansiv auf den Gesamtumlauf, der um 11.8% stieg. Das Gesamtumlaufswachstum verlangsamte sich im Monatsdurchschnitt von 4.1% in der Vorperiode auf 2.9%

- *Zweite Stabilisierungsphase 1924/9-1926/7*

  Das verletzte Reserveziel wurde durch Abbau des Wechselportefeuilles und durch Wiederaufbau der Währungsreserven zu Ende der Periode wieder erreicht. Der expansive Beitrag der Außenkomponente von 35.5 Punkten wurde durch die kontraktive Wirkung der Refinanzierungskomponente von 26.4% Gesamtumlaufswachstum und der Bundeskomponente von 4.4% nahezu kompensiert, sodaß der Gesamtumlauf nur um etwa 4.7% oder 0.2% monatlich wuchs. Am Ende der Periode, die mit dem Ende der Funktionsperiode des Generalkommissärs des Völkerbundes zusammenfiel, war die Währung bei liberalisiertem Devisenverkehr formell an das Gold gebunden.

## 3.3. Die Ausgangslage bei Geschäftsaufnahme

Der Ausgangspunkt des Geldangebotes der OeNB ergab sich aus dem Verlauf der Inflation und der folgenden Stabilisierung.

Im Laufe der Geldschöpfung waren die Inflationserwartungen gestiegen und durch die rentabilitätsbedingte Verringerung der Kassenhaltung war die Inflation beschleunigt und der Realwert des Notenumlaufs verringert worden.[2] Daraus resultierte ein Potential zur Steigerung der realen Geldnachfrage sobald die Inflationserwartungen gesenkt waren.

### 3.3.1. Die Beendung der Hyperinflation

Durch Drohung mit der Ablehnung weiterer Verantwortung und der Anlehnung an einen Nachbarstaat mobilisierte die Regierung kurzfristige Kreditzusagen. Danach gab sie ihre attentistische Haltung auf. Am 19.August, einen Tag vor Beginn der demonstrativen Gespräche des Bundeskanzlers in Prag, Berlin und Verona, wurde der Anteil der Länderbank am Grundkapital der zu gründenden Notenbank in Form eines französischen Kredites der österreichischen Regierung verfügbar gemacht. Am 20.8.1922 trat die am 27.7.1922 beschlossene Ablieferungspflicht für Exportdevisen in Kraft.[3] Am 22.8. traf eine Rate des tschechischen Kredites ein. Am 24.8. beschloß der Generalrat der OeUB die Verschärfung der Wechselzensur, um die Refinanzierung der Devisennachfrage zu beenden und die Halter von Devisen zum Verkauf zu bewegen. Die Bindung in- und ausländischer Instanzen an den währungspolitischen Regimewechsel wurde durch die Verknappung der Liquidität ergänzt. Ab 25.8.1922 gelang der Devisenzentrale die Stabilisierung des Kronenkurses gegenüber dem Dollar bei 83.600 K.[4] Bis zur Einstellung der Notenbankfinanzierung im November wertete sie unter Abbau von Reserven die Krone auf 74.400 K pro US $ auf.

Politische Unterstützungserklärungen, Überbrückungskredite, die Unterzeichnung des Stabilisierungsprogramms, die Einleitung von Anpassungsmaßnahmen wie die Einstellung der Geldmengenfinanzierung des Defizits mit 18.11.1922, die Notenbankgründung und die Aufnahme der Kontrolle durch einen Vertreter des Völkerbundes signalisierten die Bindung der Währungspolitik an ein disinflationäres Ziel und senkten zusammen mit der erfolgreichen Wechselkursfixierung die Inflations- und Abwertungserwartungen mehr als ein dreiviertel Jahr vor dem Einlangen der Anleiheerlöse.

---

2 Vgl. *Cagan, Ph.,* The Monetary Dynamics of Hyperinflation, in: *Friedman, M. (ed.),* Studies in the Quantity of Money, Chicago 1956, S. 98.

3 *Neue Freie Presse* vom 31.8.1922.

4 *Walre de Bordes, J.v.,* The Austrian Crown, it's Depreciation and Stabilization, London 1924, S. 28f.

*Tabelle 3.1.:*

**Notenumlauf, Preisniveau, Wechselkurs 1922/23**
**Realer Notenumlauf bezogen auf den Vorkriegsumlauf im Gebiet d. Republik von 500 Mill K deflationiert mit verschiedenen Indizes**

| | Preisindex: | | US-$-Kursindex |
|---|---|---|---|
| | Stat.ZA | Gem.Kom. | |
| | 1 | 2 | 3 |
| Aug.1922 | 38% | 24% | 18% |
| Nov.1922 | 55% | 65% | 42% |
| Jan.1923 | 72% | 86% | 57% |
| Dez.1923 | 101% | 127% | 99% |

1 Verbraucherpreisindex Stat. Zentralamt
2 Lebenshaltungskostenindex der Gemischten Kommission
3 US-$-kursindex. Indizes: Juli 1914 = 1,
Notenumlauf im Gebiet der Republik = 500 Mill K

Quelle: *Walre de Bordes, J.v.*, The Austrian Crown, it's Depreciation and Stabilization, London 1924, S. 46-50, S. 90, 83, 132

Interventionsmaterial aus Überbrückungskrediten, verschärfte Devisenbewirtschaftung und Verknappung der Liquidität der Devisennachfrager ermöglichten die Kursstabilisierung.

Der Notenumlauf war von 1 353 Mrd K am 31.8.1922 bei sinkendem Preisniveau auf 3 132 Mrd K am 15.11.1922 kurz vor der Einstellung der Defizitfinanzierung durch Geldschöpfung gestiegen. Die Reduktion der Inflationserwartungen sicherte die Nachfrage nach dem gestiegenen realen Geldangebot.[5]

---

[5] Zum Erwartungs- und Liquiditätsansatz der Stabilisierung: *Dornbusch, R.*, Exchange Rates and Inflation. Cambridge Mass. 1991, zum Real Bills-Ansatz: *Sargent, T.*, The Ends of Four Big Inflations, in: *ders.*, Rational Expectations and Inflation, London 1986, S. 104f. Außengeld wurde demnach durch Innengeld ersetzt (S. 54f.). Der Stabilisierungserfolg war angesichts der kurzfristig geborgten Devisenreserven entsprechend dem "real bills doctrine"-Ansatz prekär.

Schutz vor Inflationsverlusten hatten Auslandsveranlagungen geboten. Als Folge davon war der Kurs der Krone gegenüber Hartwährungen wie etwa dem US $ stärker gefallen als die Inflationsrate gestiegen war. Die Notenbank hatte im Zuge der Währungsflucht bei Versuchen der Wechselkursstabilisierung ihre Währungsreserven nahezu zur Gänze verloren. Die Währungsreserven der österreichischen Geschäftsführung der OeUB waren ohne die Stützungskredite und ohne Berücksichtigung der Bestände der Devisenzentrale am Ende der Hyperinflation Ende August 1922 auf fünf Zehntausendstel Prozent des Gesamtumlaufes gesunken. Zwischen Ende August und November 1922 übernahm die Vorläuferin der OeNB noch nahezu 1900 Mrd Kronen Staatsschuld bei festem Wechselkurs und nahezu konstantem Preisniveau.

*Tabelle 3.2.:*

**Gesamtumlaufskomponenten 1922 in Prozent**

| | Metallschatz | Wechsel | Staatsschatz-scheine |
|---|---|---|---|
| 31.12.1921 | 0.5% | 15.17% | 78.35% |
| 31. 8.1922 | 0.005% | 36.14% | 46.66% |
| 31.12.1922 | 0.0005% | 17.73% | 58.72% |

Quelle: *Pressburger, S.,* Das österreichische Noteninstitut 1816-1966, 2.Teil 4. Bd., Wien 1976, eigene Berechnungen.

Die Inflation war Ende August 1922 kurzfristig durch die erfolgreiche Kursstabilisierung und durch die Reduktion der Inflationserwartungen infolge der Aussicht auf Änderung des Geldangebotes und des fiskalischen Regimes und letztlich durch dessen tatsächliche Umstellung beendet worden.

Nach der Stabilisierung und nach dem Brechen der Inflationserwartungen ergaben sich für das Geldangebot folgende Voraussetzungen, die die starke Geldschöpfung über die Außenkomponente ermöglichten:

- Eine hohe Nachfrage des Publikums nach Realkasse
- Ein hoher Bedarf der OeNB an Währungsreserven
- Eine hohe Rendite für ausländische Anleger in Kronenwerten infolge des Vorlaufes des Wechselkurses vor der Binneninflation.

*Abbildung 3.1.*

**Notenumlauf 1921-1925**

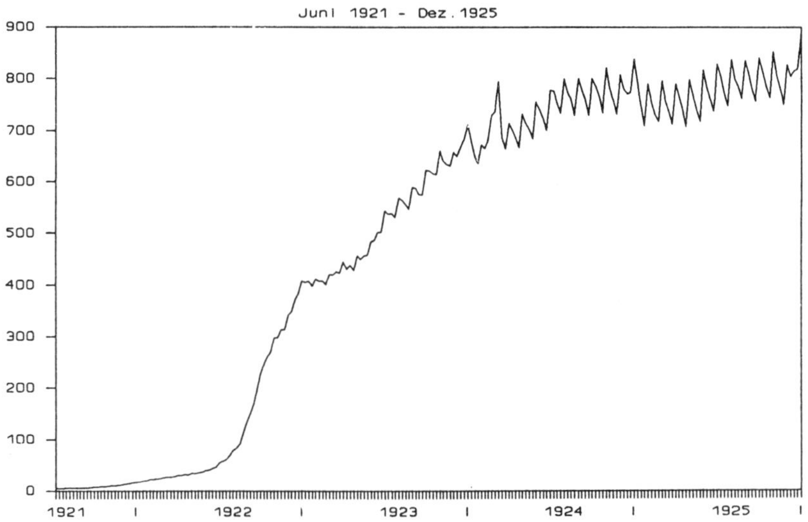

## 3.4. Die Periode von Jänner 1923 bis Feber 1924

Die OeNB übernahm Deckungswerte, und Notenumlauf von der österreichischen Geschäftsführung der OeUB. Sie nahm ihre Geschäftstätigkeit am 1.1.1923 mit einem Gesamtumlauf von 4,47 Billionen Kronen auf, wovon 90,7% bzw 4,05 Billionen K auf den Notenumlauf entfielen und weniger als 10% auf ihre sofort fälligen Einlagen und Verbindlichkeiten. Gedeckt wurde dieser Gesamtumlauf zu 56,2% durch die Bundesschuld, zu 26,7% durch den Barschatz und nur zu 16,6% durch das Wechselportefeuille.

Die Währungsreserven der Grundausstattung bestanden großteils aus Vorschüssen auf das Aktienkapital der Notenbank und die Völkerbundanleihe und waren nicht frei verfügbar.[6]

Die ersten Ziele der neuen Notenbank waren die Fortsetzung der Wechselkursfixierung und der Aufbau einer Währungsreserve, da die bestehenden Devisenguthaben der OeNB nicht frei verfügbar und die Begebung der verschiedenen Tranchen der Völkerbundanleihe noch ausständig waren.

Um auch bei liberalisiertem Kapitalverkehr den Wechselkurs halten und Abwertungserwartungen unterbinden zu können, wurde "eine möglichst kräftige Ausstattung der Oesterreichischen Nationalbank mit Devisen, Valuten und Edelmetall" als notwendig erachtet, "die ihr ein tatkräftiges Eingreifen auf dem Devisenmarkt gestattet".[7] Da das Budgetdefizit bis zum Eintreffen der Überbrückungskrediten ungedeckt blieb, wurde Abwertungserwartungen mit Devisenmarktinterventionen der Devisenzentrale begegnet. Sie verlor im Jänner und Feber 1923 Devisenbestände bei Interventionen zur Aufrechterhaltung des Wechselkurses [8] Die Situation änderte sich als Ende Feber mit dem Einströmen von 3.5 Mill Pfund an kurzfristigen englischen Regierungskrediten die Maßnahmen der Genfer Sanierung fortgesetzt wurden. Die Devisenzentrale nahm ab März laufend ein Überschußangebot an Devisen auf, das etwa bis Juni auf das Devisenangebot der Regierung aus der Völkerbundanleihe und danach aus privaten Kapitalimporten stammte.[9] Mit der Übernahme der Devisenzentrale durch die OeNB am 21.2. 1923 wurden die Währungsreserven zentralbankgeldwirksam erhöht.

---

6 Das Aktienkapital von 30 Mill Goldkronen wurde von ausländischen Banken gezeichnet, die einströmenden Devisen wurden in den Barschatz eingestellt.

7 Protokoll zur 1. Sitzung des GR der OeNB vom 23.12.1922.

8 *Walre de Bordes,* a.a.O., S. 207.

9 *Walre de Bordes,* ebenda.

Die Kapitalimporte, die Währungsreserven und den Notenumlauf erhöhten, stammten aus Regierungskrediten, aus der Auflösung von Fremdwährungshorten induziert durch die gesunkenen Inflationserwartungen, aus Direktinvestitionen und aus Anlagen an der Wiener Börse.[10]

Dank des Vorlaufs des Kursverfalles waren reale Aktiva für Anleger ausländischer Währungen zum laufenden Kurs billig, obwohl der Ertragswert infolge der Inflationsverzerrungen in den Bilanzen und der Änderung der Währungspolitik kaum abzuschätzen war. Das Kursniveau der Aktien an der Wiener Börse war hinter der Inflation zurückgeblieben. Der Gesamtindex zur Basis des ersten Halbjahres 1914 = 1 war bis September 1922 auf 367 gestiegen, gleichzeitig war eine Steigerung der verschiedenen Verbraucherpreisindizes auf 7.108 bzw 11.271 zu verzeichnen. Ende Dezember 1923 lag der Aktienindex ohne Bergbau bei 1631.[11]

Die Geldmarktsätze bewegten sich noch mit 65% auf Inflationsniveau, auf welches den Diskontsatz zu heben für die OeNB außer Diskussion stand, weshalb sie den Geldmarkt nicht kontrollieren konnte.

Im Interesse der Steigerung der Währungsreserven ließ die OeNB die Kapitalimporte zu, die die Kurssteigerung der Börse mit alimentierten, während sich die Geldmarktsätze und die Bankenkonditionen nur äußerst langsam verringerten.

Der Devisenzustrom erhöhte den Gesamtumlauf und wurde zur Aufwertung der Krone genutzt. Nach einer Aufwertung um 15.4% gegenüber dem Stabilisierungskurs von 83 600 Kronen pro US $ im August 1923 wurde der Devisenmittelkurs ab Juli 1923 auf 70 760 K fixiert und ab Juli 1923 die schrittweise Lockerung der Devisenmarktkontrollen eingeleitet.

Im November 1923 wurden Schwankungen des Kurses der Devise New York in Wien auf 1% unter dem Geldkurs von 70.935 K und 1% über dem Warenkurs von 71.185 K als unerwünscht bezeichnet, womit die OeNB das Erreichen des Gleichgewichtskurses signalisierte, den sie zu verteidigen bereit war.[12]

Der von der Außenkomponente ausgehende expansive Impuls, der das Notenumlaufswachstum bestimmte, wurde wegen durch die Inflation verringerten Realkassen und der gesunkenen Inflationserwartungen von der Geldnachfrage zunächst aufgenommen. Nach einigen Monaten

---

[10] Vgl. *Walre de Bordes,* S. 216.

[11] *Walre de Bordes,* ebenda S. 216.

[12] Protokoll des 13.GR v. 23.11.1923.

dieses das reale Produktionswachstum überschießenden Geldangebotswachstums stiegen die Preise erneut. Insgesamt stieg der Notenumlauf 1923 um 3.07 Bill K von 4.05 auf 7.12 Bill K, was überwiegend durch das Wachstum der Währungsreserven um 2.68 von 1.14 auf 3.83 Bill K verursacht wurde.

Dieses Notenumlaufswachstum von 75.7% alimentierte trotz sinkender Umlaufsgeschwindigkeit Preissteigerungen, die gemessen am Lebenshaltungskostenindex der Gemischten Kommission 19%, am Großhandelspreisindex 9% und am saisonbereinigten Index der reagiblen Warenpreise 54% betrugen.[13]

Gegenüber der Notenumlaufssteigerung von 2 241.7% 1922 dokumentierte die Verringerung des Geldmengenwachstums das Ende der Hyperinflation. Sie wirkte bereits auf den realen Sektor. Die Zahl der Arbeitslosen stieg 1923 um 100.000 auf 217.000 Beschäftigungslose.[14]

## 3.5. Erste Bankenkrise: Refinanzierungsphase 1924/3-1924/7

Die ersten höheren Devisenverluste mußte die OeNB im Jänner 1924 nach dem Ende der Aktienhausse hinnehmen. Ab Februar 1924 wurde das Wechselportefeuille ausgeweitet, während die Währungsreserven deutlich abnahmen. An der Börse folgte eine Spekulation in Termindevisen. In Erwartung eines weiteren Falls des Franc-Kurses wurden Terminfrancs mit Termindollars im Umfang von mehreren hundert Mill Francs gekauft. Nach dem Kredit von J.P. Morgan an die französische Regierung stieg der Kurs um 80 Punkte, davon um 56% zwischen 11.3. bis 24.3.1924.

Um den Kursverfall auf dem Kapitalmarkt infolge des Liquiditätsbedarfes der Käufer der Termingeschäfte in französischen Francs aufzuhalten, beteiligte sich die OeNB seit Anfang April 1924 am Stützungssyndikat der Banken. In der massiven Intervention zu Gunsten der Kreditinstitute während der Monate April, Mai und Juni 1924 verlor die OeNB nacheinander monatlich 7%, 8.6% und 4.8% ihrer Währungsreserven, während das Portefeuille um 23%, 24.8% und 15.9% anstieg.

---

13 *Walre de Bordes,* a.a.O., S. 220.

14 *Butschek, F.,* Österreichs Wirtschaft im 20. Jahrhundert, Wien 1985, S. 223. *Sargent* sieht die Outputkosten der Stabilisierung als relativ gering an; erreicht durch die glaubwürdige Umstellung des Geldangebotes von Außengeld auf Innengeld unter der Annahme rationaler Erwartungen, vgl. *Sargent, T.,* The Ends of Four Big Inflations, in: ders., Rational Expectations and Inflation, London 1986, S. 55. *Wicker, E.* sieht die Outputverringerung als gering, die Beschäftigungsverringerung als nicht unbedeutend. Vgl. *Wicker, E.,* Terminating Hyperinflations in the Dismembered Habsburg Monarchy, in: American Economic Review Vol 76 (1986), S. 350-365.

Knapp mehr als ein Jahr nach der Geschäftsaufnahme stand die Kreditwürdigkeit österreichischer Kapitalimporteure auf ausländischen Märkten auf dem Spiel. Die Refinanzierung der Banken wurde zur Sicherung der Kapitalimporte auf längere Sicht von der Leitung der Nationalbank als notwendig angesehen. “Wir haben es als unsere Aufgabe betrachtet, den Kreditinstituten soweit wie möglich eine Stütze zu bieten.”[15] Die Geschäftsleitung setzte dabei mehr auf Mengenrationierung als auf Zinssatzerhöhungen. Im Krisenfall werde “weniger der Prolongation der Kredite zu höheren Preisen als der Rückzahlung der Vorzug gegeben. Wir haben selbst eine derartige Taktik in einzelnen Fällen unterstützt.”[16] Gegen diese Refinanzierung zu niedrigem Diskontsatz und gegen die daraus resultierenden Verzögerungen von Diskontsatzerhöhungen äußerte sich bald der Berater der OeNB.

Am 4.6. 1924 wurde die Erhöhung des Diskontsatzes auf 12% beschlossen, nachdem die Geschäftsleitung dies zur Bedingung weiterer Refinanzierung gemacht hatte. Als wirksam wurde allerdings eine Erhöhung um 5-6% erachtet. Diese wurde “wegen Rückwirkungen in der Überwälzungsfrage” unterlassen.[17] Auf diese Art wurde, wie Berater van Gyn bemerkte, die “Diskontpolitik der Nationalbank von der Konditionenpolitik der Privatbanken abhängig”.[18]

Da eine Diskontsatzerhöhung aus Rücksicht auf die Kreditkosten im Ausmaß der notwendigen Prämie der Abwertungserwartungen als unmöglich betrachtet wurde, versuchte die Geschäftsleitung den Verlust von Währungsreserven durch Devisenkostgeschäfte zu verringern. In Umkehrung der Bagehot-Regel, die Geldnachfrage bei Bankenkrisen durch Refinanzierung zu hohen Diskontsätzen zu sichern, wurden aus Rücksicht auf Kreditkosten und auf die Risiken des Bankensektors “Weitere Diskontsatzerhöhungen erst nach Wiederherstellung des Vertrauens” in Aussicht genommen.[19] “Zufluß von Auslandskapital (sei, d.V.) auch bei höheren Diskontsätzen nicht zu erwarten. Auslandsgelder sind bereits zu niedrigeren Sätzen als der Diskontsatz zu haben.” Auslandskredite hätten sich auf 5 1/8% verbilligt, “...ohne daß diese angenommen werden können, da das Währungsrisiko nicht tragbar” sei.[20]

---

[15] *R. Reisch* in 19. GR v. 4.6.1924.

[16] 18. GR v. 6.5.1924.

[17] 19. GR v. 4.6.1924.

[18] 19. GR v. 4.6.1924.

[19] 20. GR v. 11.7.1924.

[20] 21. GR v. 12.8.1924.

Das Wechselportefeuille stieg zwischen Jänner 1924 von 1 251 Mrd K (125 Mill S) bis Anfang August um über 160%. Erstmals seit Geschäftsaufnahme wurde der Diskontsatz am 5.6.1924 von 9% auf 12% erhöht, und als das Portefeuille im Juli noch weiter anwuchs, am 13.8. auf den Höchstwert von 15%. Mit ihrer Refinanzierungspolitik gegenüber den Kreditinstituten war die OeNB ab Februar 1924 in wachsenden Gegensatz zu den Völkerbundorganen und zur Bank of England geraten. Sie behielt ihre Position bis Ende Juli 1924 bei.

## 3.6. Die erste Deflation 1924/8-1926/7

Die Kritik an der Refinanzierungspolitik der OeNB wurde im Sommer 1924 eindringlicher.

Der Generalkommissar betonte in seinem XIX. Bericht die Notwendigkeit einer Neuorientierung der Kreditpolitik und der Erhöhung des Deckungsverhältnisses.[21]

Die Bundesregierung (!) verpflichtete sich daraufhin in einer Erklärung gegenüber dem Völkerbund, daß die Diskontpolitik der OeNB eine solche sein solle, “die die Stabilität der Krone nicht nur im Verhältnis zum Geld, sondern auch im Verhältnis zu den Waren aufrecht zu erhalten geeignet ist.”[22]

Mit dieser Ergänzung des Stabilitätszieles der OeNB war die Refinanzierung der Banken beendet. Der Spielraum der OeNB gegenüber der Regierung und den Völkerbundorganen war als Folge ihrer Bankenpolitik, wie die umfassenden Statutenänderungen 1924 zeigen, eingeschränkt. Präsident Reisch bot in der Folge seinen Rücktritt an, der abgelehnt wurde. Die Geldangebotssteigerung und das Wechselkursziel waren durch die ursprünglichen Kapitalimporte und in der Folge durch die Ausweitung des Portefeuilles zur Sicherung des Finanzsystems miteinander in Widerspruch geraten. Daraus wurden in der zweiten Stabilisierung 1924 umfangreiche währungspolitische Konsequenzen gezogen:

- Ergänzung der Zieldefinition der Währungspolitik
- Geldangebotsänderung:
    Beschränkung des Zentralbankgeldwachstums
    Steuerung der Zusammensetzung des Zentralbankgeldes:

[21] 22. GR v. 12.9.1924.

[22] 23. GR v. 10.10.1924.

Einschränkung der Inlandskomponente

Stabilisierung der Auslandskomponente durch

Devisenkostgeschäfte

Änderung der statutarisch zulässigen Geldschöpfung

Diskontpolitik:

Refinanzierungsstop

Diskontsatzpolitik

Festsetzung des Diskontsatzes über dem Geldmarktsatz

- Änderung des Entscheidungsprozesses durch Etablierung eines Exekutivkomitees für die Diskontpolitik

Maßnahmen zur Senkung der Abwertungserwartungen:

- Verstärkte Bindung der Währungspolitik an den Golddevisenstandard:
- Verstärkte direkte Kontrolle der Währungspolitik:
- Etablierung eines ausländischen Beraters bei der OeNB
- Gesetzliche Goldparität
- Liberalisierung des Devisenverkehrs

Als Sofortmaßnahme zur Erreichung des verletzten Reservezieles und zur Steuerung der Zusammensetzung der Gesamtumlaufsdeckung bediente sich die OeNB von 12.September 1924 bis ins Frühjahr 1925 neben der Diskontsatzpolitik der Sätze für Devisenkostgeschäfte. Die OeNB kaufte Kassadevisen zu festgesetztem Verkaufstermin und Rückzahlungskurs. Mit dieser Kurssicherung für Fremdwährungseinlagen sollte die weitere Verringerung der Auslandskomponente verhindert und die Verletzung des Reservezieles in Grenzen gehalten werden.

In der Novelle der Nationalbankstatuten 1924 wurde das Geldschöpfungspotential um Devisen in anderen als Goldstandard-Währungen und um im Inland zahlbare Fremdwährungswechsel erweitert (Art.86). Letztere lösten die Kostdevisen als Mittel zur Kurssicherung ab. Dieses Instrument wurde zur Grundlage der durch Kapitalimporte finanzierten Kreditexpansion und zur Ausweitung der Verschuldung zwischen 1925 und 1929.

Die Verringerung des Wechselkursrisikos durch die OeNB und deren Beteiligung an den Bankenstützungen gab den Impuls dafür, daß die Geschäftsbanken die Kredite trotz des geringen Eigenkapitals und der niedrigen Rentabilität der Unternehmen ausdehnten. Die OeNB konnte zur Dämpfung von Abwertungserwartungen eine hohe Auslandskomponente ausweisen. Die Ausweitung der Auslandskomponente schwächte

*Abbildung 3.2.*

**Schillingkurs gegen Franc, Pfund**

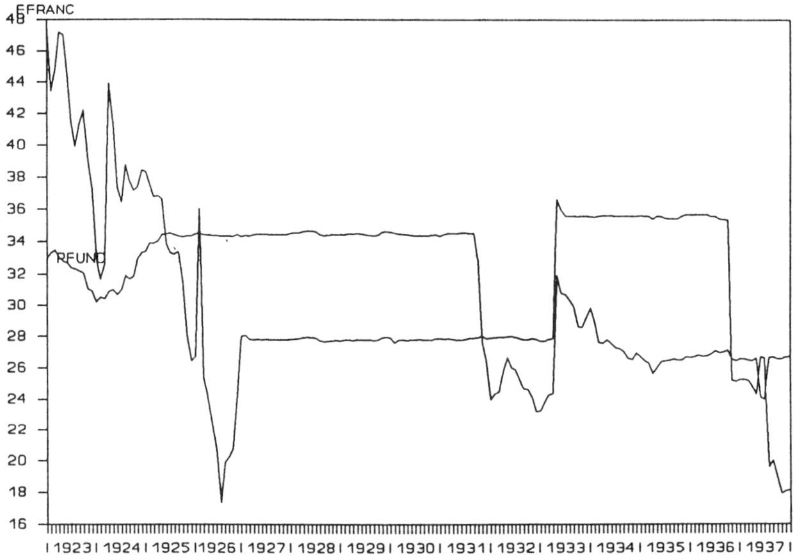


den restriktiven Geldmengeneffekt der Stabilisierung ebenso ab wie den Anpassungsdruck auf Banken und Börsenkurse. Die Erhöhung des Diskontsatzes und der inländischen Zinssätze wirkten im Sinne der Forderung des Finanzkomitees restriktiv. Zu Beginn der geforderten Stabilisierung erhöhte die OeNB den Diskontsatz und verfügte einen Rediskontstop. Mitte September betrachtete die Geschäftsführung "die Summe des Wechselportefeuilles, wie es im August bestanden hat, als Maximum."[23] Nach Abflauen der akuten Bankenkrise war es "nicht die Absicht der Geschäftsleitung, mit der langen Kreditgewährung fortzufahren."[24] Von seinem Höchststand von umgerechnet 333 Mill S im

[23] *R. Reisch*, 22. GR v. 12.9.1924.

[24] ebenda.

*Abbildung 3.3.*

**Schillingkurs gegen Dollar, Franken**

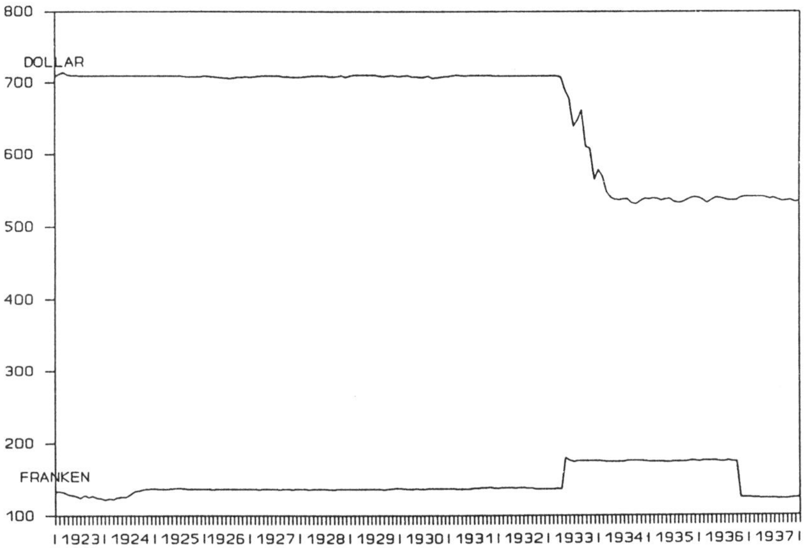


August 1924 an sank das Wechselportefeuille mit Ausnahme von zwei Monaten ununterbrochen bis auf 72 Mill S im September 1925. Die OeNB begann die Zusammensetzung des Zentralbankgeldes durch Diskontpolitik zu steuern und unmittelbar die Deckungsquote zu erhöhen.

Seit der Einführung der Devisenkostgeschäfte wurde der Diskontsatz über den Privatdiskontsatz der Wiener Börse für Wechsel "aus allererster Hand" angehoben und damit die Refinanzierung von Warenwechseln in Inlandswährung auf den Geldmarkt verwiesen und von der Zentralbankgeldschöpfung weitgehend losgelöst.

Die Devisenleihgeldsätze für Hartwährungen waren typischerweise nach den Sätzen für Devisenkostgeschäfte, solange diese in nennenswertem Ausmaß angeboten wurden, am billigsten, gefolgt vom Privatdiskontsatz der Wiener Börse und in weiterem Abstand dem Diskontsatz der OeNB, der wiederum unter den Sätzen für Wochen- und Monatsgeld

*Abbildung 3.4.*

## Monatsgeld, Diskkont- und Privatdiskontsatz

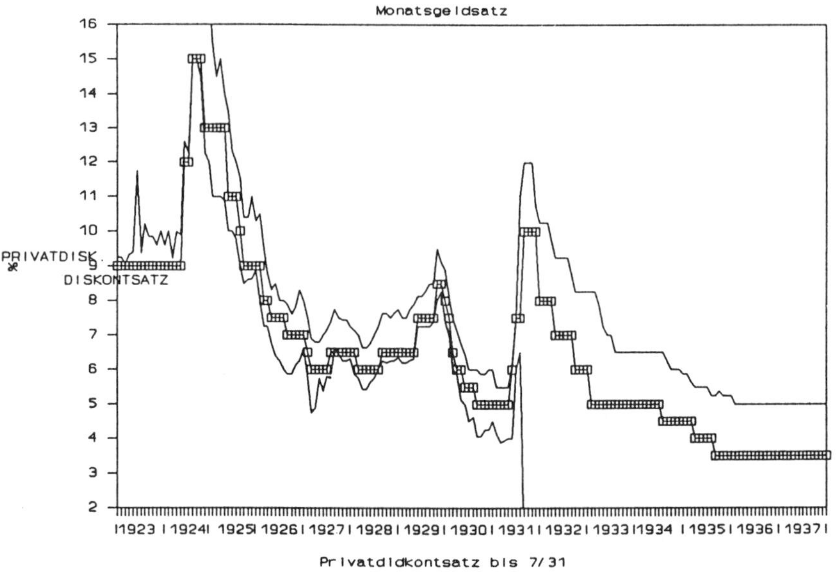


lag.[25] Während der Periode, in der Kostgeschäfte angeboten wurden, gaben Kreditunternehmen Devisenkredite in Kost, um den Gegenwert in Inlandswährung zum Privatdiskontsatz zu veranlagen.

Als Folge der geänderten Diskontpolitik lag von September 1924 bis zum Beginn der CA-Krise 1931 der Geldmarktsatz (Privatdiskontsatz der Wiener Börse) unter dem Diskontsatz der OeNB. Nach der Verringerung des Umfangs der Kostgeschäfte 1925 steuerte die OeNB die Zusammensetzung des Zentralbankgeldes durch die Diskontsatzpolitik.

25 Vgl. z B das Zinsgefüge im Februar 1925 (27. GR v. 20.2.1925): Satz für Devisenkostgeschäfte 3.5%, Devisenleihgeld für Pfund, Dollar, Schweizer Franken 7,75-8%, Privatdiskont (Geldmarktsatz) 11-11,5%, Diskontsatz der OeNB 13%, Monatsgeld 11-13,5%. Der Kostgeldsatz mußte "hoch genug sein, damit die Bank im Devisenclearing Devisen eingeliefert bekommt und den Barschatz stärken kann." (ebenda)

Die OeNB setzte ihren Diskontsatz derart über den aus- und inländischen Geldmarktsätzen, den Devisenleihsätzen und dem Privatdiskontsatz der Wiener Börse fest, daß Kapitalimporte rentabel wurden, die sie beim Umtausch in Inlandswährung in ihre Auslandskomponente einstellte. Die Refinanzierung wurde durch den über dem Geldmarktsatz fixierten Diskontsatz auf den privaten Geldmarkt verwiesen und die Inlandskomponente nieder gehalten.

Die Zusammensetzung des Gesamtumlaufs wurde derart bis Mitte 1926 zu Gunsten der Auslandskomponente geändert.

Ausländischen Kapitalgebern bot die Diskontpolitik der OeNB nun in Form der von ihr induzierten höheren Währungsreserven eine erhöhte Wechselkursgarantie, da sie deren Chancen verbesserte, ihr Kapital zum gegebenen Kurs abziehen zu können.

Die Dotierung des Zentralbankgeldwachstums aus der Außenkomponente brachte bei fixen Wechselkursen verglichen mit einem stärkeren Einfluß der Refinanzierungskomponente einen Kontrollverlust der Notenbank zu Gunsten der Kreditunternehmen mit sich. Während die Notenbank bei Hereinnahme von Wechseln in Inlandswährung den einzelnen Instituten Refinanzierungs-Kontingente vorschreiben kann, muß sie bei fixen Wechselkursen alle angebotenen Devisen zum gegebenen Preis kaufen.[26]

Der Diskontsatz wurde im August 1924 auf 15% angehoben und danach stufenweise bis Mai 1927, dem Tiefststand vor der CA-Krise, auf 6% reduziert. Die Etablierung des Exekutivkomitees, das von einem Teil der Generalratsmitglieder gestellt wurde, sollte - entsprechend der Kritik an der verzögerten Anhebung des Diskontsatzes - in der Bankenkrise raschere Diskontsatzerhöhungen ermöglichen. Das Exekutivkomitee war kleiner und konnte rascher zusammentreten als der Generalrat.

Der verstärkten direkten Kontrolle der Währungspolitik diente die Installierung eines Beraters bei der OeNB, dessen Funktion über die des Generalkommissärs des Völkerbundes, die mit 1.7.1926 endete, hinausgehend bis 30.6.1929 festgesetzt wurde.

Die im Schillingrechnungsgesetz vom 20.12. 1924 geregelte Festsetzung der gesetzlichen Goldparität ergänzte das Abwertungsverbot des Art.1 der Notenbankstatuten durch den Ausschluß einer Aufwertung.[27]

---

[26] Vgl. *Layton, W.T.C., Rist, Ch.,* Die Wirtschaftslage Österreichs, Wien 1925, S. 79.

[27] Goldparitäten: 1 Goldkrone = 0.3049 g fein, 1 Schilling = 0.2117 g fein (1924/12-1933/7), 1 Schilling = 0.1664 g fein (1933/7-1938/3). Abwertung des Schilling gegenüber der Goldkrone mit Ende 1924 30.6%, Abwertung des Schilling 1933 gegenüber 1931 21.4%. *Wärmer, G.,* Das österreichische Kreditwesen, Wien 1936, S. 10.

Vom Tiefpunkt zu Ende der Hyperinflation am 25.8.1922 mit 83 600 K pro US $ war der Wechselkurs bis zur Fixierung der Parität um 16% aufgewertet worden.

Die gesetzliche Verankerung der Währung am Gold sollte die Wechselkurserwartungen festigen und den Spielraum der Geldpolitik begrenzen, da sie auch Aufwertungen, besonders von Aufwertungserwartungen induzierte Devisenzuflüsse, ausschloß. Die Zentralbankgeldmenge wurde bei Goldparität und freiem Kapitalverkehr endogen bestimmt. Durch die exakte Goldbindung wurde das Stabilitätsziel präzisiert und die Bindung der Währungspolitik an den Golddevisenstandard verstärkt.

Die Liberalisierung des Devisenverkehrs erschwerte eine dem Wechselkursziel widersprechende Geldangebotspolitik. Im März 1925 wurde der de facto weitgehend unbehinderte Devisenverkehr auch de jure weiter liberalisiert und die Schwankungsbreite um die Goldpunkte erweitert. Ab August 1925 wurde der Dollarkurs freigegeben.[28] Vom 18.Dezember 1926 bis September 1931 war der Devisenverkehr frei. Damit war die Stabilisierung nach der Unterbrechung durch die Bankenkrise 1924 abgeschlossen und der Schilling in das Währungssystem des Golddevisenstandards integriert.

Das Goldbilanzengesetz vom Juni 1925 diente auch der Sicherung der Währung vor Störungen des Kapitalmarktes und vor Erschütterungen der Banken, da es eine einheitliche Bewertung der aus verschiedenen Phasen der Inflation stammenden, miteinander nicht vergleichbaren Positionen in den Bilanzen regelte, was die Grundlagen der Bewertung durch Kapitalgeber verbesserte. Die Bewertungsvorschriften begünstigten den Aufbau stiller Reserven.

Die Abwertungserwartungen wurden gebrochen, im Laufe des Jahres 1925 wurde die Auslandskomponente gesteigert. Das erweiterte Zinsdifferential induzierte Kapitalimporte in einem Ausmaß, das Fragen nach Kosten und Nutzen der hohen Devisenkomponente in Form des hohen Zinsniveaus und der möglichen Schwankungen des großteils kurzfristig geborgten Devisenbestandes aufwarf.

Generalrat Stern bezeichnete Anfang 1926 den Zustrom weiterer "ausländischer Kredite als nicht wünschenswert, ja z.T. sogar eine Gefahr, da bei einem plötzlichen Zurückziehen derselben zur Beschaffung der erforderlichen ausländischen Zahlungsmittel die Nationalbank

[28] Vgl. *Kernbauer, H.,* Währungspolitik in der Zwischenkriegszeit. Geschichte der Oesterreichischen Nationalbank von 1923 bis 1938, Wien 1991, S. 196.

voraussichtlich sehr stark in Anspruch genommen würde."[29] Präsident Reisch begrüßte hingegen, "wenn das Ausland seine frühere Zurückhaltung gegenüber der Schilling-Währung aufgegeben hat und Österreich in größerem Ausmaß Kredite gewährt." Keine Gefahr bestehe "auch wenn ein Teil dieser Kredite zum Ankauf von Wechseln am offenen Markt unter der Bankrate verwendet wird. Für Österreich kann erst dann ein Bedenken dagegen bestehen, wenn soviele ausländische Kredite nach Österreich strömen, daß dadurch die Währungspolitik gestört wird." Dies sei solange nicht der Fall, als sich der Privatdiskont nicht allzuviel unter der Bankrate bewegt. Die Differenz dürfe "freilich nicht allzu groß sein."[30] Dies bedeutete, daß die OeNB über kein Ziel für zulässige Kapitalimporte verfügte und kurzfristige Devisenzuflüsse akzeptierte, solange sie die Reagibilität des Geldmarktes auf Diskontsatzänderungen und damit die Steuerbarkeit ihres Reservezieles nicht störte. Kurzfristige Zahlungsbilanzkrisen sollte die Notenbank finanzieren. "Die Gefahr, daß ausländische Gelder zurückberufen werden und daß die Notenbank die notwendigen ausländischen Zahlungsmittel zur Verfügung stellen muß, hat auch früher bestanden."[31]

Als Instrument zur Verteidigung eines fixierten Wechselkurses gegenüber spekulativen Attacken waren die hohen Währungsreserven ohne mit dem Wechselkursziel konformes Geldangebot nicht hinreichend.[32] Darauf wies der von der BOE in die Position des Beraters bei der OeNB entsandte Ch. Kay anläßlich seines Funktionsantrittes 1926 hin: "Als erstes Abwehrmittel gegen eventuelle Angriffe auf die Währung und aus psychologischen Gründen braucht die Notenbank zwar einen entsprechenden Barschatz, aber der größte Barschatz kann die Währung eines Landes nicht retten, wenn die Zentralbank nicht richtig geleitet ist oder wenn die Bankleitung ihre vollständige Unabhängigkeit der Regierung und wirtschaftlichen Kreisen gegenüber nicht zu wahren weiß."[33]

---

[29] 39. GR v. 30.3.1926.

[30] 39. GR v. 30.3.1926.

[31] 39. GR v. 30.3.1926.

[32] Vg. *Obstfeld, M.,* Rational and Self-Fulfilling Balance of Payments Crises, in: American Economic Review Vol 76 (1986), S. 72-81.

[33] 37. GR v. 27.1.1926. *Kay,* der auf Bitte der OeNB an die BoE die Funktion des Beraters bei der OeNB antrat, deponierte gleichzeitig "..., daß ich gegen die demokratisch angehauchte Zusammensetzung des Generalrates gewisse Bedenken habe." Die Bankpolitik habe die Interessen der Konsumenten an einer stabilen Währung zu wahren. "Ein Kollegium wie dieser Generalrat, in welchem verschiedene Produzentengruppen vertreten sind, ist daher nicht das bestgeeignete Forum." (ebenda, S. 16).

Trotz der Steigerung der Auslandskomponente des Zentralbankgeldes und der gelungenen Fixierung des Wechselkurses wurde der Erfolg der Währungsstabilisierung nach zwei Jahren vom Generalrat als noch nicht entschieden angesehen, da sie auf der Grundlage kurzfristiger Auslandskredite beruhte: "Das Sanierungswerk hängt davon ab, daß uns bereits gewährte kurzfristige Auslandskredite konsolidiert oder neue langfristige Kredite in ausreichendem Maße gewährt werden."[34] Die kurze Fristigkeit der Fremdwährungskredite und die geringe Risikoübernahme durch die Auslandsgläubiger waren mögliche Ursachen von Schwankungen der Auslandskomponente des Zentralbankgeldes und der Liquidität der Geschäftsbanken. Nur Gebietskörperschaften, einige Versorgungsunternehmen und in geringem Ausmaß eine kleine Anzahl von Großbetrieben erhielten langfristige Auslandskredite.[35]

## 3.7. Kritik am Vorgehen der Oesterreichischen Nationalbank und Gegenvorschläge

### 3.7.1. Währungspolitische Kritiken

In der Stabilisierung nach der Hyperinflation war die Deregulierung in stabilitätsgefährdender Reihenfolge erfolgt. Die inländische Geldvermögensbildung hatte noch keine ausreichende Breite und Liquidität erreicht und die Preise der Kapitalmarktanlagen fluktuierten weit. Der Wechselkurs wurde fixiert und die Kapitalimporte wurden unbeschränkt zugelassen, bevor die Folgen der Hyperinflation und der territorialen Desintegration für die Kapitalmärkte erfaßt und korrigiert worden waren. Es lagen noch keine Goldbilanzen vor, die eine zutreffende Einschätzung der Rentabilität des Realkapitals ermöglichten.

Die daraus resultierenden überschießenden Kapitalimporte hatten Auslandskomponente und Zentralbankgeld inflationär erhöht.

Die Einhaltung des nominellen Wechselkurszieles erwies sich mit hohem Geldmengenwachstum und Steigerung des inländischen Preisniveaus und mit realer Aufwertung vereinbar. Die Diskussion über das Geldangebotskonzept der OeNB entzündete sich 1923/24 zunächst an der Frage der Begrenzung der Kapitalimporte und des überschießenden Wachstums der Auslandskomponente und des Gesamtumlaufs.

---

[34] 34. GR v. 7.10.1925

[35] Vgl. *Layton, W.T.C., Rist, Ch.,* Die Wirtschaftslage Österreichs, Wien 1925, S. 20. *Zienert, H.,* Die Zahlungsbilanz Österreichs, in: *Exner, W. (Hrsg),* Zehn Jahre Wiederaufbau, Wien 1928, S. 306.

Gegenstand der Auseinandersetzungen waren der Charakter der Geldmengensteigerung 1923/24, die Endogenität der Geldmenge, die Frage der Fixierung des Wechselkurses oder der Stabilisierung des Preisniveaus, die Höhe des Stabilisierungskurses, die Frage der Geldschöpfung primär über die Inlands- oder die Auslandskomponente, mögliche Schwankungen der Auslandskomponente und die Notwendigkeit der Zahlungsbilanzanpassung.

Die Kritiker der OeNB argumentierten mit der Quantitätstheorie gegen vom inländischen Transaktionsvolumen losgelöste, von Kapitalbewegungen verursachte Geldmengensteigerungen. Sie wiesen darauf hin, daß die Finanzierung des Zentralbankgeldwachstums durch die aus den Kapitalimporten der Geschäftsbanken stammende Auslandskomponente eine Anpassungsdeflation bei Nichtverlängerung der kurzfristigen Auslandskredite erforderlich machen würde. Der letzte Gouverneur der OeUB, A. Spitzmüller, stellte Anfang 1924 fest, der Kapitalimport führe zu inflationärem Geldmengenwachstum. Er plädierte für die Fixierung der von der OeUB übernommenen Geldmenge und des Preisniveaus. Der von der Devisenzentrale übernommene Wechselkurs gegenüber dem US $ von 71 000 sollte auf 50 000 bis 60 000 K aufgewertet werden.[36] Die gefährliche Inflation bestehe darin, "daß die OeNB grundsätzlich alle am Markte greifbaren Devisen und zwar ohne Rücksicht auf die Höhe des Angebotes ankauft". "Die stets 100% Befriedigung des Devisenbedarfs" hingegen sei kein Beweis für "nicht inflationistische Methoden". Diese bestünden in einem ausreichenden, aber nicht zu reichlichen Devisenbestand der Nationalbank". Der Devisenbestand der Nationalbank sei aber mehr als reichlich und "in Erwerbung desselben" seien zuviele Noten in Verkehr gesetzt worden. Größere Sicherheit gegen Abwertungsspekulation böten auch die hohen Devisenreserven nicht. "Denn eine Notenbank mit einem, den Anforderungen des Verkehrs und der Notendeckung genügenden Devisenvorrat ist für ernste Eventualitäten besser gerüstet als eine solche mit allzu reichem Devisenbestand und übergroßem Notenumlauf."

Spitzmüllers Vorschlag lief auf eine stärker auf der Inlandskomponente basierende Geldschöpfung zumindest in der Ausgangsperiode 1923-24 hinaus. Damit hätten sowohl das überschießende Geldmengenwachstum als auch die gemessen an der Rentabilität des Realkapitals zu hohen Kapitalimporte und eine zu hohe Auslandskomponente, die nur durch restriktive Diskontpolitik gegen Abwertungserwartungen vertei-

---

[36] *Spitzmüller, A.*, Die Geldwertpolitik der Österreichischen Nationalbank, in: *MdVö-BuB* 7. Jg. (1924), S. 81-92.

digt werden konnten, ebenso vermieden werden können wie die Verschärfung der Bankenprobleme im Laufe der zwanziger Jahre. Die vorgeschlagene Aufwertung hätte Kapitalimporte möglicherweise noch verstärkt und die Leistungsbilanz weiter verschlechtert. Die Kapitalimporte hätten durch Devisenverkehrskontrollen abgewehrt werden können. Die Instrumente zur Devisenverkehrskontrolle waren aus der Kriegswirtschaft und Hyperinflation noch vorhanden, doch der Kapital- und Devisenmangel sowie die Erwartung der stabilisierenden Wirkung von Kapitalimporten waren so groß, daß deren Einsatz völlig außer Diskussion stand.

Die Vertreter der OeNB stellten die Vorzüge der Wechselkursfixierung gegenüber der Fixierung des Preisniveaus oder der Geldmengenpolitik dar, die in der Übertragung der Glaubwürdigkeit disinflationärer Politik der Goldstandardländer lag. In ihren Darstellungen der Währungspolitik der OeNB kam das Fehlen eines Konzeptes zur Beeinflußung der Kapitalimporte zum Ausdruck. Der Golddevisenstandard und die zu dieser Zeit in großem Ausmaß mit Devisenkostgeschäften operierenden Devisenmarktinterventionen der OeNB wurden dem Mechanismus einer politikfreien Warenwährung gleichgestellt.

H. Rizzi befürwortete eine endogene Geldmenge und meinte, es habe sich aus der Erfahrung "die Überzeugung ziemlich allgemein Geltung verschafft,daß jede gewollte Geldwertbeeinflußung...von Übel ist und...das Ideal der Währungspolitik in der vollkommen freien, politisch unbeeinflußten, rein wirtschaftlichen Entwicklung des Geldwertes als einziger Gewähr für seine Wertbeständigkeit" zu suchen sei.[37]

Bei festem Wechselkurs steuerte die OeNB nach dem Ende der Börsenhausse die Zusammensetzung des Zentralbankgeldes. Auch Reisch spielte das Ausmaß an währungspolitischen Interventionen herunter, das dem Geldangebot der OeNB zugrunde lag und meinte, "daß der Hauptvorzug der Goldwährungen darin erblickt werden (muß, d.V.), daß ihr Wert willkürlichen Beeinflußungen entzogen und auf eine objektive Grundlage gestellt ist."[38] Und mit Hinweis auf Keynes' "Tract on Monetary Reform": "In der objektiven Grundlage der Geldwertbestimmung durch das Gold liegt der wichtigste Schutz der Volkswirtschaften vor allen noch so gut gemeinten Experimenten der verschiedensten Weltbeglücker."[39]

---

[37] *Rizzi, H.,* Die österreichische Währungsreform, in: *MdVöBuB* 8. Jg. (1925), S. 1.

[38] *Reisch, R.,* Meine Duplik in causa "Geldwertpolitik", in: *MdVöBuB* 7. Jg. (1924) s.a. ders. Stabilisierung oder Steigerung des Kronenwertes? in: *MdVöBuB* 7. Jg. (1924).

[39] *Reisch, R.,* Meine Duplik in causa "Geldwertpolitik", in: *MdVöBuB* 7. Jg. (1924), S. 98.

J.M. Keynes hatte ebenso wie I. Fisher und G. Cassel die Stabilisierung der Währung am laufenden Preisniveau empfohlen. Österreich hatte als zweites Land nach dem Krieg den Wechselkurs wieder stabilisiert.[40]

Die Oesterreichische Nationalbank gehe "bei der Aufnahme von Gold und Golddevisen zu einem ein für allemal festgesetzten Kurse nicht anders vor, wie die Notenbanken der Länder mit Goldwährung, die ja gleichfalls jedes ihnen angebotene Goldquantum zu dem ihrer Währungsgesetzgebung zugrunde liegenden Preise ankaufen und auch wieder Gold gegen ihre Noten abgeben."[41] Das von der OeNB zugelassene Zentralbankgeldwachstum sei nicht inflationär, sondern "elastisch", da ein Abfluß der Devisen möglich sei. Die Gleichsetzung der Währungspolitik der OeNB mit jener eines Goldwährungslandes übersah, daß die OeNB sowohl Kapitalimporte und somit das Devisenangebot durch die Diskontpolitik beeinflußte, als auch, daß sie den Devisenverlust durch Devisenkostgeschäfte zu verhindern suchte.

Die Behauptung eines tatsächlich nicht gegebenen Automatismus erübrigte die Frage nach Kriterien für die zulässige Höhe der Kapitalimporte und für die Zusammensetzung des Zentralbankgeldes. Im Golddevisenstandard war der Goldpreis kein politikfrei bestimmter Anker. Sowohl Leitwährungsländer als auch Kapitalimportländer versuchten durch neutralisierende Intervention ihre Devisenreserven zu stabilisieren. Österreich versuchte durch eine Reihe von Maßnahmen Devisenabflüsse zu verhindern.

Gegen das behauptete inflationäre Ausmaß der Geldschöpfung 1923/24 führte Reisch an, es hätte der Auffüllung der Realkassen nach der Hyperinflation gedient und der reale Notenumlauf pro Kopf sei in Österreich unterdurchschnittlich hoch. Dies war die Folge der in der Inflation gestiegenen Inflationserwartungen und der gesunkenen realen Geldnachfrage. Das Zentralbankgeldangebot 1923/24 übertraf jedoch den Bedarf an realer Kassenhaltung, da eine Reihe von Preisindizes wieder anstiegen. Rizzi verteidigte das Geldmengenwachstum 1923 mit einer Umkehrung der Kaufkraftparitätentheorie. Die OeNB habe den Kapitalimport soweit zugelassen, bis die Geldmenge zur Angleichung der in der letzten Phase der Hyperinflation hinter dem Kursverfall

---

[40] Vgl. *J.M. Keynes,* A Tract on Monetary Reform, in: Collected Writings Vol IV, London 1971, S. 126, 132.

[41] *Reisch, R.,* Meine Duplik in causa "Geldwertpolitik", in: *MdVöBuB* 7. Jg. (1924), S. 96, ähnlich auch in *Reisch, R.,* Stellung und Aufgaben der Oesterreichischen Nationalbank innerhalb des Wiederaufbauprogrammes, Wien 1923.

zurückgebliebenen österreichischen Preisniveaus an das Weltmarktpreisniveau ausreichte. Tatsächlich wurde das hohe Geldmengenwachstum durch das Ende der Börsenhausse und durch die Maßnahmen des Finanzkomitees des Völkerbundes und nicht durch Intentionen der OeNB beendet. Gegen eine derartige Stabilisierung des realen Wechselkurses gegenüber den Goldwährungen auf Vorkriegsniveau sprach die verschlechterte Leistungsbilanz.

Einige Studien internationaler Währungstheoretiker zeigten die fehlende langfristige Durchhaltbarkeit des währungspolitischen Kurses auf. Sie wiesen auf die Notwendigkeit der Begrenzung des Geldmengenwachstums, der Kapitalimporte und des damit verbundenen Leistungsbilanzdefizits sowie auf die Notwendigkeit einer Anpassungsdeflation bei Verringerung der Zuflußes von Fremdwährungskrediten hin. Die Beiträge zur Verteidigung der Währungspolitik ließen kein Konzept zur Lösung dieser Frage erkennen. Es wurde deutlich, daß sich die OeNB in Defensive und in einer labilen Lage befand: Kapitalimporte wären schwer zu begrenzen, da sinkende Devisenreserven nicht mehr zu brechende Abwertungserwartungen hervorrufen würden.

Walre de Bordes, der sein Buch[42] Anfang 1924 abschloß, argumentierte quantitätstheoretisch gegen die vom Transaktionsvolumen losgelöste, aus Kapitalimporten dotierte Geldmengensteigerungen und befürwortete die Verwendung der Mittel aus der Völkerbundanleihe entweder zum Import von Gütern aus den Kapitalgeberländern oder zur Tilgung der Bundesschuld bei der Nationalbank und damit zur Geldmengenverringerung.[43] Damit wäre auch die Verschlechterung der Leistungsbilanz durch Geldmengensteigerung und Inflation bei festem Wechselkurs gebremst und entsprechende Kapitalimporte begrenzt worden.[44]

Auch nach den Kriterien der real bills doctrine war das Gesamtumlaufswachstum 1923/24 kritikwürdig. War es anfangs durch Umtausch von Fremdwährungsbeständen von Inländern, langfristigen Anleihen und durch kurzfristige Devisenkredite gedeckt, so bestand es nach dem Zusammenbruch der Börsenhausse und der Spekulation in Termindevisen auch aus Finanzwechseln, die die OeNB zur Stützung von Banken übernahm. Die OeNB mußte den Devisenbesitzern durch Kostgeschäfte den Wechselkurs garantieren, um sie zur Prolongierung ihrer Fremdwährungsforderungen zu bewegen.

---

42 *Walre de Bordes, J.v.,* The Austrian Crown, its Depreciation and Stabilization, London 1924.

43 ebenda, S. 226.

44 ebenda, S. 224.

Die Kontrolle der Budgetpolitik durch den Völkerbund schloß Geldschöpfung zur Sicherung des Finanzsystems aus und dämpfte Abwertungserwartungen. Die Stabilisierung war prekär, die Eintauschbarkeit gegen Goldwährungen zum gegebenen Kurs auf längere Sicht nicht gesichert, da die geborgten Währungsreserven großteils von der Prolongation der kurzfristig aufgenommenen Auslandskredite der Banken abhängig waren.

G.H. Bousquet wies in seiner Kritik an der Währungspolitik der OeNB auf die Gefahren der Dotierung der Währungsreserven der OeNB und der Kreditexpansion der Geschäftsbanken aus deren kurzfristigen Auslandskrediten hin.[45] Dieser Prozeß könne bei anhaltendem Handelsbilanzdefizit nur durch Kreditrestriktion und Deflation oder Abwertung beendet werden. Er plädierte für eine Wechselkursbindung an Pfund bzw Dollar und für eine kontinuierliche Steigerung der Goldkomponente der Währungsreserven gegenüber der Devisenkomponente, da Schuldner zahlungsunfähig werden könnten. Die Rolle der Devisen bei der Deckung des Zentralbankgeldes sollte zu Gunsten des Wechselportefeuilles zurückgenommen werden. Es sei besser, wenn der Ersatz der Auslandsdevisen durch die Inlandskomponente sich jetzt (1926, d. V.) freiwillig vollziehe, als zu einem Zeitpunkt, zu dem er erzwungen würde. Der österreichische Notenumlauf basiere "in Wahrheit viel mehr auf Auslandskrediten als es den Anschein hat." Gegen die Dotierung des Gesamtumlaufswachstums durch die Außenkomponente führte Bousquet die Möglichkeit einer Panik bei Bekanntwerden dieses Umstandes, Zinssatz- und Kostenargumente und die Notwendigkeit an, bei Erreichen der Grenze der Finanzierbarkeit des Leistungsbilanzpassivums zwischen Abwertung und Deflation wählen zu müssen. Die OeNB veranlagte Devisen im Ausland, von denen ein Teil wieder zu Transaktionen im Inland verwendet wurden, die die Nationalbank selbst durchführen könnte. "Das Ausland lukriert die Differenz zwischen den Zinssätzen und die österreichische Währung ist trotz dieses komplizierten Umweges nicht besser fundiert." Infolge der Konzentration des Zentralbankgeldwachstums auf die Außenkomponente müsse der Diskontsatz höher sein als bei einer Finanzierung durch eine entsprechende Ausweitung des Wechselportefeuilles. Der durchschnittliche Bedarf von 30-50 Mill $ jährlich erschien Bousquet nicht auf Dauer durch lang- und kurzfristige Kredite gesichert. In diesem Fall riskiere die Nationalbank

---

[45] *Bousquet, G.H.*, Zur Währungspolitik der Österreichischen Nationalbank, in: *MdVöBuB* 9/10/1926, S. 239-246.

die Wahl zwischen einer drakonischen Kreditrestriktion mit einer neuen Krise und einer Abwertung.

Die Kreditrestriktion hätte die Erträge der Kreditinstitute weiter verringert, die Abwertung hätte die reale Last der Auslandsschulden erhöht.

G. Wärmer wies in seiner Entgegnung auf Bousquet auf die Gefahr sekundärer Devisenabzüge als Reaktion auf eine Verringerung der Devisenreserven hin. Er argumentierte, daß die Umwandlung von Devisen in Gold über die unmittelbare Umwandlung hinausgehende Devisenabzüge zur Folge hätte, da die von der OeNB im Ausland veranlagten und von Ausländern in Österreich verwendeten Devisen abgezogen würden, dh der restriktive Effekt über den unmittelbaren hinausginge. Bousquet könne nicht voraussagen, "in welchem Punkte bzw wann der Abfluß kurzfristiger Kredite bei einer solchen Politik der Nationalbank sein Ende nehmen würde, d.h. ob der durch Förderung der Eskontpolitik zu erzielende Nutzen nicht den ungleich größeren Schaden eines übermäßigen Verlustes von kurzfristigen Devisen nach sich zöge."[46]

Die Geldschöpfung durch die Auslandskomponente wurde hier mit den Kosten der Abwehr einer spekulativen Attacke auf die Währung begründet. Da die Devisenreserven bei jeder Verringerung der Kapitalimporte gesunken wären, waren weitere Kapitalimporte nur dann vorteilhaft, wenn die Geschäftsbanken mit deren Hilfe Rentabilität und Eigenkapital rasch steigern konnten. Wenn der Devisenbestand nach unten hin starr gehalten werden mußte, so war dadurch die außenwirtschaftliche Anpassung behindert und der für den Golddevisenstandard in Anspruch genommene Mechanismus außer Kraft gesetzt. Die währungspolitischen Optionen waren eingeschränkt und für eine Reihe möglicher Situationen kaum ausreichend, wenn der Wechselkurs fixiert und der Devisenbestand nach unten hin starr war. Die OeNB konnte eine Verringerung des aus überschießenden Kapitalimporten 1923 entstandenen Devisenbestandes wegen der befürchteten, von Abwertungserwartungen motivierten sekundären Verlusten von Währungsreserven und Mitteln der Banken nicht zulassen.

Das von dieser Politik vorausgesetzte Angebot an Fremdwährungskrediten sah Wärmer als ausreichend gesichert an. Er nahm an, daß "die amerikanische Kreditbereitschaft Europa gegenüber in der gleichen

---

[46] Wärmer, G., Zur Währungspolitik der Österreichischen Nationalbank. Eine Entgegnung in: *MdVöBuB* 9. Jg. (1926), S. 292..

Weise wie bisher sich in der Hereingabe von Krediten manifestieren wird" und hoffte auf die Umwandlung kurzfristiger Kredite in langfristige." Ein Konzept für eine "sanfte Landung" des Wachstums der Auslandsverschuldung wurde angesichts der bereits eingeschränkten Möglichkeiten der Währungspolitik nicht entwickelt.

Auf die Nichtdurchhaltbarkeit angesichts der Zahlungsbilanzentwicklung und des Geldangebotes wiesen W.T. Layton und Ch. Rist in ihrem Bericht an den Völkerbund hin. Sie betonten die gefährlich kurze Fristigkeit der Auslandsverschuldung und die Notwendigkeit einer Anpassung. "Man kann aber die kurzfristigen Auslandskredite nicht ins Endlose vervielfachen. Sie beinhalten eine gewisse Gefahr, da, falls aus irgend einem Grunde die ausländischen Geldgeber ihr Kapital zurückfordern sollten, die österreichischen Banken in eine umso unangenehmere Lage kämen, als die Kredite der österreichischen Industrie zwar in Form kurzfristiger Darlehen gegeben werden, aber in der Praxis nicht so schnell eingetrieben werden können. Was Österreich nötig hat, ist weniger eine Vermehrung der ausländischen Kredite für seine Industrie, als eine Konvertierung der Kredite in langfristige Darlehen."[47] Bezüglich der Möglichkeit langfristiger Kredite schlossen die Autoren Anfang 1925 hoffnungsvoll. Bezüglich der Behinderung der Leistungsbilanzanpassung durch die Kapitalimporte kamen sie angesichts der Neuartigkeit der Stabilisierungssituation zu keinem Vorschlag. "In dieser Beziehung ist Österreich in einem schweren Dilemma. Das Land braucht fremde Kapitalien. Die Devisen jedoch, welche von ausländischen Anleihen stammen, tragen, soweit sie nicht direkt für Ausgaben in anderen Ländern verwendet werden, dazu bei, den Barschatz und den Notenumlauf zu vermehren. Infolgedessen haben diese auswärtigen Anleihen die Tendenz, das Preisniveau in Österreich zu steigern. Wir wüßten keine praktische Methode, um dies zu vermeiden...Ein höheres Preisniveau ist daher in einem Kapital importierenden Land natürlich und ermöglicht die Einfuhr von Waren, da die Kapitalien schließlich in dieser Form importiert werden."[48]

Das Stabilisierungsprogramm des Völkerbundes von 1922 hatte keine Maßnahmen zur strukturellen Anpassung enthalten. Der mit der Anleihe verbundene Kapitalimport hatte den Kurs aufgewertet und die Geldmenge ausgedehnt.

---

[47] *Layton, W.T.C., Rist, Ch.,* Die Wirtschaftslage Österreichs, Wien 1925, S. 20.

[48] ebenda, S. 80.

### 3.7.2. Vorschläge im Generalrat

Als nach dem Ende der Hyperinflation der Druck der hohen Nominalzinsen stieg, zielten mehrere Anträge im Generalrat auf die Senkung der Fremdkapitalkosten innerhalb des gegebenen Geldangebotsmusters. Die Vorschläge umfaßten die Ausweitung der inländischen Kreditkomponente durch direkte Refinanzierung an den Geschäftsbanken vorbei, die Überwachung der Inlandsverwendung der Kapitalimporte und die Verstetigung des Geldangebotes durch planmäßige Liquidation konkursgefährdeter Geschäftsbanken.

Der Vertreter des Gewerbes im Generalrat schlug vor, Direkteinreichungen mit der Unterschrift des Einreichers und zwei, den Zensoren als zahlungsfähig bekannten Verpflichteten unter Umgehung der Kreditinstitute zuzulassen.[49]

Dieser Vorschlag widersprach der Politik der Stützung der Ertragsfähigkeit der Kreditinstitute und ihrer Rolle als Quelle der Devisenreserven der Nationalbank und fand keine Mehrheit im Generalrat.

In einer Eingabe des Präsidenten der Arbeiterkammer vom 26.10.1923 wurde die Geschäftsführung der OeNB auf die hohen Leihgeldsätze hingwiesen und aufgefordert, zur Beseitigung der Ursache, der Überbesetzung des Bankengewerbes, “die schwachen und nicht leistungsfähigen Elemente” auszuschalten.[50]

Zur Verhinderung von Kapitalreexporten in das “Alt- und Neuausland” sollte die OeNB den Verwendungszweck der von ihr refinanzierten Kredite überprüfen. Sie sollte die Bankenkonditionen beeinflussen und als Konkurrenz zur Bankenrefinanzierung Direkteinreichungen von Wechseln zulassen. Diese Vorschläge widersprachen den Bedingungen des Kapitalangebotes und liefen auf eine Dehnung des Notenbankinstrumentariums hinaus, das die nicht wahrgenommene bankenaufsichtliche Funktionen des Bundes ersetzen sollte.

Sie scheiterten sowohl am Widerstand der Geschäftsführung als auch an der Ablehnung des Verbandes österreichischer Banken und Bankiers, der in einer Gegeneingabe betonte, daß die OeNB kein Recht zur

---

49 Antrag *J. Neubauer* 4. GR v. 21.2.1923.

50 Vgl. Prot. 12. GR v. 26.10. 1923, Schreiben des Präsidenten der Arbeiterkammer. Die Versuche der Verstetigung der Kreditexpansion implizierten eine Änderung der Bedingungen für Kapitalimporte und scheiterten an der mangelnden Bankenaufsicht und an der fehlenden Kontrolle des Generalrates über die einzelnen Refinanzierungsgeschäfte der OeNB.

Bucheinsicht habe.[51] Die Geschäftsführung wies darauf hin, daß "mit dem Rediskont kein Kapitalexport großen Stils betrieben" werde und billigte die Geschäftspolitik der Banken ausdrücklich. "Die Anlage in den Sukzessionsstaaten diene der österreichischen Volkswirtschaft und der Stellung Wiens als Bankenzentrum."[52] Der Antrag der Arbeiterkammer wurde mit allen gegen eine Stimme abgelehnt, da sich die Vertreter von Industrie und Gewerbe der Position der Geschäftsleitung der Nationalbank und der Vertreter des Kreditapparates anschlossen.

Nach der Bankenkrise 1924 wurde die Notwendigkeit von Maßnahmen zur Verstetigung der Kreditexpansion und zum Schutz der Kreditnehmer durch die planmäßige Liquidation von Geschäftsbanken deutlich. Generalrat Stern forderte die Gründung einer Auffanggesellschaft für insolvente Kreditunternehmungen. Die "nicht ausgetragenen Pedenzen" bedeuteten "die größte Gefahr für Österreichs Wirtschaft."[53] Die Arbeiterkammer forderte für die Geldinstitutszentrale, der Reisch die Funktionen einer Bankenaufsicht als "Revisionsstelle der Kreditinstitute" zudachte, die Kompetenz als "Girostelle für faule Unternehmungen" auch Liquidationen vornehmen zu können.[54]

Die Instabilität des Bankensektors wurde 1924/25 in Erwägung gezogen. Österreich habe ein "schweres Bankenproblem zu lösen und müsse einen Reinigungsprozeß durchmachen...Es sollten alle gesunden Institute zusammenstehen, damit ein solches Institut geschaffen und Gesundes von Ungesundem getrennt werde, sonst müsse eine Katastrophe über Österreich hereinbrechen, trotzdem die Wirtschaft im Kern gesund sei."[55]

Die verfolgte Politik der "Fusionen von Banken sei nicht zielführend, da aus mehreren schwachen Instituten durch Zusammenlegung noch nicht ein lebensfähiges Institut geschaffen werden kann."[56] Die Einrichtung der Kreditinstitutszentrale scheiterte am Einspruch der Völkerbundvertreter und an Finanzierungsfragen. Die Diskontpolitik wurde zum Aufbau des für die Erreichung des Reservezieles notwendigen Zinsdifferentials eingesetzt. Der Spielraum zur Beeinflußung der Kreditkosten wurde durch die Rücksichtnahme auf die Ertragsschwäche der Geschäftsbanken eingeengt.

---

51 Eingabe des Verbandes österreichischer Banken und Bankiers 13. GR v. 23.11.1923, Beilage 3.

52 ebenda.

53 24.GR v. 5.11.1924.

54 25.GR v. 18.12.1924.

55 GR *Stern*, 23.GR v. 10.10.1924.

56 GR *Stern*, 32.GR v. 23.7.1925.

### 3.8. Ein Konzept zur Bankenstützung

Die offiziellen Währungsreserven, die zur Stützung des Wechselkurses gehalten wurden, stammten überwiegend aus der Auslandsverschuldung der Geschäftsbanken. Deshalb war es für die Notenbank wichtig, Zusammenbrüche von Kapital importierenden Geschäftsbanken zu verhindern, um ihre Devisenreserven zu stabilisieren. Umgekehrt war sie in ihrer Funktion als lender of last resort durch den festen Wechselkurs beschränkt und konnte außerhalb der statutarisch vorgesehenen Geldschöpfung mit ihren Reserven nur zu Gunsten kleinerer Banken eingreifen.

Das Ende der Börsenhausse 1924 hatte Stützungsaktionen für Banken notwendig gemacht, an denen sich die OeNB maßgeblich beteiligt hatte. Dies wurde vor allem vom Finanzkomitee des Völkerbundes kritisiert und war Anlaß für eine Statutenänderung. Präsident R.Reisch versuchte die Teilnahme der OeNB an Stützungsaktionen zu konzeptualisieren und begründeten sie damit, daß "den Notenbanken auch die Aufgabe zugeschoben wird, die Nationalwirtschaft vor dem Eintritt von Krisen zu beschützen".[57] Er bekundete seine Bereitschaft "vermeidbaren Erschütterungen tatkräftig, nötigenfalls opferbereit entgegenzutreten".[58] Reisch war bereit, aus den Reserven der Bank Mittel bereitzustellen: Der "Notenbank bleibt ... für die Stützungsaktion kein anderer Weg, als aus ihren eigenen Reserven Devisen in den Barschatz zu überstellen und die so gedeckten Noten für Stützungsaktionen zu verwenden. Hiemit ist aber auch schon bewiesen, daß die Notenbank nur über recht beschränkte Mittel verfügt, zumal sie sich auch bewußt bleiben muß, daß ihre Reserven in erster Linie Währungszwecke haben." Für Bankenstützungen bestand demnach nur ein geringer Spielraum, ohne in Gegensatz zum Wechselkursziel zu geraten. Je größer und damit für das Geldangebot wichtiger die gefährdete Bank, desto unzulänglicher waren die Mittel der OeNB. Die Aufgaben wurden öffentlichen Stellen und dem Kreditapparat zugewiesen. Stützungssyndikate, Fusionen, Verlustübernahme durch das Budget und internationale Hilfskredite sollten das Instrumentarium der OeNB ergänzen: "... eine in Zahlungsschwierigkeiten geratene Bank wird von einer Vereinigung von Banken in Zusammenarbeit mit der Notenbank gestützt, während in größeren Fällen der Staat selbst eingreifen muß - ja in neuester Zeit sehen wir sogar das

---

[57] *Reisch, R.,* Die höheren Aufgaben einer modernen Notenbank, insbesondere in Krisenzeiten, in: *MdVöBuB* 8. Jg. (1925)

[58] ebenda, S. 205.

sogar das Eingreifen des Überstaates, als den wir in mancher Beziehung den Völkerbund betrachten müssen."[59]

Die Möglichkeiten des Bundes waren gering, da er sich nicht am Kapitalmarkt finanzieren konnte. Das Vertrauen auf Stützungskredite internationaler Organisationen stammte aus der Erfahrung der Freigabe von Mitteln aus der Völkerbundanleihe in der Bankenkrise 1924. Dies war eine unwiederholbare Ausnahmesituation gewesen.

Weder der Völkerbund noch die 1930 geschaffene Bank für Internationalen Zahlungsausgleich (BIZ) entwickelten Instrumente zur Schöpfung internationaler Reserven in Krisenfällen. Für Vertrauen in die Bereitschaft anderer Notenbanken bestand wenig Anlaß. Die BOE lehnte etwa zur Entstehungszeit dieses Artikels das Ansuchen der OeNB um Einräumung eines Unterstützungskredites von 172 Mill S ab und erklärte sich erst 1926 zur Einräumung eines Beistandskredites im "zwischen Notenbanken üblichen Ausmaß" bereit, der zu einem Drittel durch Gold und zu zwei Drittel durch Wechsel der OeNB zu decken war.[60]

Die fehlende Bereitschaft zur Änderung des währungspolitischen Regimes ging mit einer Fehleinschätzung der internationalen Kooperation im Fall einer Währungskrise und einer Überschätzung der Möglichkeiten der OeNB zur Sicherung des Finanzsystems bei fixiertem Wechselkurs einher. Damit wurde das systemische Risiko unterschätzt, das mit der auf kurzfristigen Auslandskrediten beruhenden Kreditexpansion verbunden war.

Eine Streckung ihrer Mittel fand die OeNB in der Patronisierung von Fusionen gefährdeter Geschäftsbanken. Dies konzentrierte, sofern nicht die Rentabilität ausreichend stieg, die Risiken an der Spitze der Fusionspyramide.

Die Kritik an der Währungspolitik zeigte Mitte der zwanziger Jahre alle Krisenfaktoren des Geldangebots der OeNB, die in der Bankenkrise 1931 wirksam wurden, auf. Die Beiträge der Verteidiger der Währungspolitik der OeNB ließen keine Strategie zur Eindämmung der aufgezeigten Gefahren erkennen.

Das Konzept der Dotierung des Zentralbankgeldwachstums über eine hohe, aus kurzfristigen Kapitalimporten stammende Außenkomponente wurde in der Hoffnung auf Verlängerung der Fristigkeit der Kapitalimporte fortgesetzt. Das durch die Geldschöpfung 1923/24 gesteigerte, in

---

[59] *Reisch,* ebenda S. 203.

[60] OeNB Archiv 1138/1925, zit. in *Kernbauer, H.,* Währungspolitik in der Zwischenkriegszeit. Geschichte der Oesterreichischen Nationalbank von 1923 bis 1938, Wien 1991, S. 183f, ebenda S. 190.

der Folge bestätigte, Mißtrauen der Finanzzentren gegenüber der österreichischen Währungspolitik äußerte sich in direkter Einflußnahme auf die Währungspolitik und in gestiegenen Risikoprämien für Kapitalimporte nach Österreich. Damit wurden die Garantien der Währungspolitik für die Kapitalimporte erhöht. Der Geldangebotsprozeß blieb unverändert.

# 4. Kapitel:

# Die Periode des Golddevisenstandards von der Stabilisierung 1926 bis zur Creditanstaltkrise

## 4.1. Die Entwicklung des Zentralbankgeldes 1926/8-1931/4

Von 1926/8 bis kurz vor den Ausbruch der CA-Krise 1931/4 stieg der Gesamtumlauf um 11.6% oder mit durchschnittlich 0.2% im Monat ähnlich schnell wie zwischen Mitte 1924 und Mitte 1926. Das Gesamtumlaufswachstum stammte fast zur Gänze aus dem Wachstum des Notenumlaufs.

Über die gesamte Periode wirkte die Außenkomponente mit 20.2 Prozentpunkten expansiv und die Verringerung der Bundesschuld bei der Nationalbank mit 8.5 Punkten kontraktiv, während die Refinanzierungskomponente einen geringen negativen Beitrag zum Gesamtumlaufswachstum im Ausmaß von 1.5 Prozentpunkten lieferte. Diese Entwicklung war auf das langsamere Wachstum der aus Kapitalimporten stammenden Devisenreserven zurückzuführen. Das im Laufe der Bodencreditanstalt-Krise ausgedehnte Portefeuille wurde bis zum Beginn der CA-Krise reduziert.

Innerhalb der Gesamtperiode unterscheiden sich eine Subperiode, die den Konjunkturzyklus bis nach der Fusion von Bodencreditanstalt und CA Ende 1929 umfaßte, mit einem Gesamtumlaufswachstum von 21.6% (0.5% monatlich) und die Anfangsperiode der Depression zwischen Bodencreditanstalts- und CA-Krise 1930/1-1931/4 mit einer Verringerung des Gesamtumlaufes von rund 10% oder 0.67% monatlich.

Das Portefeuille erreichte seinen Tiefstand nach der ersten Bankenkrise Anfang 1927 mit 58 Mill S und sein Maximum während der Bodencreditanstaltskrise Ende 1929 mit 305 Mill S. Die Reduktion des Gesamtumlaufs um 9.9% in der zweiten Subperiode - mit der die Entwicklung des Notenumlaufs nahezu ident war - wurde von der restriktiven Wirkung des Portefeuilles im Ausmaß von 19.4 Prozentpunkten des Gesamtumlaufswachstums bewirkt und von der restriktiven Wirkung der Bundeskomponente im Ausmaß von 1.1 Punkten verstärkt. Der expansive Effekt der Außenkomponente von 10.8 Prozentpunkten Gesamtumlaufswachstum konnte dies nur etwa zur Hälfte kompensieren.

Die Devisen stammten überwiegend aus dem Devisenzustrom der international aufgelegten Investitionsanleihe des Bundes von 1930. Diese langfristig gebundenen Kapitalimporte wurden zum Wiederaufbau der 1929 gesunkenen Währungsreserven verwendet. Dies trug, zusammen mit der Einschränkung der Refinanzierung, die teils auf die Bewältigung der Bodencreditanstalt-Krise, teils auf die Depression zurückzuführen war, zur Steigerung der Deckungsquote auf ihren Höchststand seit 1923 bei.

Nach der unmittelbaren Stabilisierung der Situation und den institutionellen Änderungen Ende 1924 standen der Wiederaufbau der Währungsreserven und die weitere Konsolidierung der Kreditinstitute im Mittelpunkt der Interessen der Währungspolitik. Die Währungsreserven waren von 56.5% des Gesamtumlaufes im Jänner 1924 auf 37.4% gefallen, wovon 20% gesetzlich vorgeschriebene Deckung waren und der Rest zum Teil aus kurzfristig verfügbaren Devisen im Rahmen der Kostgeschäfte bestanden. Die Deckungsquote wurde bis zum Frühjahr 1925 auf ca 60% des Gesamtumlaufes erhöht und erreichte im April 1926 mit ca 69% ihren vorläufigen Höhepunkt. Dabei wurde zunächst der Anteil der Kostdevisen bis auf fast 20% gesteigert, sodann mit der Festigung des Vertrauens in die Währung wieder verringert. Schließlich wurden die Kostdevisen durch andere Devisen ersetzt.

Im April 1926 waren 61.3% des Gesamtumlaufes durch den Barschatz gedeckt und ca 7% in den Barschatz nicht einrechenbare Devisen. Ende 1926 war das Reserveziel erreicht und eine weitere Steigerung der kurzfristigen Auslandsverschuldung wurde als unerwünscht betrachtet.[1]

Die Währungspolitik sah nun ihr Ziel in der Schaffung der Voraussetzungen für die Verlängerung der Fristigkeit der Kapitalimporte. Der hohe Devisenzustrom wurde zwischen 1926 und 1928 für ein Goldankaufsprogramm genutzt, um die gesetzlich vorgeschriebene Deckungsquote in Gold zu erfüllen. Der Barschatz enthielt in steigendem Ausmaß Gold, die Devisenbestände wurden in der bankmäßigen Deckung gehalten. Der ausgewiesenen Anteil der Devisen am Gesamtumlauf stieg bis Ende 1928. 1929 waren der Devisenbestand deutlich gesunken. 1930 stellte eine Sonderentwicklung dar, da der Devisenzufluß überwiegend

[1] Vgl. *Kernbauer, H.,* Währungspolitik in der Zwischenkriegszeit. Geschichte der Oesterreichischen Nationalbank von 1923 bis 1938, Wien 1991, S. 194, Anm 627; OeNB Arch 522/1927. Kriterien dafür waren "allzu starke" Abhängigkeit von den Geldmarktverhältnissen des Auslandes und der Umstand, daß "die Geld- und Kreditpolitik der Oesterreichischen Nationalbank erheblich behindert würde."

aus Kapitalimporten des Bundes im Zuge der internationalen Investitionsanleihe 1930 stammte.

Reduzierte Abwertungserwartungen ermöglichten die Verringerung des Zinsdifferentials und zusammen mit der Rücknahme der Diskontsätze maßgebender ausländischer Notenbanken und dem ausreichenden Devisenzustrom die stufenweise Herabsetzung des Diskontsatzes der OeNB. Ausschlaggebend für eine Diskontsatzsenkung war die Annäherung an die gewünschte Zusammensetzung des Gesamtumlaufes in Form steigender Währungsreserven und eines sinkenden Wechselportefeuilles: "Zunahme des Barschatzes, Rückgang des Wechselportefeuilles und leichter Geldstand am offenen Markt lassen die Erwägung einer Diskontsatzsenkung im Direktorium möglich erscheinen."[2] Von seinem Höchststand von 15% im August bis November 1924 wurde der Diskontsatz solcherart in sechs Stufen bis auf 6% im Juli 1927 herabgesetzt. Die Diskontsatzsenkung wurde vorerst durch politische Instabilität beendet. Nach den Ereignissen um den Justizpalastbrand vom 17.4.1927 trat das Exekutivkomitee am 20.7.1927 zum ersten Mal zusammen und beschloß die Erhöhung des Diskontsatzes von 6% auf 7%. Ein halber Prozentpunkt der Erhöhung wurde binnen eines Monats, die zweite Hälfte bis Jänner 1928 wieder abgebaut.

## 4.2. Die wirtschaftliche Entwicklung bis zur Creditanstaltskrise: Die monetäre Bremsung 1924/26 und die Entwicklung der Finanzmärkte bis 1929

Die zweiten Phase der Stabilisierung nach dem Ende der Hyperinflation löste einen starken und langanhalten Rückgang der Aktienkurse und Kapitalmarktumsätze und einen zweiphasigen, kurzen und scharfen Rückgang der Aktivität auf den Gütermärkten im Herbst 1924 und im Sommer 1926 aus. Die Kapitalmaktbedingungen änderten sich nach der Hausse 1924 für die gesamte Zwischenkriegszeit bleibend.

Kurse, Nominalkapital und Umsätze erreichten bis 1937 nur noch Bruchteile der Werte von 1924.[3] Die Unternehmen waren von nun an in

---

2 39. GR v. 30.6.1926.

3 *MB des ÖIfK* 1928/2, S. 48.

verstärktem Ausmaß in ihrem Zugang zum Kapitalmarkt beschränkt.[4] Die Eigenkapitalzufuhr über den Kapitalmakt in Form von Kapitalerhöhungen und Neugründungen von AGs und GmbHs war ihnen nur in geringem Ausmaß möglich. Die Umsätze der Finanzmärkte sanken mit Ausnahme des Marktes für Bankkredite. Die an der Börse im gesamten Wertpapierverkehr arrangierten Schlüsse sanken seit 1923. Die Banken dehnten ihr Fremdkapitalangebot stark aus. Der Industrieaktienindex sank von seinem Höchststand von 276 im Jänner 1924 auf 79 Punkte Ende 1925 und nach kurzem Anstieg im Mai 1926 auf 83 Punkte.[5]

Der Einbruch auf den Gütermärkten war schwächer und kürzer, da die Kreditexpansion nach der Bremsung 1925 fortgesetzt wurde. Der Produktionsindex sank in sechs Monaten vom Höchstwert von 102 im Juli 1924 auf 74 Punkte und erreichte in der Folge im Juli 1926 einen zweiten Tiefstand mit 84 Punkten. Ähnlich reagierten der Index des Allgemeinen Geschäftsganges mit einer Verringerung von 7 Punkten zwischen Mai und Juni 1924 auf einen Stand von 84 und einen zweiten Tiefpunkt im August 1926. Der Index des Produktionsgüterumsatzes ging von 109 auf 75 Punkte zwischen Juni und November 1924 und mit einem zweiten Rückschlag bis zum Tiefpunkt im Juni 1926 bei 86 Punkte zurück.

Nach starkem Anstieg 1927 sanken die Aktienkurse bereits 1928 bei abnehmenden Umsätzen. Der Kurswert der an der Wiener Börse notierten österreichischen Aktien begann 1929 zu sinken, gab 1930 stark nach und erreichte 1934 im fünften Jahr seiner Abwärtsbewegung den Tiefpunkt der Depression. Die ausbezahlte Dividendensumme stieg absolut noch bis 1930 als alle Indizes sich schon seit ein bzw zwei Jahren in deutlicher Abwärtsbewegung befanden, was ein Indiz für Dividenden-Signalling darstellt. Steigende Aktienkurse signalisierten ab 1926 zunehmende Unternehmenswerte, senkten die Wahrscheinlichkeit von Unternehmenskonkursen und erweiterten den Spielraum der Geschäftsführungen für Ausweitung der Produktion und Kreditaufnahme.

---

4 Die Ursache der Rationierung der Unternehmen bei der Kapitalaufnahme am Aktienmarkt besteht in Informationsasymmetrien zwischen Geschäftsführung und Anlegern (Vgl. *Greenwald, B., Stiglitz, J.E., Weiss, A.,* Informational Imperfections in the Capital Market and Macroeconomic Fluctuations, in: American Economic Review Vol 74 (1984), S. 194-199. *Stiglitz, J.E.,* Capital marktes and Economic Fluctuations in Capitalist Economies, in: European Economic Review Vol 36 (1992), S. 269-306). Das österreichische Aktienrecht sah die Möglichkeit dominierender aktiver Investoren vor.Die Gesellschaften wurden von einem direkt oder indirekt von der Generalversammlung geführten Vorstand geführt (Par. 34 Aktienregulativ RGBl 175/1899) und verfügten nur fakultativ über einen Aufsichtsrat (Art. 12 Vereinspatent RGBl 253/1853), der die Gestion im Interesse der Generalversammlung kontrollierte.

5 Saisonbereinigt, vgl. *ÖIfK,* Österreichs Wirtschaft 1923-1932, Wien 1933, S. 31-33.

Das Kreditvolumen von Aktienbanken, Sparkassen und Postspakassa war trotz Börsenkrise 1924 noch um 56% gestiegen. Erst 1925 zeigte die monetäre Restriktion und die Verringerung der Börsenwerte der Unternehmen in der Verringerung des Wachstums der aushaftenden Kredite auf 14% ihre Wirkung. Mangelndes Eigenkapital der Unternehmen bremste die Entwicklung auf den Kapitalmärkten im Frühjahr 1926. Die Berichte des Generalrates sprachen von "würgendem Geldmangel" und mehrmals von Bedarf an langfristigem Kapital.

Die Erreichung des Reserve- und Wechselkurszieles, die Einführung der gesetzlichen Goldparität, sowie die Mitwirkung der OeNB bei Stüt-

*Tabelle 4.1.:*

**Kredit- und Kapitalmärkte 1924-1936**

| | Aktienkurs | Nominale österr. Aktien | Börsenumsatz | Notierte Aktien | Kapitalerhöhungen AG, GmbH[1] | Differenz: Aktienrendite |
|---|---|---|---|---|---|---|
| | In Prozent des Standes von 1928 | | | | | Monatsgeld |
| 1924 | 144.0 | - | 344.7 | 145 | - | - |
| 1928 | 100.0 | 100.0 | 100.0 | 100 | 100 | -2.6% |
| 1929 | 90.5 | 100.7 | 75.3 | - | 71 | -3.8% |
| 1930 | 73.8 | 101.9 | 56.9 | - | 37 | -2.1% |
| 1931 | 55.7 | 100.4 | 54.5 | 96 | 24 | -5.1% |
| 1932 | 47.3 | 100.5 | 19.9 | - | 21 | -6.4% |
| 1933 | 39.4 | 100.4 | 25.0 | 81 | 150 | -3.8% |
| 1934 | 43.9 | 97.5 | 28.2 | 75 | 64 | -2.6% |
| 1935 | 58.3 | 94.8 | 40.6 | - | 35 | -1.8% |
| 1936 | 74.1 | 91.5 | 63.8 | - | 57 | -1.7% |

Aktienkurs: Industrieaktienindex
Börsenumsatz: Geldbewegungen im Effektenverkehr.
[1] Kapitalerhöhungen einschl. Kapitalzufuhr der öffentlichen Hand

Quellen: *Wärmer, G.,* Das österreichische Kreditwesen, Wien 1936. *MB des ÖIfK* 1938/2.

zungen von Geschäftsbanken änderte ab 1926 das Finanzierungsmuster. Die Banken und Sparkassen erweiterten die Kreditgewährung um 45% gegenüber dem Vorjahr. Das Vertrauen in die Währungspolitik war nach der erfolgreichen Wechselkursfixierung gestiegen, wie die Steigerung der Währungsreserven und sinkende Abstände zu den Diskontsätzen anderer Notenbanken dokumentieren.

Die Gewinnsituation und das Verhältnis von Fremdmitteln zu ausgewiesenen Eigenmitteln der Wiener Großbanken verbesserten sich im Konjunkturzyklus trotz starken Bilanzsummenwachstums nicht wesentlich. Die debt/equity ratio (Fremde Gelder / Aktienkapital und ausgewiesene Reserven) der Wiener Großbanken stieg nach der Goldbilanz geringfügig von 7.1 im Jahre 1926 auf 7.2 im Jahre 1930 bei einem bereits reduziertem Bilanzsummenwachstum von 6%.[6] Seit 1923 hatte sich das Risiko von Eigenkapital und Reserven zu den Fremdkapitalgebern, Einlegern und sonstigen Debitoren verschoben. Die debt/equity ratio der Aktienbanken hatte sich zwischen 1923 und 1929 von 5.3 auf 7.2. verschlechtert.[7]

Der Reingewinn der Wiener Großbanken, die den Kapitalimport hauptsächlich durchführten, sank von 39 Mill S 1923 auf 18 Mill 1929.[8] Im Zuge des starken Bilanzsummenwachstums vergrößerten die Banken ihre Risikoexponiertheit besonders durch die Engagements in den Nachfolgestaaten. Dort wurden sie bei der Kreditvergabe möglicherweise zu einer adversen Selektion gedrängt, da ihre Kredite teurer waren als jene der örtlichen Banken und sie daher mit Kreditnehmern mit höheren Risiken abschlossen.[9] Der Aktienmarkt realisierte die geringe Ertragssteigerung der Banken in der Kreditexpansion. Der Bankaktienindex blieb ab 1926 hinter dem Index der Industrieaktien zurück, wobei die Differenz 1928 am Ende der Periode der Kreditexpansion am größten war und sich nach dem breiteren Einbruch der Industriekonjunktur 1929 verringerte.

Ab Anfang 1928 stieg das Zinsniveau der Kapitalexportländer. Der Anstieg der Zinssätze für kurzfristige Gelder drückte neben dem Ende der Börsenhausse in Berlin die Aktienkurse und verlangsamte die Kreditexpansion. Der Monatsgeldsatz stieg von 6.6% im März 1928 bis

---

6 Eigene Berechnungen und *Statistisches Handbuch der Republik Österreich*, Jg 1924-1937.

7 Fremde Gelder: Spar-, Scheck- und Giroeinlagen. Eigene Gelder: Aktienkapital und ausgewiesene Reserven. Vgl. *Zipser, W.*, a.a.O., S. 177.

8 *ÖIfK,* Die Entwicklung der österreichischen Wirtschaft 1923-1932, Wien 1932, S. 14.

9 Vgl. *Schubert, A.,* The Creditanstalt Crisis of 1931, Cambridge 1991.

August 1929 auf 8.5% und im Gefolge der Bodencreditanstalt-Krise im Dezember 1929 auf 9.5%.

Der Geldmarktsatz der Wiener Börse stieg von 6.6% im März 1928 bis auf 9.5% im Herbst 1929. Der Diskontsatz hatte seinen Tiefstand von 6% im Feber 1927 erreicht, war nach dem Justizpalastbrand zeitweilig erhöht worden, und wurde bis auf 8.5% in der Bodencreditanstaltskrise im Herbst 1929 angehoben.

*Tabelle 4.2.:*

**Bankenkennzahlen 1923-36**
**Entwicklung einiger Kennzahlen bei Aktien- und Hypothekenbanken 1923-1935 in Mill S, 10 000 K = 1 S**

| | Bilanzsumme<br>1 | WR d. Bilanzsumme<br>2 | Aktienkapital<br>3 | Eigene Gelder<br>4 | Fremde Gelder<br>5 | Debt-equity-ratio 4/5<br>6 |
|---|---|---|---|---|---|---|
| 1923 | 1657 | - | 135 | 260 | 1380 | 5.3 |
| 1924 | 2145 | 29.4 | 142 | 270 | 1857 | 6.9 |
| 1925 | 2534 | 18.1 | 228 | 367 | 2128 | 5.8 |
| 1926 | 3172 | 25.2 | 243 | 389 | 2766 | 7.1 |
| 1927 | 3555 | 12.1 | 275 | 446 | 3100 | 7.0 |
| 1928 | 3914 | 10.1 | 275 | 468 | 3434 | 7.3 |
| 1929 | 3366 | -14.0 | 374 | 407 | 2945 | 7.2 |
| 1930 | 2159 | -35.9 | 174 | 459 | 3569 | 7.8 |
| 1931 | 1956 | -9.4 | 157 | 458 | 1752 | 3.8 |
| 1932 | 2492 | 27.4 | 258 | 283 | 2197 | 7.7 |
| 1933 | 2362 | -5.2 | 228 | 245 | 2097 | 8.6 |
| 1934 | 2314 | -2.1 | 223 | 239 | 2062 | 8.6 |
| 1935 | 2348 | 1.5 | 223 | 244 | 2088 | 8.6 |

Quelle: *Statistisches Handbuch der Republik Österreich* 1924-37. Eigene Gelder: Aktienkapital, Reserve, Spezialreserve. Fremde Gelder: Spar-, Scheck-, Giroeinlagen, Gläubiger in laufender Rechnung; Schuldverschreibungen 1929 ohne Bodencreditanstalt, 1930, 1931 ohne CA

*Tabelle 4.3.:*

**Kursindizes Industrie- und Bankaktien (Jahresendstände)**

| | Industrieaktien | Bankaktien |
|---|---|---|
| | Durchschnitt 1926 = 100 | |
| 1925 | 81.2 | 90.7 |
| 1926 | 102.1 | 98.2 |
| 1927 | 120.8 | 108.1 |
| 1928 | 117.9 | 89.2 |
| 1929 | 94.2 | 78.4 |
| 1930 | 75.7 | 68.1 |

Quelle: *MB des ÖIfK* 1928/2, 1931/2.

Der saisonbereinigte Index der Industrieaktien erreichte seinen Wendepunkt bereits im Oktober 1927 bei 118 Punkten, der Produktionsgüterindex im Dezember 1927. Der Produktionsgüterindex und der Index des Allgemeinen Geschäftsganges, der auch Giroumsätze umfaßte, sanken ab August 1929 von Maximalständen von 126 bzw 130 Punkten. Die Industrieproduktion sank in mehreren Stufen im März 1928, August 1929 und im Mai 1930. Das Institut für Konjunkturforschung bezeichnete die Situation im Juli 1928 als einsetzenden Stillstand, dessen Dauer vom internationalen Geldmarkt abhängig sei und stellte im September 1928 fest, die Entwicklung des Geldmarktes mache es notwendig, mit Abschwächung zu rechnen.

Mit dem Wendepunkt des Auftragsbestandes und der Produktion der Eisenindustrie, der Rohstahlproduktion und der Brennstoffversorgung der Industrie im März 1929, des Produktionsindex und der Eisenproduktion im Juli und August 1929 zeigte eine breite Reihe von überwiegend späten Indikatoren im Sommer 1929 den in Gang befindlichen Abschwung an. Dieser wurde von internationalen Geld- und nicht von den Gütermärkten übertragen. Die Ausfuhren sanken erst im August 1929. Im Dezember waren Erwartungen und Einkommen im Inland soweit gesunken, daß die Importe zurückgingen.

Das Wachstum des Kreditvolumens von Aktienbanken, Sparkassen und Postsparkassa verlangsamte sich von 45% 1926 bereits 1927 auf 15% und weiter auf 13% 1928, als der Geldmarkt, der Kapitalmarkt und einige Gütermärkte bereits ihre oberen Wendepunkte erreichten. 1929 sank das Kreditvolumen bereits. Im Gegensatz zur Krise 1924/26 spielten die Geschäftsbanken schon in der Anfangsphase der Rezession keine expansive Rolle mehr. Die Kapitalimporte, auf denen die Kreditexpansion beruhte, konnten, nachdem sich die Rentabilität des Realkapitals in der Börsenkrise 1923/24 als für Kapitalimporte dieses Ausmaßes zu gering herausgestellt hatte, nur durch höhere Prämien für Abwertungserwartungen und Kreditrisiken induziert werden. Um zu den geforderten Prämien und im von Banken und Notenbank geplanten Ausmaß Auslandskredite zu erhalten, wurde der Geldmarktsatz über die Aktienrendite angehoben. Das hohe Zinsniveau bremste das Wachstum und steigerte den Verschuldungsgrad von Unternehmen und Gesamtwirtschaft._ Da das Realzinsniveau nach 1924 fast ununterbrochen über der Wachstumsrate des realen BNP lag, mußten die Einnahmen eines Sektors überdurchschnittlich wachsen, um eine Erhöhung seines Verschuldungsgrades durch den Zinseffekt zu verhindern. Die geringe Rentabilität des Realkapitals ließ die Deckungswerte schrumpfen. Die Geschäftsbanken kumulierten in ihrer Kreditexpansion Risiken, ohne daß Erträge, Eigenkapital und ausgewiesene Reserven stiegen. Die geringe Rentabilität der inländischen Kapitalgesellschaften ließ die Unternehmensvermögen sinken. Zwischen 1923 und 1929 fiel der Kurswert der an der Wiener Börse notierenden Aktien von 3.369 Mrd S auf 1.137 Mrd S.[10]

Die an der Wiener Börse notierenden österreichischen Aktiengesellschaften - berechnet zu einem einheitlichen Preisniveau - hatten einschließlich aller Kapitalerhöhungen 1930 nur noch 20.99% ihres Wertes von 1913 erhalten bzw vier Fünftel ihres Kapitalwertes von 1913 einschließlich der kumulierten Kapitalerhöhungen verloren.[11]

Das Ende der Börsenhausse von 1923 und die geringe Rentabilität der Unternehmen beendete die Funktion der Großbanken bei der Transformation von Fremd- in Eigenkapital. Sie scheiterten in dieser Rolle, die ursprünglich Kapitalmarktimperfektionen und Informationsasymme-

10 *ÖIfK,* Die Entwicklung der österreichischen Wirtschaft 1923-1932, Wien 1932, S. 13.

11 *Morgenstern, O.,* Kapital- und Kurswertänderungen der an der Wiener Börse notierenden österreichischen Aktiengesellschaften 1913 bis 1930, in: Zeitschrift für Nationalökonomie und Statistik 3 Jg. (1932), S. 251-255, S. 251.

trien verringern geholfen hatte, am Ausmaß der Riskenkonzentration. Die Banken hatten bei ihnen verschuldete Firmen an die Börse gebracht. Sie hatten Einblick in die Risiken, waren zum Teil in den Organen der Unternehmungen repräsentiert, übernahmen selbst Beteiligungen und pflegten die Kurse der Aktien. Nach 1924 nahm der Markt die neuen Aktien zum laufenden Kursniveau kaum noch auf. Die Geschäftsbanken nahmen die Aktien in ihre Portefeuilles und kumulierten korrelierte Risiken als Eigen- und Fremdkapitalgeber mit Schwerpunkten in wenigen Industrien. Das Portefeuille der Großbanken stieg von ca 50% der Bilanzsumme 1913 auf 100% 1930.[12] Dem standen passivseitig die gesunkene Eigenkapitalbasis und kurzfristige Auslandskredite gegenüber. Die Kapitalgeber der Banken wollten die gestiegenen Risiken nicht übernehmen. Die Risiken wurden durch Bankenfusionen an der Spitze, großteils bei der CA, konzentriert. Der Anteil der CA an der Bilanzsumme der Großbanken stieg von 19% 1913 auf 54% 1930.[13]

Die Kritik an der Geschäftspolitik der Banken, die die OeNB anläßlich der Bodencreditanstaltskrise erstmals formulierte, wurde von der folgenden Notenbankführung 1933 rückblickend zur Kennzeichnung der Währungspolitik von 1923 bis 1931 erweitert und festgestellt, daß "... maßgebende Faktoren des österreichischen Wirtschaftslebens es vorzogen, sich in einen kostspieligen Kampf um die Erhaltung gewisser durch die Zerschlagung des alten Wirtschaftskörpers verloren gegangenen Positionen einzulassen, anstatt alle verfügbaren Kräfte für die nun einmal unvermeidlich gewordenen Anpassungs- und Kontraktionsprozesse einzusetzen. Dieser Prozeß war noch nicht abgeschlossen, als im Jahre 1929 die Weltwirtschaftskrise begann."[14]

## 4.3. Zahlungsbilanzentwicklung

Der Anstieg der internationalen Geldmarktzinsen und die Konjunkturwende auf den Gütermärkten traten in einer Situation ein, in der sich die Zahlungsbilanz und damit das Zentralbankgeldwachstum aus geborgten Währungsreserven vor der Notwendigkeit einer Anpassung

---

12 *Stiefel, D.,* Austria's Banks at the Zenith of Power and Influence, in: *Matis, H. (ed.),* The Economic Development of Austria since 1870, S. 367.

13 *Stiefel, D.,* Austria's Banks at the Zenith of Power and Influence, in: *Matis, H. (ed.),* The Economic Development of Austria since 1870, S. 369.

14 122. GR v. 23.3.1933, Jahresbericht. Diese Einschätzung bildet den Ausgangspunkt für die weit verbreitete Beurteilung der Geschäftspolitik der Aktienbanken 1923-1929.

standen.[15] Die Auslandsverschuldung war von 1923 bis 1930 gestiegen. Die erhoffte Verlängerung der Fristigkeit der Auslandsverschuldung war nicht erreicht worden. Das Handelsbilanzpassivum (Daten zur Dienstleistungsbilanz sind nicht durchgängig verfügbar) war 1929 mit 1,098 Mrd S nahezu gleich hoch wie 1923 mit 1,141 Mrd S.[16] Die Dienstleistungsexporte reichten zur Deckung des Handelsbilanzdefizites nicht aus. Das Handelsbilanzpassivum in Inlandswährung gegenüber den großen Gläubigerländern England, Frankreich und USA war von 1923 bis 1929 um ca 60% gesunken.[17] Die Krisenquelle bestand in der verdeckten, nach dem Zusammenbruch der CA aufgedeckten finanziellen Instabilität.

Bei Verschlechterung der Kreditkonditionen oder Nichtprolongierung von Krediten war, worauf schon Mitte der Zwanziger Jahre hingewiesen worden war, eine Anpassungsdeflation unvermeidlich, die angesichts der Fristentransformation Liquiditätsprobleme bei den Aktienbanken nach sich gezogen hätte. In der Periode der hohen Kapitalimporte blieb die Investitionsquote gering. Das Ziel der Währungspolitik, langfristige Auslandskredite an den privaten Sektor zu induzieren, war verfehlt worden.

Privaten Industrieunternehmen war es nicht gelungen, Auslandskredite in nennenswertem Ausmaß aufzunehmen. 1924 bis 1926 erhielten 5 Industrie-Aktiengesellschaften Auslandsanleihen von zusammen 9.4 Mill US $, 24 Mill Schweizer Franken und 5.5 Mill Holländische Gulden.[18] Der Rest der geringen langfristigen Auslandsverschuldung stammte von Gebietskörperschaften und Landeselektrizitätsgesellschaften. Eine große Komponente der Auslandsverschuldung war unkontrolliert. Eine Zusammenfassung verschiedener Schätzungen zeigt, daß die Finanzierung von ca 45% des Handelsbilanzpassivums zwischen

---

15 "Von 1924 bis 1931 entstanden Defizite (d. Handelsbilanz, d.V.) von 5-13% des BIP, die durch Verschuldung oder Verkauf von Vermögenswerten an das Ausland finanziert werden mußten. Dem geringen Zuwachs an realen Sachanlagen stand eine Vermehrung der Schulden und ein Verzicht an Eigentumsrechten gegenüber. Das Nettovermögen der österreichischen Volkswirtschaft schrumpfte." *Kausel A., Nemeth N., Seidel, H.,* Das österreichische Volkseinkommen 1913-1963, Wifo Sonderheft 14, Wien 1965, S. 19. Anders dagegen: *Haberler, G.,* Austria's Economic Development after the Two World Wars: A Mirror Picture of the World Economy, in: *Arndt, S.W. (ed.),* The Political Economy of Austria, Washington D.C. 1981.

16 *ÖIfK,* Die Entwicklung der österreichischen Wirtschaft 1923-1932, Wien 1932, S. 27.

17 *Bundesministerium für Handel und Verkehr,* Der Außenhandel Österreichs, Jahrgänge 1925 bis 1937.

18 *Zienert, H.,* Die Zahlungsbilanz Österreichs, Wien 1928, S. 306.

*Tabelle 4.4.:*

**Deckung von Gesamtumlauf und Geldmengenschätzung durch Währungsreserven der OeNB in Prozent**

| | Gesamtumlauf | Geldmengen-Schätzung |
|---|---|---|
| 1923 | 50.4 | 17.1 |
| 1924 | 54.6 | 16.6 |
| 1925 | 60.7 | 16.9 |
| 1926 | 69.1 | 15.6 |
| 1927 | 70.6 | 15.4 |
| 1928 | 70.9 | 15.0 |
| 1929 | 63.9 | 13.8 |
| 1930 | 78.6 | 16.6 |
| 1931 | 24.2 | 7.0 |
| 1932 | 16.7 | 4.6 |
| 1933 | 18.4 | 5.0 |
| 1934 | 24.8 | 6.9 |
| 1935 | 29.7 | 8.3 |
| 1936 | 29.8 | 7.7 |
| 1937 | 33.8 | 9.3 |

1923 und 1930 in den publizierten Quellen nicht dokumentiert ist.[19] Dieser Verpflichtungen in unbekannter Höhe wegen mußte die OeNB hohe Währungsreserven halten.

Trotz Steigerung der Deckungsquote des Zentralbankgeldes durch die offiziellen Währungsreserven war die Befriedigung der aus der stärker gewachsenen Geldmenge resultierenden potentiellen Devisennachfrage zu gegebenem Wechselkurs 1929 in geringerem Ausmaß gewährleistet als Ende 1923.[20]

Dies sollte 1930 korrigiert werden, als das Geldvolumen sank und die OeNB ihre Devisenreserven vor allem aus der internationalen Investitionsanleihe des Bundes erhöhte.

---

[19] *Zipser, W.*, a.a.O., S. 180.

[20] Hier Gesamtumlauf und für die M2-Schätzung verwendete Einlagen.

## 4.4. Die erste Phase der Depression bis zur Creditanstaltskrise

Von seinem Höhepunkt 1927 war der Industrieaktienindex bis Ende 1930 um ca 38% zurückgegangen. Nach der Konjunkturwende und im Gefolge der Bodencreditanstalt-Krise verringerten Aktienbanken und Sparkassen ihr Kreditvolumen 1929 um 4% und 1930 um 18%.

Gestiegene Risiken, gesunkene Ertragsaussichten und Firmenwerte sowie höhere Liquiditätsbedürfnisse von Industrieunternehmen und Banken reduzierten die Bruttoanlageinvestitionen 1930 um 11%. Die Industrieaktiengesellschaften versuchten in der ersten Phase der Depression den Verfall ihrer Aktienkurse durch Dividendensignalling zu bremsen. Die Dividenden wurden 1930 in der Metallindustrie und im Bergbau absolut noch erhöht, als die Kurse schon nachgegeben hatten und fielen bis 1931 wesentlich schwächer als die Aktienkurse. Erst nach dem scharfen Rückgang aller Wertpapierumsätze 1932/33 wurde diese Dividendenpolitik aufgegeben.

*Tabelle 4.5.:*

**Dividendenpolitik in einigen Sektoren**

| | Bau | | Metall | | Bergwerke | |
|---|---|---|---|---|---|---|
| | Dividende | Kurs | Dividende | Kurs | Dividende | Kurs |
| 1929 | 100 | 100 | 100 | 100 | 100 | 100 |
| 1930 | 104 | 84 | 110 | 75 | 121 | 98 |
| 1931 | 97 | 62 | 80 | 50 | 127 | 73 |
| 1932 | 83 | 55 | 40 | 40 | 71 | 74 |
| 1933 | 67 | 52 | 19 | 37 | 17 | 42 |

Quelle: *MB des ÖIfK* 1934/4, S. 93.

Zur Beschränkung des Zugangs zum Aktienmarkt kam ab 1929 die Beschränkung auf dem Kreditmarkt hinzu. Der Diskontsatz wurde 1930 rasch auf 5% zurückgenommen. In der CA Krise mußte er nach einigem

Zögern auf 10% erhöht werden. Bis 1935 wurde er auf 3.5% gesenkt, was jedoch wegen der Mengenrationierung am Kreditmarkt auf das Refinanzierungsvolumen bei der OeNB nur geringe Auswirkungen hatte. Der Produktionsindex stieg im Frühjahr 1931 für einen Monat und die Umsätze auf Eisen- und Stahlmärkten für ein bis zwei Monate.

## 4.5. Diskussion der Bankenprobleme im Generalrat der Oesterreichischen Nationalbank

Eine Erleichterung der Bankenprobleme wurde nach der Krise von 1924 von der Verlängerung der Fristigkeit der Auslandskredite der Banken und durch die Ausweitung der aus den Kapitalimporten gespeisten Kredite erwartet, die die Steigerung der Gewinne und der Eigenkapitalausstattung ermöglichen sollte.

Die Restrukturierung der Kreditinstitute dauerte auch nach der Bankenkrise von 1924 bis 1930 an. Der Anteil des Sektors Banken und Versicherungen am geschätzten Bruttonationalprodukt sank binnen eines Jahres von 3.5% auf 2.7%.[21] 1925 brach die Österreichische Depositenbank zusammen, 1926 die Kreditanstalt Deutscher Sparkassen während das Postsparkassenamt gleichzeitig in Schwierigkeiten geriet und die Anglobank mit der CA fusioniert wurde. 1927 wurden die Unionbank und die Verkehrsbank mit der Bodencreditanstalt fusioniert, die selbst 1929 mit der CA fusioniert werden mußte. Insbesondere der Zusammenbruch der Centralbank Deutscher Sparkassen war Anlaß für die Kritik des Entscheidungsprozesses. Dabei wurde auch deutlich, daß die Wahrnehmung von Funktionen der Bankenkontrolle, die im Rahmen der Bankenkommission bis 1926 in beschränktem Rahmen stattgefunden hatte, durch währungspolitische Rücksichten eingeschränkt worden war.[22] Die Wahrnehmung der Bankenaufsicht war vom Status der Kreditinstitute abhängig und nicht in der Lage, diesen wirksam zu kontrollieren. So wurde festgestellt:"Die Lage der Centralbank war 1924/25 so ernst, daß die Bankenkommission von einer Untersuchung bei der Centralbank Abstand genommen hat, weil sonst dieses Institut schon damals zusammengebrochen wäre."[23]

---

21 *Kausel, A., Nemeth, N., Seidel, H.,* Österreichs Volkseinkommen 1913-1963, Wifo Sonderheft 14, Wien 1965, S. 37.

22 Vgl. *Knett, H.,* Die Bankenkommission. Eine Fachkommission für das Bankwesen von 1922 bis 1926. Dipl. Arb. Univ. Wien 1985.

23 44. GR v. 24.9.1926, Generalrat *Stern.*

Im Generalrat der OeNB dauerten die Auseinandersetzungen über die Entscheidungsstruktur bei der Refinanzierung gefährdeter Kreditinstitute an. Über die Hilfestellung der OeNB für gefährdete Institute entschied das Direktorium ohne Wissen und vielfach ohne wirksame Kontrolle des Generalrates. Dort wurde auch kritisiert: "daß es zu einzelnen dieser Hilfeleistungen sicherlich nicht gekommen wäre, wenn dieselben im Generalrat behandelt worden wären."[24] Die Kritik wurde ein Jahr später wiederholt:"Die Geschäftsführung informiert den Generalrat nicht in wichtigen Angelegenheiten."[25] Präsident Reisch begründete dagegen das eigenständige Vorgehen der Geschäftsleitung mit einem Hinweis auf die Zusammensetzung des Generalrates: Die Kreditgewährung könne nicht nach Befassung des Generalrates coram publico erfolgen und konzedierte gleichzeitig, daß nicht alle Kredite der OeNB strengen Kriterien standhielten.[26]

Die Wachstumsverlangsamung nach der Bankenkrise 1924 erhöhte das Kreditrisiko für die Banken. Die Entwicklung 1924 hatte zudem gezeigt, daß die OeNB nicht allen Refinanzierungswünschen gefährdeter Kreditinstitute nachzukommen bereit war.

Das Zinsdifferential zu ausländischen Geldmärkten wurde hoch genug gehalten, um die Dotierung hoher Währungsreserven aus den Kapitalimporten zu ermöglichen. 1925/26 bestanden Anzeichen hoher Liquidität am Geldmarkt, die nicht in langfristige Anlagen abfließen konnte. Dabei wurde der Zusammenhang von Eigenkapitalmangel, Rationierung der Unternehmen auf den Märkten für Eigen- und Fremdkapital und überschüssiger Liquidität am Geldmarkt mehrfach festgestellt. Für langfristige Auslandskredite erschien das Risiko zu hoch, kurzfristige Fremdwährungskredite konnten die Probleme der Kapitalstruktur inländischer Kapitalnehmer nicht lösen.

"Für Geld (besteht, d.V.) keine ausreichende Verwendung ... Die Geldflüssigkeit ist darauf zurückzuführen, daß nicht genügend Geldnehmer vorhanden sind, denen man volles Vertrauen entgegen bringen kann ... Die Geldfülle steht in Widerspruch zu Produktion und Schwierigkeiten der Kapitalbeschaffung. Die Leichtigkeit am Geldmarkt ist nicht auf Überfülle am Geldmarkt, sondern auf Zurückhaltung der Geldgeber und Mangel an wirklich kreditfähigen Geldnehmern zurückzuführen."[27]

---

[24] 50. GR v. 4.3.1927, Generalrat *Stern*.

[25] 43. GR v. 6.8.1928.

[26] 43. GR v. 6.8.1928.

[27] Generaldirektor *Brauneis*, 40. GR v. 28.4.1926, Geschäftsbericht, S. 4.

Der Eigenkapitalmangel der Unternehmen behinderte die Transmission vom Geldmarkt auf den Kapitalmarkt. "Es bestehe nicht das Bedürfnis nach Wechselkredit, sondern nach Betriebskapital, welches die OeNB nicht decken kann. Die Unternehmen haben eben durch die Inflation einen großen Teil ihres Betriebskapitals verloren und verfügen nicht über genügend eigene Mittel als Basis für die Inanspruchnahme kurzfristiger Kredite. Das sei die Erklärung dafür, daß einerseits über ungenügende Kreditgewährung geklagt werde, andererseits aber notorischer Geldüberfluß herrscht. Dieser Zustand könne aber nicht durch eine Zinsfußherabsenkung der Nationalbank behoben werden und (es, d.V.) müßte eine solche Maßnahme in dieser Hinsicht ohne Erfolg bleiben, da mangels geeigneten Materials doch nicht mehr Wechselkredit gegeben werden könne."[28]

## 4.6. Versuche zur Einführung einer Bankenaufsicht

Wechselkurs- und Reserveziel wurden Mitte der zwanziger Jahre eingehalten, obwohl eine Reihe mittlerer Geschäftsbanken zusammenbrachen, wie die Girozentrale deutscher Sparkassen, oder fusioniert werden mußten, wie die Unionbank und die Verkehrsbank. Nachdem die Bankenkrise 1924-1926 bereinigt worden war, blieb eine entscheidende Schranke für das Geldangebotskonzept der aus Kapitalimporten der Kreditinstitute stammenden geborgten Außenkomponente bestehen. Die Stellung der OeNB gegenüber den Kreditinstituten, insbesondere gegenüber den Großbanken, war zu schwach und die Geschäftsführung der OeNB wenig entschlossen, um die für die Währungspolitik wichtigen Informationen von den Kreditinsituten einzuholen. Dies bezog sich auf die Gliederungen der Halbjahresbilanzen der Kreditinsitute, die nach uneinheitlichen, nicht vergleichbaren Gliederungen und Buchungsregeln erstellt waren, ihre Rentabilitäts- und Liquiditätskennzahlen, auf die Großkredite und auf ihre kurzfristigen Nettoauslandspositionen. Die Kenntnis der Liquidität und der Solvenz berührte die Funktion der Notenbank als lender of last resort, die Höhe der als ausreichend erachteten Währungsreserven sowie die Möglichkeit, ihr Wechselkurs- und Reserveziel einzuhalten.

Weiters wurde dem Status der Kreditinstitute von der OeNB eine Signalfunktion für die Beurteilung der Kreditwürdigkeit Österreichs durch ausländische Finanzmärkte zugeschrieben. Daher war auch das langfristige Ziel der OeNB, die Sicherung der währungspolitischen

[28] 50. GR v. 4.3.1927, Generalrat *Stern*.

Voraussetzungen des Zuganges österreichischer Kapitalwerber zu internationalen Kapitalmärkten, von der Frage der Bankenaufsicht betroffen. Die OeNB konnte schließlich die Wirkungen ihrer Geldpolitik auf die Bankbilanzen nicht beobachten.

Die Kenntnis der Auslandspositionen der Banken war für die Einhaltung des Reservezieles und vor allem für die Sicherstellung des Deviseangebotes für den staatlichen Auslandsschuldendienst erforderlich. Anläßlich der für 1927 geplanten internationalen Auflegung der Investitionsanleihe des Bundes wollte die OeNB zur Sicherung des Schuldendienstes für die Fremdwährungsverpflichtungen des Staates die Positionen der Geschäftsbanken feststellen. Sie versuchte im Herbst 1927, sich einen Überblick über die Bilanzen der Kreditinstitute zu verschaffen. Das dabei eingegangene Material war "dürftig und bescheiden ... Es ist aber zu hoffen, daß wir in unserem Bestrebungen nach Ausgestaltung des Materials in Zukunft mit der fortschreitenden Konsolidierung der Verhältnisse entsprechendem Verständnis begegnen werden."[29] Die Ursache der Zurückhaltung der Informationen wurde in einem Zustand der Bilanzen vermutet, der das Eingreifen einer Aufsichtsbehörde mit ausreichenden Kompetenzen erfordert hätte. Die Lösung des Problems erwartete die OeNB von einem Wachstumsprozeß, der auf der Ausnutzung von Informationsasymmetrien beruhte, wobei sie annahm, daß die Anreize der Geschäftsbanken mit ihren eigenen Zielen übereinstimmten.

Vom Bankenverband wurden der OeNB nur unvollständige Aufstellungen übergeben. "Die vorliegenden Ausweise können daher den Zweck solcher Publikationen kaum erfüllen, bieten selbst der Nationalbank höchst unvollständiges Informationsmaterial und sind für eine statistische Bearbeitung kaum geeignet."[30] Für das berichtende Direktorium ging aus den veröffentlichten Daten hervor, "daß sowohl das Verhältnis der eigenen zu fremden Mittel als auch das der liquiden Anlagen zu fremdem Kapital einiges zu wünschen übrig läßt."[31] Es wurde hervorgehoben, " ... daß eine richtige Beurteilung der Situation der Nationalbank ohne gewonnenen Einblick in die Auslandsverschuldung der österreichischen Wirtschaft,insbesondere der österreichischen Banken ausgeschlossen ist und wir insbesondere in dem Zeitpunkt, in dem die neue Anleihe zur Verfügung stehen wird, ... die Auslandsverschuldung zu verfolgen in der Lage sein müssen."[32]

---

[29] 57. GR v. 28.10.1927.

[30] 58. GR v. 25.11.1927.

[31] 58. GR v. 25.11.1927.

[32] 58. GR v. 25.11.1927.

Dabei wurde versucht, bei erreichtem Wechselkurs- und Reserveziel eine Obergrenze für Kapitalimporte festzusetzen. Es sei "die Pflicht der Nationalbank anläßlich des Abschlußes der Investitionsanleihe die Bewegung der Auslandsverschuldung zu kontrollieren und insbesondere die Inanspruchnahme der kurzfristigen Auslandskredite in Grenzen zu halten, damit nicht inflatorische Erscheinungen die normale Entwicklung des Wirtschaftslebens gefährden."[33] Da sich die Begebung der Anleihe von 1927 bis 1930 verzögerte und die damit junktimierte Kontrolle der Auslandspositionen der Banken nicht zustande kam, konnte sich die OeNB während der Periode des starken Wachstums der Auslandsverschuldung keinen Überblick über deren Höhe und Fristigkeitsstruktur machen. Als Konsequenz dieses Mißerfolges konnten die Währungsreserven nicht an Umfang und Fristigkeit der Auslandsschulden angepaßt werden und die Politik der OeNB gegenüber den Aktienbanken beruhte auf unvollständigen und unzutreffenden Einschätzungen der Bilanzpositionen.

Anläßlich des Zusammenbruchs der Bodencreditanstalt wurde festgestellt, daß "... wenn die Bodencreditanstalt ordnungsgemäß Bilanz gelegt (hätte, d.V.), so wäre es nicht zum Zusammenbruch gekommen."[34] Notenbankpräsident Reisch führte an, daß der OeNB die gesetzlichen Grundlagen für die Bilanzprüfung bei Kreditunternehmen fehlten. "Wohl stünden der Nationalbank andere Mittel zur Verfügung, aber zweifellos würde ein solches Vorgehen als schikanös empfunden." Er beschränkte sich auf das vermutete Eigeninteresse der Institute an der Aufdeckung ihrer Bilanzen und appelierte "dem begreiflichen Wunsch der OeNB nach Informationen aus eigenem Antrieb nachzukommen."[35]

Noch im Mai 1930 stellte die berichtende Direktion im Generalrat anläßlich des Eintreffens der Bilanzen von drei Großbanken (für 1929, d.V.) fest, eine "vergleichende statistische Durcharbeitung des Materials ist nicht gut möglich."[36] Der Mangel an Transparenz der Bankbilanzen minderte die allokative Effizienz und hinderte Anleger daran, Geschäftsbanken zu disziplinieren, die systematische Risiken anhäuften.

Schon ab 1928 hatte die OeNB eine vorsichtigere Haltung gegenüber den Kapitalimporten eingenommen. Mitte des Jahres war die Refinanzierungskomponente gegenüber der Außenkomponente forciert worden,

---

[33] 57. GR v. 28.10.1927.

[34] 80. GR v. 22.11.1929.

[35] 80. GR v. 22.11.1929.

[36] 87. GR v. 23.5.1930, S. 3.

da die Währungsreserven als ausreichend angesehen wurden. Ablaufende kurzfristige Auslandskredite wurden durch Wechseleskont ersetzt. "Eine Bewegung, die vom Standpunkt des Noteninstitutes nicht gerade unerwünscht ist."[37] Ende 1928 wurde die Außenkomponente ohne Kürzung der Refinanzierungskomponente durch die Rückzahlung der Bundesschuld bei der OeNB aus Erlösresten der Völkerbundanleihe von 1923 im Ausmaß von 50 Mill S verstärkt.[38] Schon vor dem massiven Einbruch der Konjunktur war dem Generalrat Anfang 1929 bewußt, daß die mit dem Geldangebotskonzept verfolgten Ziele in den wenigen Jahren relativ ungestörter Entwicklung nicht erreicht worden waren und besonders der Bankensektor, auf dessen Kapitalimporten die Zentralbankgeldversorgung beruhte, störungsanfällig war.[39]

Der Jahresrückblick auf das Geschäftsjahr 1928 stellte Ende Feber 1929, kurz bevor die Verschuldung der Bodencreditanstalt bei der Nationalbank auffällige Ausmaße annahm[40], fest, "... daß von der Sicherung verläßlicher wirtschaftlicher Existenzgrundlagen für unseren jungen Staat oder überhaupt von einer entscheidenden Wendung zum Besseren wohl noch nicht die Rede sein kann", "daß alte Schwierigkeiten unvermindert fortbestanden ... und daß sich mitunter auch neue Hemmnisse ergaben. Im Ganzen hat das Geschäftsjahr 1928 die von einigen anfänglich erwartete Besserung in bankgeschäftlicher Beziehung nicht gebracht, wodurch sich auch wieder die Frage ergibt, ob die unveränderte Aufrechterhaltung des gegenwärtig bestehenden Bankenapparates zweckmäßig ist. Der Betriebskoeffizient, das Verhältnis der Bruttoauslagen zu Bruttoeinnahmen beträgt bei den meisten Instituten zwischen 60.4% und 83.8%."[41]

Schon im Frühjahr 1929 machte sich der beginnende Abschwung bemerkbar, im April 1929 wurde ein "wenig befriedigendes Bild der Wirtschaft" festgestellt, die Arbeitslosigkeit war über dem Vorjahresniveau.[42]

---

[37] 65. GR v. 6.7.1928.

[38] 71. GR v. 23.1.1929.

[39] Anders ohne Hinweis auf diese Probleme etwa *Haberler* "The doubts concerning the economic viablity of a small independent Austria proved to be unfounded. The country made good progress and by 1928 or so the pre-war level of living was exceeded." *Haberler, G.*, Austria's Economic Development after the Two World Wars: A Mirror Picture of the World Economy, in: *Arndt, S.W. (ed.),* The Political Economy of Austria, Washington D.C. 1982, S. 64.

[40] ab März 1929, 78. GR v. 18.10.1929.

[41] 72. GR v. 27.2.1929, S 5-11..

[42] 74. GR v. 23.4.1929.

## 4.7. Die “Bodencreditanstaltskrise”

Ab dem vierten Quartal 1928 wurden Symptome der Krise bei der Bodencreditanstalt sichtbar. Das Verhältnis zwischen Mobilisierungs- und Warenwechsel der Bodencreditanstalt verschlechterte sich, ein erstes Anzeichen für Liquiditätsprobleme.[43] Der Bodencreditanstalt waren offenbar schon im Frühjahr 1929 bedeutende Mittel entzogen worden. Die OeNB warnte die Bodencreditanstalt im April 1929 wegen der Anspannung ihres Notenbankkredites und ließ sie bereits im Mai ihre Notkreditmarge ausschöpfen, sodaß die angeschlagene Bank ungeschützt einem Run ausgesetzt gewesen wäre.

Das Portefeuille der OeNB übertraf den Vorjahresbestand um 100 Mill S und bestand nur zu rund 50% aus Warenwechseln.[44] Der Leihgeldsatz für Dollardevisen war Anfang 1929 über die österreichische Bankrate gestiegen, daher wurde diese am 23.4.1929 von 6.5% auf 7.5% angehoben, um die Deckungswerte zu steigern. Die ungünstige Entwicklung hielt unvermindert an. Von März bis September war das Wechselportefeuille um weitere 100 Mill S auf 289 Mill S gestiegen, wobei der Anteil der Warenwechsel am 15.9.1929 auf 45% gesunken war. Am 28.9.1929 wurde eine Bankratenerhöhung der BoE mit der Anhebung des Diskontsatzes von 7.5% auf 8.5% nachvollzogen.

Die Gerüchte um die Schwierigkeiten der Bodencreditanstalt und die Regierungskrise riefen Kontenabhebungen bei Banken und Sparkassen hervor. Durch Währungsflucht und durch die Nichtprolongierung von Auslandskrediten für die Bodencreditanstalt war die Deckung des Gesamtumlaufes durch ausgewiesene valutarische Werte von Jänner bis September um etwa 8 Prozentpunkte auf rund 64% zurückgegangen. Einem von der OeNB initiierten Treffen im August wich die Geschäftsleitung der Bodencreditanstalt aus.[45] Am 30.9.1929 räumte die OeNB der Bodencreditanstalt keinen weiteren Kredit mehr ein und erzwang damit unter dem Druck der politischen Krise vom Herbst 1929, der Kontenabhebungen bei Banken und Sparkassen und ihrer eigenen sinkenden Devisenreserven die Fusion der Bodencreditanstalt mit der CA. Diese wurde unter aktiver Mitwirkung der OeNB vollzogen.[46] Der Zusammenbruch der Großbank hätte einen primären Verlust an Devisenreserven aus der Nichtverlängerung von Devisenkrediten hervorgerufen und in

---

43 79. GR v. 18.10.1929.

44 74. GR v. 23.4.1929.

45 79. GR v. 18.10.1929.

46 79. GR v. 18.10.1929.

der Folge einen sekundären Devisenverlust von durch die sinkende Deckungsquote verursachten Abwertungserwartungen herbeigeführt. Drei Monate nach dem Ende der Funktion des Beraters bei der Nationalbank wäre das gesamte Geldangebotskonzept gefährdet gewesen.[47] Daher begrüßte und unterstützte die OeNB die Fusion der Bodencreditanstalt mit der CA.

"Wäre die rasche Fusion nicht möglich gewesen und hätten die Schalter der Bodencreditanstalt geschlossen werden müssen, so wären wir sicher vor einer wirtschaftlichen und politischen Katastrophe ersten Ranges gestanden .... Wenn man die sicheren Rückwirkungen eines Zusammenbruchs der Bodencreditanstalt auf andere Kreditinstitute, auf große Industrieunternehmungen und insbesondere auf unseren Kredit im Ausland in Betracht zieht, so ist ohne weiteres zuzugestehen, daß auch wir in diesem Falle Verluste erlitten hätten und daß auch unsere Währung durch den mannhaften Entschluß der CA vor einer sehr ernsten Krise bewahrt worden ist ... In Würdigung der Sachlage haben wir natürlich die Verpflichtung gefühlt, die Aktion der CA so weit wie möglich zu unterstützen."[48]

Die Bodencreditanstalt-Krise warf im Generalrat erneut die Frage der Entscheidungsstruktur und der fehlenden Information des Generalrates über den genauen Stand der Notenbankverschuldung der einzelnen Institute und der fehlenden Bankenkontrolle auf.

Bezüglich der Ungewißheit der OeNB über den Status der Kreditinstitute schlug Generalrat Stern vor, die OeNB solle "Vorschriften bezüglich der Erstellung der Halbjahresbilanzen der Kreditunternehmungen erlassen, in welchen die Ausweisung der Finanzoblighi wenigstens gegenüber der Nationalbank auszuweisen sei."[49] Er verwies auf einen Vorschlag der Bankenkommission (von 1926, d.V.) "in welchem die schwebenden Forderungen und Verpflichtungen (Haftungen, Aktiv- und Passivgarantien, Reeskontobligo u.a.) mit den wesentlichen Einzelheiten zur Übersicht gebracht werden."

Auch die Refinanzierung der Bodencreditanstalt aus alleiniger Verantwortung der Geschäftsführung ohne Zuziehung des Generalrates wurde, wie bei ähnlichen vorangegangenen Aktionen kritisiert. So wurde über die Lage der Bodencreditanstalt festgestellt, in der OeNB "wurde vor dem Zusammenbruch nie über sie gesprochen." Stern forderte vergeblich die "Verpflichtung der Leitung, das Obligo von Kreditneh-

---

47 Mit 30.6.1929.

48 19. GR v. 18.10.1929, S 3f.

49 80. GR v. 22.11.1929.

mern im Falle der Gefährdung ihres Status dem Generalrat bekanntzugeben."[50] Der Anlaß zur Korrektur der Vorgangsweise gegenüber den Banken wurde nicht wahrgenommen. Das Direktorium übte im Entwurf zum Geschäftsbericht für 1929 in der Darstellung der Bodencreditanstalt Krise ex post erstmals offiziell Kritik an der Geschäftspolitik einer Großbank und damit indirekt an der eigenen, bis dahin verfolgten Praxis, die diese Gestion der Banken unterstützt hatte.

"Die Bodencreditanstalt versäumte es, rechtzeitig ihren gesamten Apparat auf die stark verkleinerten Betätigungsmöglichkeiten innerhalb Österreichs umzustellen und verfolgte vielmehr in der Festhaltung ihrer Dividenden- und Aktienkurse weiter eine Prestigepolitik, die unter so schwierig gewordenen neuen Verhältnissen übel angebracht war. Vor allem aber hielt sie auf Rat ihrer industriellen Fachmänner an der Hoffnung fest, die ihr angegliederten Industrien, die zu den größten Österreichs zählten, im bisherigen Umfang aufrechterhalten zu können. Sie legte immer wieder die hiezu erforderlichen Mittel im Kontokorrent vor und immobilisierte sich hiedurch in wachsendem Maße von der Hoffnung geleitet, ihre Forderungen bei Besserung der Börsenverhältnisse durch Aktien- und Obligationenemissionen dieser Industrien liquidieren zu können. Als sich die Hoffnungen angesichts der seit Jahren andauernden Stagnation der Wiener Börse als trügerisch erwiesen, gleichzeitig aber auch Einlagen infolge der ungünstigen Beurteilung der Mobilität der Bank ... nur spärlich flossen, wurden die Liquiditätsverhältnisse der Bodencreditanstalt immer ungünstigere."[51]

Als im Herbst 1929 "politische Beunruhigung, unvermutet starke Kreditkündigungen und Einlageabhebungen stattfanden, konnte die Bodencreditanstalt ausreichenden Ersatz für die Kredite bei der OeNB nicht finden, da die Grenzen des zulässigen Kredits bereits in normalen Zeiten erreicht worden waren. Die Nationalbank mußte sich darauf beschränken, der Bodencreditanstalt noch einen letzten Notkredit zu gewähren und im übrigen den Rat erteilen, während der so gewonnenen Atempause bei anderen Kreditinstituten entsprechende Anlehnung zu suchen."[52]

Kurzfristig bewirkte die Bodencreditanstalt Krise einen expansiven Impuls des Zentralbankgeldes bis Ende 1929, da das Portefeuille stärker ausgedehnt wurde als die OeNB Währungsreserven verlor. In der Folge sank der Gesamtumlauf bis Mitte 1930, da sowohl das Portefeuille rasch

---

50 80. GR v. 22.11.1929.

51 85. GR v. 21.3.1930.

52 85. GR v. 21.3.1930.

verringert wurde, als auch nicht prolongierte Auslandskredite unter Beanspruchung der OeNB zurückgezahlt wurden.

Die Liquidität des Teiles der Devisenreserven wurde verringert, den sich die OeNB bei jenen ausländischen Instituten als crossed deposits markiert zu halten verpflichtete, die der CA während der Fusion mit der Bodencreditanstalt Kredite gewährt hatten. Durch Ausscheiden von 70 Mill S Wechsel der Bodencreditanstalt aus dem Portefeuille wurde der Gesamtumlauf verringert.[53] Sie sollten prolongiert und staffelweise von der CA binnen drei Jahren zurückgezahlt werden. Die OeNB war stärker an die CA gebunden, die die Bodencreditanstalt "unbesehen übernommen" und deren "Leitung sich mit der Übernahme große Sorgen aufgebürdet habe."[54] Diese Bindung nährte die Befürchtung bevorzugter Refinanzierung von Einreichungen der Konzernbetriebe der CA.[55]

## 4.8. Die Währungspolitik zwischen Bodencreditanstalts- und CA-Krise

In der ersten Phase der Depression 1930 überlagerte die Geldmengenwirkung der Internationalen Investitionsanleihe des Bundes die Folgen der Bodencreditanstalt-Krise.

Die einsetzende Depression verringerte den Bedarf an Refinanzierung. Nach dem internationalen Konjunktureinbruch und in der Folge der Bodencreditanstalt-Krise vom Herbst 1929 sah die OeNB ihr Reserveziel verletzt. In pessimistischer Einschätzung der internationalen Geldmärkte, des politischen Umfeldes sowie möglicher Probleme der Geschäftsbanken erhöhte sie ihre Vorsichtskassa an internationalen Reserven. Dies brachte die Deckungsquote des Gesamtumlaufs 1930 auf einen neuen Maximalstand.

Das Portefeuille war bis zur Bodencreditanstalt-Krise im Oktober 1929 um 70 Mill S auf 270 Mill S angewachsen und sank bis zum Oktober 1930 auf 68 Mill S. Die Devisenbestände sanken noch bis Februar 1930

---

53 79. GR v. 18.10.1929, nicht zentralbankgeldwirksam 43 Mill S unter Anlagen verzinslicher Einlagen, 23 Mill S unter Fondsanlagen, 83. GR v.4.2.1930.

54 79. GR v. 18.10.1929, Generalrat *Stern*.

55 Generalrat *Stern* beantragte, "daß die Gesamtwirtschaft durch die Bindungen, welche die OeNB gegenüber der CA eingegangen sei, in ihren Kreditansprüchen in keiner Weise beeinträchtig sei und daß die OeNB die nicht zum Konzern der CA gehörenden Unternehmen in gleicher Weise wie bisher bei der Kreditgewährung berücksichtigen werde." Für Generalrat *Lenhard* war der "Glaube an die Zuverlässigkeit und Sachlichkeit der OeNB erschüttert, da man gesehen habe, daß "nicht alle Kreditnehmer mit gleichem Maß gemessen werden. Angesichts der Bindungen der Nationalbank gegenüber der CA ... sei bei vielen kleinen und mittleren Unternehmungen das Gefühl einer ungleichen Behandlung wachgerufen worden." 79. GR v. 18.10.1929.

auf 680 Mill S und stiegen bis Dezember 1930 auf 913 Mill S. Das Deckungsverhältnis war bis November 1929 auf ca 64% gesunken und wurde bis Oktober 1930 zu seinem Höchststand von ca 84% des Gesamtumlaufes gesteigert.

Der Konjunktureinbruch wurde im November 1929 im Generalrat zur Kenntnis genommen.[56] Bereits im Jänner 1930 wurde die Lage als Depression bezeichnet.[57] Die Geschäftsführung ging in ihrer Lagebeurteilung 1930 von einem Anpassungsbedarf bei Preisniveau, Zinssätzen und Zahlungsbilanz aus. "Die Diskrepanz zwischen kurz- und langfristigem Zinssatz ist anormal. Keiner der beiden entspricht dem natürlichen Zins. Der Zins für kurzfristige Gelder nicht, weil die Spekulation in Amerika eine Inflation in solchen hervorgebracht hat; der für langfristige Gelder aus dem Grunde nicht, weil angesichts der unsicheren politischen und wirtschaftlichen Verhältnisse auf der ganzen Welt ein nicht unbegründetes Mißtrauen gegen neue Engagements bestehe und das Publikum ängstlich von langfristigen Anlagen fernhalte."[58]

Die von französischen Ökonomen und der monetären Konjunkturtheorie übernommene Einschätzung der monetären Ursachen der Konjunktur 1927-29 als inflationär und die daraus folgende Bereitschaft zur Hinnahme der Anpassungsdeflation kontrastierte mit dem labilen Zustand der österreichischen Banken und der als noch nicht erfolgreich beendet betrachteten Sanierung: "Bedauerlicher Weise ist aber durch verschiedene künstliche Mittel, durch Zinsfuß- und Kreditpolitik führender Notenbanken vom Spätsommer 1927 bis tief in das Jahr 1929 hinein der Rückgang der Preise aufgeschoben oder verlangsamt worden. Es war daher zu Beginn der Krise ein Preisniveau in Geltung, das schon längst in dem Verhältnis von Produktion und Vorrat einerseits und dem Verbrauch andererseits keine Rechtfertigung hatte, wodurch die Krise verschärft und auch ihre Lösung verzögert worden ist ... Geldverbilligung durch Notenbanken konnte weder den Preisverfall bremsen, noch die Effektenmärkte stützen. Eine Wendung zum Besseren ist nur von der natürlichen und gesunden Relation des wirtschaftlichen Organismus zu erwarten. Österreich als wirtschaftlich und staatlich noch nicht vollständig gefestigtes, künstliches Staatsgebilde (sei, d. V.) besonders stark betroffen".[59]

---

[56] vor allem der Rückgang in der gesamten Eisen- und Stahlindustrie und anhand des Ansteigens der Arbeitslosigkeit, 80. GR v. 22.11.1929.

[57] 82. GR v. 24.1.1930.

[58] *Reisch*, 89. GR v. 9.9.1930.

[59] 94. GR v. 27.1.1931.

Beim Einsatz der verbleibenden Freiheitsgrade der Diskontpolitik konkurrierte das Ziel der Senkung der Geldmarktzinsen mit der Stärkung der Erträge der Geschäftsbanken durch die Festsetzung eines hohen Diskontsatzes, auf dem die impliziten Konditionenkartelle der Banken basierten. In der Frühphase der Depression schätzte die OeNB die Lage der Kreditinstitute als kritisch ein, sodaß sie deren Erträge durch Verzögerung von Diskontsatzsenkungen zu stützen versuchte. Dieser wurde nach der Bodencreditanstalt-Krise zögernd in zwei Stufen bis März 1930 auf 6% gesenkt: "Mit jeder Diskontsatzsenkung wird die Lage der Kreditunternehmungen schwieriger, da sie ihre Aktivkonditionen herabsetzen müssen, während eine deutliche Senkung ihrer Debet-Konditionen nicht in Betracht kommt."[60] Die OeNB "hat deshalb gezögert, eine Ermäßigung der Bankrate vorzunehmen ... Man wollte die Ertragschancen der Banken nicht für den größeren Teil des Geschäftsjahres schmälern."[61] "Schließlich sei zu bedenken, daß die OeNB sowie die gesamte österreichische Volkswirtschaft das größte Interesse an der Prosperität der Banken habe, die auch für das Ausland bekanntlich ein wichtiger Maßstab zur Beurteilung der Gesamtsituation bilde und die daher nicht durch die fortgesetzte Verringerung der Zinsenmarge geschmälert werden solle."[62]

Die Zusammensetzung des Zentralbankgeldes und der Impuls auf den Geldmarkt entwickelten sich Anfang 1930 nach der Bodencreditanstalts-Krise ähnlich wie nach der Bankenkrise 1924. Die im Zuge der Krise übernommenen dubiosen Wechsel wurden aus dem Portefeuille entfernt, die anderen Kreditinstitute reduzierten ihre Refinanzierung bei der Notenbank. Die verringerten Währungsreserven wurden wieder aufgebaut. Die vom ausgeweiteten Zinsdifferential induzierten Fremdwährungskredite stärkten die Währungsreseven der OeNB und erhöhten die Liquidität am Geldmarkt. Die weitere Übertragung des Impulses wurde durch die gesunkenen Ertragsaussichten und das gestiegene Kreditrisiko verhindert.

Ab dem Frühjahr 1930 wurde das Devisenangebot durch den Erlös der Internationalen Investitionsanleihe des Bundes verstärkt, womit zugleich deren Fristigkeit verbessert wurde.

Gestiegene Risiken und die mangelnde Fähigkeit der Banken, weitere Transformationsrisken zu übernehmen, wurde als Ursachen des Liqui-

---

60 85. GR v. 21.3.1930.

61 *Reisch*, 89. GR v. 9.9.1930.

62 Generalrat *Neurath*, 87. GR v. 23.5.1930, S. 6.

ditätsstaus am Geldmarkt angesehen. Generalrat Neurath stellte im Mai 1930 fest, es sei unnatürlich, daß kurzfristiges Geld zu 4.5% zu haben sei, dagegen Anlagewerte mit über 7% notierten und daß der Rückgang der Zinssätze ohne Einfluß auf den Effektenmarkt bleibe. "Das den Banken aus dem Ausland angebotene Geld sei kurzfristiger Natur, dagegen müßten die Banken ihren Debitoren langfristig zur Verfügung stehen. Wollten sie daher das erstere zu derartigen Zwecken benützen, so müßten sie ein Risiko übernehmen, was ihm nicht angezeigt erscheine."[63]

Der zu Grunde liegende Eigenkapitalmangel hatte sich durch die Verschlechterung der Kapitalstruktur der Unternehmen, stellt man den gesunkenen Industrieaktienindex dem stark gestiegenen Kreditvolumen als Indikatoren gegenüber, seit 1924 verschärft.

Reisch konstatierte anomale Verhältnisse am Geldmarkt durch die hohe Differenz zwischen kurzfristigen und langfristigen Sätzen und versuchte durch weitere Senkung der kurzfristigen Zinsen die Fristigkeit der Anlagen zu erhöhen. "Anleger, welche eine zu geringe Vergütung erhalten, könnten veranlaßt werden, andere Anlagen ins Auge zu fassen. Eine derartige Veränderung der Anlage sei ... zu begrüßen, da sie eine Regulierung des Zinssatzes am Geld- und Kapitalmarkt mit sich brächte. Der gegenwärtige Zustand, bei welchem den Kreditunternehmungen nur kurzfristige Kredite zur Verfügung stehen, während sie langfristige Ausleihungen vornehmen müssen, sei ungesund und mit großen Gefahren für die Kreditgeber verbunden."[64]

Der Diskontsatz wurde weiter um einen halben Prozentpunkt auf 5.5% gesenkt. Das Zentralbankgeld wurde nach der Bodencreditanstalt-Krise eingeschränkt, die OeNB erhöhte ihre Devisenreserven, Reserven und Rücklagen für Interventionen. Einlagen des Bundes und der Postsparkassa wurden für Devisenankäufe verwendet.[65] Die Reservebildung wurde im Zuge der Privilegiumsverlängerung erweitert, die die Frist zur Ansammlung der Mittel für die Pensionsansprüche streckte. Während die OeNB in Vorbereitung auf die Deflation ihre Reserven erhöhte, erfaßte der Abschwung 1929 Ertragserwartungen, Investitionen, Kredite und Sichteinlagen.

1930 bleiben die Geldmengenaggregate vergleichsweise stabil, während die Absätze auf den Gütermärkten und das nominelle BNP sanken.

---

63 87. GR v. 23.5.1930.

64 87. GR v. 23.5.1930, S. 10.

65 Vgl. *Benzion, E.*, Die Verlängerung des Privilegiums der Oesterreichischen Nationalbank, Baden 1930, S. 18.

1931 erwies sich, daß der restriktive Impuls die Mittel zur Verdeckung in den Bankbilanzen aufgetretener Verluste veringert hatte. Die Geldmenge M1 sank in der Folge durch Kontenabhebungen und Kreditkürzungen über vier, das nominelle BNP über 5 Jahre um 25%.

*Tabelle 4.6.:*

**Geldmengenschätzung und nominelles BNP (Änderungsraten d. Jahresendstände in Prozent)**

| | M1 | M2 | BNP |
|---|---|---|---|
| 1925 | 6.6% | 15.3% | 11.2% |
| 1926 | 25.8% | 28.6% | -0.1% |
| 1927 | 6.5% | 10.4% | 8.0% |
| 1928 | 6.9% | 10.9% | 5.1% |
| 1929 | -3.7% | 0.4% | 3.5% |
| 1930 | 0.9% | 3.8% | -4.4% |
| 1931 | -25.0% | -20.1% | -10.4% |
| 1932 | -18.1% | -10.5% | -7.8% |
| 1933 | -1.2% | -0.8% | -5.5% |
| 1934 | -2.4% | 1.1% | -0.4% |
| 1935 | 9.3% | 7.6% | 1.8% |
| 1936 | 2.9% | 3.3% | 2.0% |

Quelle: *Kausel, A., Nemeth, N., Seidel, H.,* Österreichs Volkseinkommen 1913-1963, in: Wifo Sonderheft 14, Wien 1965, S. 37. Vgl. Tabelle 2.8. dieser Arbeit, S. 66.

# 5. Kapitel

# Die Creditanstalt-Krise bis zu den Lausanner Protokollen

## 5.1. Die Entwicklung des Zentralbankgeldes

### 5.1.1. Die Entwicklung des Zentralbankgeldes 1931/5-1932/2

In der Refinanzierungsphase der CA-Krise 1931/5-1932/2 stieg der Gesamtumlauf um 11.2% bzw 1.2% monatlich. Das Wachstum verteilte sich etwa zur Hälfte auf die Notenumlaufssteigerung und die Zunahme der Verbindlichkeiten der OeNB.

Durch die Ausdehnung des Wechselportefeuilles wäre der Gesamtumlauf um 73.2% oder 8% monatlich gewachsen, was durch die restriktive Wirkung des Verlustes von Währungsreserven im Umfang von 54.2 Prozentpunkten Gesamtumlaufswachstum und durch die restriktive Gebarung mit sonstigen Aktiven und Passiven im Ausmaß von 7.8 Prozentpunkten auf das tatsächliche Wachstum von 11.2% verringert wurde.

### 5.1.2. Die Entwicklung des Zentralbankgeldes 1932/3-1932/8

Zwischen der Einstellung der Refinanzierung der CA im Feber 1932 und dem Transfermoratorium Ende Juli 1932 und dem Abschluß der Verhandlungen über die Lausanner Anleihe sank der Gesamtumlauf um 3.6% oder etwa 0.9% monatlich. Dies bewirkte wegen der Stillegung von Beträgen auf Sperrkonten und des Aufbaus von Liquiditätsreserven der Kreditunternehmen bei der Notenbank eine Verringerung des Notenumlaufs um 5.3% oder 1.3% pro Monat.

Der Verlust an Währungsreserven dauerte trotz der seit Oktober 1931 in Kraft gesetzten Devisenbewirtschaftung an und reduzierte den Gesamtumlauf um 4.4 Prozentpunkte. Der nicht gelungene Stabilisierungsversuch verursachte eine weitere, schwächere Welle von Kontenabhebungen und die Ausweitung des Wechselportefeuilles der OeNB, die mit 1.7 Prozentpunkten expansiv auf die Entwicklung des Gesamtumlaufs wirkte. Im Gegensatz zur Vorperiode ab Mai 1931 übertraf die Wirkung der Refinanzierungskomponente nicht mehr den kontraktiven Effekt der Außenkomponente, sodaß der Gesamtumlauf sank.

## 5.2. Der Verlauf der Banken- und Währungskrise

Die Refinanzierung der CA und der anderen Banken während des Runs im Mai 1931 erhöhte die Zentralbankgeldmenge. Die ungedeckte Verschuldung des Bundes in der Stützungsaktion sowie Erwartungen einer Verschlechterung der Zahlungsbilanz nach dem Zusammenbruch der größten Kapital importierenden Bank senkten die Nachfrage nach Inlandswährung.

Es entstanden ungeplante Bestände an Inlandswährung, welche die Devisennachfrage steigerten. Die Notenbank mußte zur Stützung des fixen Wechselkurses am Devisenmarkt intervenieren und verlor dabei weiter Währungsreserven, was auch die beiden kurzfristigen Hilfskredite, die ohne gleichzeitige Maßnahmen zur Zahlungsbilanzanpassung und zur Einstellung der Geldschöpfung gewährt wurden, nicht verhindern konnten. Da die Anleger antizipierten, daß nach der Erschöpfung der Mittel zur Devisenmarktintervention ihre Nachfrage nach der dann abgewerteten inländischen Währung geringer sein würde, veranlagten sie in Auslandswährung, sobald der Schilling durch die Insolvenz der größten Kapital importierenden Bank und durch die Ausdehnung der Kreditgewährung bei der Stützung der CA überbewertet erschien. Vor dem Erreichen der Untergrenze der Währungsreserven erzwangen sie in einer spekulativen Attacke auf den Schilling die Einführung der Devisenbewirtschaftung.[1]

Der Zusammenbruch der CA und die Sanierungsaktion, die nur unvollständige Glaubwürdigkeit erlangte, senkten ebenso wie die folgende unvollständige Haftungserklärung des Bundes für die Einlagen bei der CA von Ende Mai die Nachfrage nach Giralgeld und nach Inlandswährung insgesamt. Beide Aktionen erhöhten die ungedeckten Verpflichtungen des Bundes und die Unsicherheit über die Qualität der Einlagen. Die Kredite von BIZ und BOE wurden wirkungslos zur Finanzierung der Devisennachfrage verbraucht, da sie als Gegenleistung mit einer Erhöhung der Verpflichtung des Bundes zu Gunsten der Gläubiger der CA gekoppelt waren, welche die Kreditsumme mehrfach übertraf.

Bei den Stabilisierungsmaßnahmen 1931-33 war die Mittelzufuhr von der Erwartungswirkung der Verpflichtung der Währungspolitik durch die internationalen Organisationen, von Maßnahmen zur Zahlungsbilanzanpassung und der Regelung der Auslandsschulden und der Deckung des Budgetdefizits getrennt.

---

[1] Vgl. *Obstfeld, M.,* Rational and Self fullfilling Balance of Payment Crises, in: American Economic Review Vol 76 (1986), S. 72-81.

Die uneingeschränkte Haftungserklärung des Bundes für die Einlagen der CA von Mitte Juni 1931 warf die Frage der künftige Finanzierbarkeit der Verpflichtung auf und erhöhte weiter Inflations- und Abwertungserwartungen.

Die Bankenkrise und die Einführung der Devisenbewirtschaftung in Deutschland im Juli zog Kontenabhebungen nach sich und beschleunigte in Erwartung ähnlicher Maßnahmen für Österreich die Währungsflucht.

Im August 1931 zeichnete sich mit der abschlägigen Antwort der BIZ das Scheitern des Versuches ab, die bei der ursprünglichen Stützungsaktion der CA entstandene kurzfristige Bundesverschuldung langfristig zu fundieren.

Das Abgehen Englands vom Goldstandard und die erwartete Einführung der Devisenbewirtschaftung lösten weitere Attacken auf die Reserven aus. Auch nach der Eindämmung des Bankenruns blieb der Widerspruch zwischen der Refinanzierung der CA und anderer Banken und der Wechselkursfixierung bestehen.[2] Zugleich setzte die Deflation der Vermögenswerte ein. Die Geldmenge schrumpfte und in der Folge reduzierten die Geschäftsbanken das Kreditvolumen, da die Notenbank die abgezogenen Einlagen nicht durch ihre Refinanzierung ersetzte.

## 5.3. Währungspolitische Entscheidungen

### 5.3.1. Solvenzkrise, Rekapitalisierung und Run auf die Banken

Der Schock, der die Depression entscheidend verschärfte, trat überraschend ein. Die Geschäftsleitung der CA ging von ihrer bisherigen Praxis, Verluste nicht auszuweisen, ab. Am 8.5.1931 erschien die Direktion der CA in der Nationalbank und informierte diese vom Verlust von 140 Mill S oder mehr als der Hälfte des Aktienkapitals allein im Geschäftsjahr 1930, was von Gesetzes wegen die Liquidation der Bank nach sich gezogen hätte. Die Schwierigkeiten der CA waren bekannt.[3] Die Aufdeckung der Verluste und deren Umfang waren wegen des Fehlens einer Bankenaufsicht von den wirtschaftspolitischen Instanzen nicht vorausgesehen worden.

---

2 In der engsten Definition von A. Schwartz die Unmöglichkeit, Zentralbankgeld zu irgendeinem Preis zu erhalten. Vgl. *Schwartz A.,* Real and Pseudo-Financial Crises, in: *Capie, F., Wood, G.E. (eds),* Financial Crises and the World Banking System, London 1985, S. 10-31.

3 *Stiefel, D.,* Finanzdiplomatie und Weltwirtschaftskrise. Die Krise der Creditanstalt für Handel und Gewerbe 1931, Frankfurt a. Main 1989, S. 9.

*Tabelle 5.1.:*

**Komponenten des Gesamtumlaufswachstums in der Währungskrise (Beiträge zum Gesamtumlaufswachstum in Prozent)**

| 1931 | Refinanzierungs-komponente | Auslands-komponente | Gesamtumlauf |
|---|---|---|---|
| 5.2. Wo. | 18.0 | -2.08 | 15.60[1] |
| 5.3. Wo. | 3.56 | -3.05 | 0.40 |
| 5.4. Wo. | 6.93 | -3.15 | 3.46[2] |
| 6.1. Wo. | 1.61 | -3.54 | -1.98 |
| 6.2. Wo. | 0.80 | 1.41 | 2.22[3] |
| 6.3. Wo. | 0.40 | -2.37 | -1.98[4] |
| 6.4. Wo. | 2.43 | -0.10 | 2.22[5] |
| 7.1. Wo. | -1.19 | -1.19 | -2.37 |
| 7.2. Wo. | 1.51 | -1.00 | 0.40[6] |
| 7.3. Wo. | 3.46 | -1.78 | 1.61[7] |
| 7.4. Wo. | 2.43 | -1.49 | 0.90 |
| 8.1. Wo. | -1.09 | -1.19 | -2.27 |
| 8.2. Wo. | -1.39 | -1.39 | -2.76 |
| 8.3. Wo. | -0.30 | -1.29 | -1.59 |
| 8.4. Wo. | 2.43 | -0.90 | 1.51 |
| 9.1. Wo. | -0.30 | -1.09 | -1.39 |
| 9.2. Wo. | -1.00 | -1.00 | -1.98 |
| 9.3. Wo. | 1.92 | -3.15 | -1.39[8] |
| 9.4. Wo. | 3.87 | -1.00 | 2.84[9] |
| 10.1. Wo. | 3.15 | -2.08 | 1.01 |

1 Bekanntgabe d. Verluste, Bankenrun, Refinanzierung
2 unvollst. Einlagen Haftung, BIZ Kredit
3 Sicherstellg d. Reg. f. CA
4 BOE Kredit: Stillhalteabkommen mit Auslandsgläubigern, 17.-22.6. vorübergehende Kreditsperre, unbeschr.Einl. Haftung
5 Ende Refinanzierungsstop
6 Run auf Mercurbank: Deutsche Bankenkrise
7 Deutsche Devisenbewirtschaftung
8 BOE verläßt Goldstandard

**Komponenten des Gesamtumlaufswachstums in der Währungskrise (Fortsetzung)**

| 1931 | Refinanzierungs-komponente | Auslands-komponente | Gesamtumlauf |
|---|---|---|---|
| 10.2. Wo. | 0.90 | -0.50 | 0.40[10] |
| 10.3. Wo. | -0.60 | -0.60 | -1.19 |
| 10.4. Wo. | 2.22 | 0.20 | 2.33 |
| 11.1. Wo. | -0.40 | 0.00 | -0.40 |
| 11.2. Wo. | -0.10 | 0.00 | -0.50 |
| 11.3. Wo. | -0.10 | 0.00 | -0.60[11] |
| 11.4. Wo. | 4.19 | 0.00 | 4.39 |
| 12.1. Wo. | -0.20 | 0.00 | -0.30 |
| 12.2. Wo. | 1.41 | -0.50 | 0.30 |
| 12.3. Wo. | 2.63 | -0.60 | 1.41 |
| 12.4. Wo. | 2.02 | -0.60 | 1.01 |
| 1932 | | | |
| 12.4. Wo. | 2.02 | -0.60 | 1.01 |
| 1.1. Wo. | -1.78 | 0.10 | -2.08 |
| 1.2. Wo. | -1.69 | 1.49 | -3.44 |
| 1.3. Wo. | -1.29 | -0.90 | -3.25 |
| 1.4. Wo. | 3.46 | -0.20 | 2.22[12] |
| 2.1. Wo. | -1.19 | -0.30 | -1.29 |
| 2.2. Wo. | -0.80 | -0.50 | -1.59[13] |
| 2.3. Wo. | -1.00 | -0.60 | -1.78 |

9 inoffizielle Devisenbewirtschaftung
10 Devisenbewirtschaftung
11 CA-Refinanzierung erhöht
12 Kreditstop beschlossen
13 OeNB Präsidentschaft Kienböcks beginnt, Kreditstop für CA

Beitrag der Refinanzierungs = + Auslandskomponente (+nicht dargestellt: Bundeskomponente + Sonstige Aktiva u. Passiva) = Gesamtumlaufswachstum. Berechnung s. Anhang Komponenten des Gesamtumlaufswachstums, entlogarithmiert.

Auch die Börsen in Wien und in New York, wo die CA-Aktie notierte, hatten sie nicht antizipiert.[4] Die Bankleitung gab später die Fusion mit der Bodencreditanstalt, den Tiefstand der Aktien in ihrem Portefeuille, den Verlust bei den Debitoren und das allgemeine Mißtrauen sowohl wegen der deutsch-österreichischen Zollunionspläne als auch wegen der innenpolitischen Lage als Verlustursachen an.[5]

Für Liquiditätsprobleme, verschärft von durch die Zollunionspläne mit Deutschland motivierte größere französische Kapitalabzüge, finden sich keine Hinweise. Mit der CA war, sowohl von der Größe als auch vom Umfang der Kapitalverflechtung gesehen, das für die Geldversorgung durch Kapitalimporte bedeutendste Kreditinstitut gescheitert und die Währungspolitik selbst in die Krise geraten. Die Gründe für die Bereitschaft der Regierung, in kürzester Zeit bei geringem Informationsstand trotz eigener Liquiditätsschwierigkeiten eine Kapitalbeteiligung im Ausmaß von 65% des Budgetdefizits des Haushaltsjahres 1930 aufzubringen, sind bis auf das Motiv, der CA wieder Auslandskredite in großem Umfang zu sichern, nicht vollständig klar. Mögliche Gründe sind der Versuch, die Position Österreichs in den Verhandlungen mit dem Völkerbund zu verbessern, die Unterschätzung der Verluste der CA sowie die Überschätzung ihrer Bedeutung für die Finanzierung der österreichischen Industrie. Ging man zu Beginn der Stützungsaktion davon aus, etwa drei Viertel der Industrieaktiengesellschaften Österreichs seien von der CA abhängig, so kam das Departement 15 des Finanzministeriums später zu einer Schätzung von 13.75% bis 68.75%, jedoch näher dem kleineren Wert.[6] Die Bedeutung der CA lag vor allem in ihrer Rolle, die sie als weitaus größter Kapitalimporteur für die Devisenreserven und das währungspolitische Regime spielte. Ihre Insolvenz hatte unmittelbare Folgen für die Zahlungsbilanz und warf die Frage der Angemessenheit des Wechselkurses auf.

Nach dem ersten Sanierungsplan sollten die mit 140 Mill S angenommenen Verluste durch Bareinzahlung des Bundes, der OeNB, des

---

[4] Vgl. *Schubert, A.,* The Creditanstalt Crisis of 1931 - A Financial Crisis Revisited, Diss. University of South Carolina 1985, S. 101.

[5] zit. in *Pressburger, S.,* Das Oesterreichische Noteninstitut 1816-1966, Wien 1976, S. 430.

[6] Vgl. *Stiefel, D.,* Finanzdiplomatie und Weltwirtschaftskrise. Die Krise der Creditanstalt für Handel und Gewerbe 1931, Frankfurt a. Main 1989, S. 13, S. 18, bes. S. 21. Zutreffend war jedoch die Einschätzung der überragenden Bedeutung der CA bei den privaten Kapitalimporten. Die kurzfristige Auslandsverschuldung der CA zu Beginn der Krise wurde von Morgan & Cie auf 100 Mill $, etwa 700 Mill S, geschätzt, vgl. *Clarke, St.V.O.,* Central Bank Cooperation 1924-1931, New York 1967, S. 182.

Hauses Rothschild und durch Aktienentwertung gedeckt und sodann das Kapital der Bank durch Aktienzeichnungen des Bundes, der OeNB und Rothschilds erneuert werden. Der Bund wurde dadurch mit 100 Mill S, die OeNB mit 12.4 Mill S für die Bareinzahlung und 17.6 Mill S für Vorzugsaktien belastet.[7] Die Aktien der vorwiegend ausländischen Eigentümer der CA wurden zu 25% abgestempelt. 38.4% der Verlustdeckung und 43% der Kapitalerneuerung wurden von der öffentlichen Hand, Bund und OeNB, getragen, davon 29.5% des Verlustes und 33% des neuen Kapitals vom Bund.

Die Belastung des Bundes, der nur noch über äußerst knappe Kassenbestände verfügte, betrug mit 100 Mill S etwa zwei Drittel des Gesamtabganges für das Haushaltsjahr 1930 und wurde durch Begebung von Schatzscheinen gedeckt, die kurzzeitig von den Banken aufgenommen wurden. Sie sollte längerfristig durch ausländische Hilfskredite fundiert werden. Durch die Verschuldung des Bundes bei der Rekapitalisierung der CA war die Bankenkrise mit der Frage seiner Kapitalmarktfähigkeit verbunden worden. Die Auslandsgläubiger konnten mit der Aussicht auf die Deckung der Bundesschulden durch einen internationalen Kredit die Kosten der Zahlungseinstellung für die österreichische Fiskalpolitik erhöhen und setzten dieses Instrument ein, um eine Schließung der CA zu verhindern.

Bei der Geldversorgung über Kapitalimporte der Wiener Großbanken war schon in den Jahren zuvor Verluste kumuliert worden, die durch Reserven abgedeckt worden waren. So brach die offene Bankenkrise als Solvenzproblem aus. Das Liquiditätsproblem folgte erst, als der Sanierungsversuch die Einleger nicht überzeugen konnte. Mit der Stützungsaktion sollte das bisherige Muster der Geld- und der Kapitalversorgung über Kapitalimporte der Banken fortgesetzt und die Kreditwürdigkeit österreichischer Kapitalwerber auf internationalen Märkten erhalten werden. "Die Bank soll nicht nur erhalten bleiben, sondern auch mit neuem, und womöglich verstärktem Leben sodaß die alten Beziehungen, welchen ja ein Großteil der im Ausland befindlichen Aktienpakete entspringt, aufrechtzuerhalten, ja zu verstärken sind."[8]

Zur Begründung wurden dabei währungs- und kreditpolitische Aspekte angeführt. "Der Zusammenbruch der CA wäre nicht nur für die anderen Banken, sondern auch für das ganze Land von ungeheuren

---

7 *Stiefel, D.*, a.a.O., S. 11.

8 *Weidenhoffer* Stenographisches Protokoll d. Öst. NR, 29. Sitzung, 13. Mai 1931, S. 838, zit. in: *Stiefel, D.*, Finanzdiplomatie und Weltwirtschaftskrise. Die Krise der Creditanstalt für Handel und Gewerbe 1931, Frankfurt a. Main 1989, S. 23.

Folgen begleitet gewesen und hätte sicher auch für die Währung große Nachteile nach sich gezogen"[9].

Das Fehlen einer wirkungsvollen Bankenaufsicht erschwerte die Einschätzung der Verluste der Bank und verminderte die Glaubwürdigkeit der Stützungsaktion Mitte Mai. Das Publikum ging davon aus, daß die Behörden nicht über zutreffende Einschätzungen verfügten. Die Übernahmen von Verpflichtungen unbestimmter Höhe durch den Bund und die Notenbank brachte die Gefahr mit sich, diese durch Geldschöpfung decken zu müssen, was Abwertungs- und Inflationserwartungen erhöht hätte. Auf diese Schwachstelle der Stützungsaktion wies Generalrat Stern in der ersten Generalratssitzung, die sich mit der Krise der CA befaßte, hin: "Gefahr bildet nur ein künftiges allzu großes Obligo der CA. Die Bankleitung muß absolute Gewißheit über den Status der CA haben, insbesondere über die Auslandsverpflichtungen. Geschehe dies nicht, so seien die Verlustmöglichkeiten bei derartigen Diskontierungen gar nicht abzusehen, zumal die Transaktionen nach den bisherigen Mitteilungen keineswegs völlig beruhigend gewirkt haben. Das Vertrauen der Bevölkerung sei arg erschüttert und könne nur durch äußerste Rigorosität bei dem weiteren Vorgehen wiederhergestellt werden. Die Forderungen, welche die OeNB gegen die CA zu erwerben im Begriffe sei, seien derart hohe, daß er eine gewisse Beunruhigung nicht unterdrücken könne."[10]

"Wenn man zudem bedenkt, daß Bosel und nunmehr auch die CA erklären, von der Leitung der Bodencreditanstalt hinters Licht geführt worden zu sein, so müsse man befürchten, daß jetzt das gleiche der OeNB von Seiten der CA widerfahre ... Diesmal müsse er, solange er keine Kenntnis von dem wahren Stand der Guthaben habe, jede Verantwortung ablehnen ... Man habe die falsche Politik verfolgt, wie aus den aufeinanderfolgenden Zusammenbrüchen der Zentralbank, der Bodenkreditanstalt und der Creditanstalt ersichtlich sei ... (Die OeNB sollte, d. V.) jede Haftung ablehnen, sofern nicht ein genauer Status bekannt und die Haftung aller maßgebenden Funktionäre verlangt worden sei."[11]

Dieser Standpunkt blieb in der Minderheit und am 13.5. beschloß der Generalrat die Einberufung einer außerordentlichen Generalversammlung, um die Genehmigung für die Zeichnung von 30 Mill S Grundkapital der CA und Änderungen der Art. 83 und 99 der Satzungen einzuholen. Mißtrauen gegenüber den Verlustangaben und das Fehlen einer

---

9 *Reisch*, 97. GR v. 13.5.1931.

10 97. GR v. 13.5.1931.

11 97. GR v. 13.5.1931.

Einlagensicherung riefen einen viertägigen Run auf die Banken hervor. Der CA wurde innerhalb einer Woche etwa ein Viertel der Einlagen entzogen, sodaß diese nach der Verlustkrise gemeinsam mit anderen Banken in Liquiditätsschwierigkeiten kam und die Refinanzierung der Notenbank in Anspruch nehmen mußte.[12] Die mangelnde Glaubwürdigkeit der ursprünglichen Stützungsaktion ließ aus der Insolvenz der größten Bank ein Liquiditätsproblem aller großen Geschäftsbanken werden. Nach erfolgter Beteiligung an der Rekapitalisierung der CA erfüllte die OeNB nun die Funktion des lender of last resort durch Übernahme von den statutarischen Ansprüchen nicht entsprechendem Wechselmaterial der CA und durch die Refinanzierung der anderen durch Abhebungen in Liquiditätsschwierigkeiten geratener Kreditinstitute.

Zur Verteidigung des Wechselkurses wurde zunächst das Reserveziel aufgegeben und die Devisennachfrage aus den Währungsreserven finanziert. Die OeNB verlor die Kontrolle über die Zusammensetzung des Zentralbankgeldes. Die Wechselrefinanzierung übertraf zunächst den Verlust an Devisenreserven, der Notenumlauf wuchs rasch. Die Mitwirkung der OeNB war bis zu diesem Zeitpunkt wie schon in den vorangegangenen Bankenkrisen in der ausschließlichen Verantwortung der Geschäftsleitung ohne Information des Generalrates erfolgt, was neuerlich Kritik und Protest auslöste.

Die Fundierung der Bundesschuld aus der Beteiligung an der CA durch ein internationales Schatzscheindarlehen kam trotz grundsätzlicher Ermächtigung durch das Kontrollkomitee der Garantiestaaten der Völkerbundanleihe nicht zustande.

Die Finanzierung der durch Abwertungserwartungen verursachten Währungsflucht verringerte die Devisenreserven rasch.

Nach zwei Wochen offener Währungsflucht forderte die Geschäfstführung der OeNB die Erlassung eines Moratoriums, verzichtete aber nach Beratungen mit der Bundesregierung und Einflußnahmen von BOE und BIZ, die auch nach wenigen Tagen die selbst zögernde Regierung umstimmten, auf eigene Maßnahmen.[13]

---

[12] *Stiefel, D.,* Finanzdiplomatie und Weltwirtschaftskrise. Die Krise der Creditanstalt und ihre Bewältigung, Frankfurt a. M. 1989, S. 28, von 12.5. bis 3.6.1931 518 Mill S, die zu ca 80% aus Refinanzierungen der OeNB stammten, vgl. *Stiefel,* a.a.O., S. 29.

[13] Wobei Mitglieder der Geschäftsführung der OeNB das Verlangen der beiden Banken nach einer Regierungsgarantie für die von der OeNB übernommenen Wechsel der CA, und damit nach einer Übertragung der Verlustrisiken von den Gläubigern der CA und von der Notenbank auf den Bund, unterstützten. Vgl. *Kernbauer, H.,* Währungspolitik in der Zwischenkriegszeit. Geschichte der Oesterreichischen Nationalbank von 1923 bis 1938, Wien 1991, S. 307f.

### 5.3.2. Einlagengarantie und Stillhalteabkommen

Als Ergebnis der Verhandlungen mit den Auslandsgläubigern in der dritten und vierten Maiwoche ermächtigte die Regierung den Finanzminister zur Garantie von Verpflichtungen der CA in einer Weise, die sowohl ihre unfundierten Verpflichtungen erhöhte, als auch Zweifel über den Umfang der Garantie entstehen ließ und entsprechende Abzüge nach sich zog.

Am 28.5. wurde der Finanzminister im 2. CA-Gesetz zur Übernahme der Haftung für bei der CA eingelegte Gelder ermächtigt, "... in der Zeit bis zum 30.6.1933 die Haftung des Bundes als Bürge und Zahler für Darlehen zu übernehmen, die für die Rekonstruktion und für die laufenden Geschäfte der österreichischen Credit Anstalt für Handel und Gewerbe gewährt werden." Die Interpretationen unterschieden sich in der Frage, ob damit neue oder auch vor dem 28.5.1931 gewährte Kredite qua Prolongation gemeint waren. Am 29.5. forderte die OeNB für die weitere Refinanzierung der CA im Ausmaß eines Rediskontkontingentes von 120 Mill S Bundesgarantien.

Am 30.5. wurde das Abkommen zwischen BIZ und OeNB über einen dreimonatigen Kredit von 100 Mill S geschlossen, der am 31.5.1931 überwiesen wurde.[14] Der kreditierte Betrag war relativ gering und erst drei Wochen nach Ausbruch der Krise eingelangt, da die ausländischen Gläubigerbanken organisiert und zur Verlängerung ihrer Kredite bei der CA verpflichtet werden mußten, um zu verhindern daß der Kredit der BIZ zum Rückzug der Kredite einzelner Auslandsbanken verwendet würde.[15] Über den provisorischen Charakter der Kreditaktion war sich die Geschäftsführung im Klaren. Die Möglichkeit, in Kürze weitere Kredite zu erhalten, wurde skeptisch beurteilt: "Ein Moratorium sei vom Ausland geradezu untersagt worden, dagegen sei von England und der BIZ empfohlen worden, den Bedarf der CA vorläufig mit der Notenpresse zu finanzieren, wobei allerdings die Regierung der OeNB das Kreditrisiko abzunehmen hätte, während hinsichtlich des Währungsrisikos die OeNB auf die BIZ zählen könne. Da aber die Garantieerklärung der Regierung etwas schwach ausgefallen sei, habe auch schließlich die Erklärung der BIZ nicht so entschieden gelautet wie nach der telefonischen Mitteilung ... Was die CA anbelangt, so bemühe sich die Regierung um Beschaffung von Krediten für dieselbe im Ausland ... Alle diese

---

[14] 60% des Betrages von 100 Mill S bestanden in einem der OeNB von anderen Notenbanken eingeräumten Rediskontrahmen.

[15] Vgl. *Clarke*, Central Bank Cooperation 1924-1931, New York 1967, S. 186f.

Transaktionen werden Deviseneingänge zur Folge haben. Soweit die Bankleitung informiert ist, sind die Aussichten in dieser Richtung ziemlich gute. Andererseits dürfe man nicht außer Acht lassen, daß das Ausland sich nicht in erwartetem Umfang oder nicht so rasch zur Erteilung von Krediten bereit finde. In diesem Fall bleibe als einzige Möglichkeit die Beschaffung weiterer Kredite bei der Notenbank ... Ein solches Vorgehen sei mit den Statuten schwer in Einklang zu bringen. Maßgebliche ausländische Faktoren, die sich energisch gegen jede Möglichkeit eines Moratoriums, ja auch nur eines Teilmoratoriums, ausgesprochen haben, haben aber ... selbst zum Betreten dieses Weges geraten. Die Bankleitung habe demgegenüber darauf hingewiesen, daß durch solche Maßnahmen leicht größeres Mißtrauen gegen die Währung hervorgerufen werden könnte ... Daraufhin habe sie (die OeNB, d.V.) die Hilfe der BIZ und durch sie die der zehn größten Notenbanken zugesichert erhalten, die dann in der Form realisiert wurde, daß mit der BIZ ein Vertrag abgeschlossen wurde, durch welchen gewisse Beträge in fremder Währung der OeNB zur Verfügung gestellt werden, deren Gegenwert in Schilling unter Haftung der OeNB in Rediskont angelegt werden. Jedenfalls hoffe Redner noch immer, daß der Schwerpunkt der Kreditbeschaffung nicht in solchen Abkommen liegen werde, sondern daß direkte Auslandskredite an den Bund oder an die Creditanstalt letztere mit den erforderlichen Mitteln versehen werden."[16]

Die Maßnahmen hatten keine Stabilisierungswirkung, da sie die grundlegenden Budget- und Zahlungsbilanzdefizite nicht beeinflußten. Zur Dokumentation des Vertrauens der internationalen Währungsinstitutionen in die Politik der OeNB war der Betrag zu gering. Die Verpflichtungen des Bundes wurden in unbestimmten Ausmaß erhöht. Die Lage bei der CA blieb ungeklärt.

Die Geschäftsführung sicherte die OeNB in einem Schreiben von Präsident Reisch, Vizepräsident Thaa und Generaldirektor Brauneis an den Finanzminister vermögensrechtlich gegen Verluste aus der weiteren Refinanzierung der CA ab, die so erfolgen sollte, daß "soferne die eingereichten Wechsel den Anforderungen nicht entsprechen, die Bankleitung (darauf bestehe, d.V.), auf entsprechende Weise sich weitgehend Sicherheit zu verschaffen."[17]

Die Hereinnahme staatsgarantierter Finanzwechsel verstieß gegen das Verbot der direkten Staatsfinanzierung des Artikel 50 der Statuten.

---

16 98. GR v. 29.5.1931, S. 4-6.

17 97. GR v. 13.5.1931.

Die Höhe der Rediskontzusage war auf 120 Mill S beschränkt bei deren Überschreitung "(wir, d.V.) den Vorbehalt machen müssen, die weitere Fortsetzung dieser Gebarung abzulehnen und der Regierung eine anderweitige Vorsorge für diesen Fall überlassen."[18]

Ausschlaggebend war für Bundesregierung und OeNB die Erwartung, das Defizit aus der Bankenstützung analog zur Sanierung 1922 durch einen internationalen Hilfskredit decken zu können. Die OeNB entschloß sich, die Refinanzierung der CA fortzusetzen "... bis ein entsprechender Kredit des Auslandes zur Verfügung steht."[19]

Der Widerspruch zwischen der Ausweitung des inländischen Kreditvolumens und dem Wechselkursziel der Notenbank blieb bestehen. Liquiditäts- und Zahlungsbilanzkrise dauerten an, Kontenabhebungen von um die Sicherheit ihrer Einlagen besorgten Anlegern reduzierten die Geldmenge.

In der ersten Juniwoche verminderte sich das Wachstum des Portefeuilles, der Devisenverlust hielt trotz des Einsatzes der Mittel der BIZ an. Am 8.6. forderte die OeNB von der BIZ einen zweiten Kredit von 14 Mill $, der bis 14.6.1931 arrangiert wurde und mit der Bedingung verknüpft war, daß die österreichische Regierung einen zwei- bis dreijährigen Kredit von 21 Mill $ aufnimmt, der der Stärkung der Liquidität der CA dienen sollte. Die Verhandlungen über den zweiten BIZ-Kredit wurden abgebrochen, als klar wurde, daß Frankreich für den Kredit an die Bundesregierung Bedingungen bezüglich der Zollunionspläne mit Deutschland stellte.[20] Der Kredit wurde von der BIZ nicht mehr gewährt.

Die OeNB verzögerte im Gegenzug zur nur in enttäuschend geringem Ausmaß eintreffenden Auslandshilfe die Erhöhung des Diskontsatzes und setzte diesen erst am 6.6.1931 bei offener Währungsflucht und Kontenabhebungen von 6% auf 7%.[21] Zunächst versuchte die Regierung, durch Erweiterung der Haftung für die CA Einlagen die Währungsflucht zum Stillstand zu bringen. Am 9.6.1931 ermächtigte sie in Erwartung

---

18 98. GR v. 29.5.1931.

19 98. GR v. 29.5.1931.

20 *Clarke*, a.a.O., S. 187f.

21 Was der Bagehot Regel widersprach, in Fällen von Bankenpaniken "lend freely at high interest rates"(Vgl. *Rockoff, H.,* Walter Bagehot and the Theory of Central Banking, in: *Capie, F., Wood, G.E.,* Financial Crises and the World Banking System, London 1985, S. 161-180). Bei festem Wechselkurs wird dadurch unmittelbar das Wechselkursregime in Frage gestellt. Im Generalrat wurde die Bedeutung des Diskontsatzes mit Hinweis auf die an der Deckungsquote orientierten Abwertungserwartungen bestritten.

eines kurzfristigen Kredites den Finanzminister zur Garantieerklärung für ausländische Guthaben bei der CA.[22]

Die Geschäftsleitung sah den Zusammenhang zwischen Fundierung der Bundesschuld, Zahlungsbilanzsituation und den Abwertungserwartungen und war bezüglich der in Aussicht gestellten kurzfristigen Stützungskredite weiterhin skeptisch. "Unverminderte Devisennachfrage, Beunruhigung bezüglich der Stabilität des Schilling, die sich erst dann legen wird, wenn der Abschluß der neuen Schatzschein-Anleihe Valutazuflüsse gebracht und die Stundungsübereinkommen mit den ausländischen Gläubigern der Creditanstalt perfekt geworden seien. Ein befriedigendes Ergebnis sei zu erwarten. Wir haben aber, insbesondere was den Zeitpunkt des Einsetzens von Hilfsmaßnahmen anlangt, schon einige Enttäuschungen erlebt."[23]

Der Spielraum der OeNB vor Erreichen der gesetzlichen Mindestdekkung an Devisen nahm rasch ab. Es gabe keine Anzeichen dafür, daß der durch die hohen Devisenreserven ermöglichte Zeitgewinn zur Beilegung der Krise genutzt wurde. Die weitere Refinanzierung der Banken stieß in der 100. Generalratssitzung am 12.6. auf entschiedenen Widerspruch.

Einige Mitglieder der Geschäftsleitung, Generaldirektor Brauneis und Vizepräsident Thaa, sahen nun die Währung gefährdet. Im Generalrat wurde ein Moratorium und das Studium der Möglichkeit einer Devisenbewirtschaftung beantragt und kritisiert, daß der Generalrat von der Politk der OeNB gegenüber der CA immer nur post festum informiert werde.

Der Generalrat wies in einem Schreiben an das Finanzministerium darauf hin, daß sich die Währungsreserven abzüglich der durch die gesetzliche Deckung, BIZ-Kredit und crossed deposits gebundenen Beträge und damit der Spielraum der Währungspolitik rasch verringerte. Die Entscheidung zu diesem Zeitpunkt legte insofern die weitere Entwicklung fest, als die OeNB noch rechtlich vollständig freie Verfügung über ihre statutarisch ausreichenden Währungsreserven hatte. Sie hätte die Bedingungen der Rückzahlung der Auslandsschulden und damit das Tempo der Zahlungsbilanzanpassung beeinflussen können.

Vizepräsident Thaa begründete seine Rücktrittserklärung mit einer umfassenden Kritik der bisherigen Vorgangsweise der Nationalbank gegenüber der CA. "Es war falsch, die Verluste der Creditanstalt durch Kapitalserhöhungen zu decken, da dies nicht auf diesem Weg möglich

---

[22] *Stiefel, D.,* Finanzdiplomatie und Weltwirtschaftskrise. Die Krise der Creditanstalt und ihre Bewältigung, Frankfurt a. M. 1989, S. 57.

[23] 99. GR v. 6.6.1931.

sei. Falsch sei auch, daß man die Creditanstalt wegen ihrer Industrien nicht liquidieren dürfe, da diese bei anderen Instituten Anlehnung finden könnten, soweit sie wirklich lebensfähig seien ... Die Haftungsgesetze seien besonders schädlich gewesen, da erst zu diesem Zeitpunkt die Schillingflucht eingesetzt hätte. Die Öffentlichkeit habe damals zu zweifeln angefangen, ob der Bund die übernommenen Verpflichtungen werde tragen können, da er die Verluste ja noch nicht kannte. Diese seien der Bankleitung nicht bekannt. Generalrat Krassny habe den Status der Bank verlangt und nicht erhalten. Er sei unbedingt für die Schließung des Institutes, sonst sei weder der Nationalbank noch der Wirtschaft zu helfen ... Von keiner ausländischen Bank wird einer österreichischen Bank ein Kredit eingeräumt, weil man kein Vertrauen zu Österreich hat. Wenn die Nationalbank den Rediskont einschränkt, sind alle anderen Banken in Liquiditätsschwierigkeiten. Der Staat müsse sich ernstlich entschließen, mit der Creditanstalt Schluß zu machen. Es sei heute nicht zu entscheiden, ob die Auslandshilfe ausreichend sein werde."[24]

Wegen laufender Verhandlungen beantragte Reisch die Vertagung der Sitzung des Generalrates am 12.6.1931. Auch der Berater der OeNB, Bruins, empfahl, maßgebende Schritte bis zur Ankunft eines auf der Reise nach Wien befindlichen Vertreters der BOE aufzuschieben.[25] Die Aussicht auf Kredithilfe durch die BOE verhinderte einen Beschluß über ein Moratorium oder die Einführung der Devisenbewirtschaftung. Die 100. Generalratssitzung wurde 12.6. unterbrochen und nach weiteren Beratungen am 15.6. fortgesetzt. Ein von M. Norman initiierter kurzfristiger Kredit der BOE ging in der Nacht vom 14.6 zum 15.6.1931 ein, als ein Teil der Geschäftsführung die bisherige Refinanzierungspolitik gegenüber der CA nicht mehr mit tragen wollte. Er hat mit dem Einsatz von 150 Mill S die Rückzahlungsbedingungen für Auslandsschulden in mehrfacher Höhe zu Gunsten der Gläubiger beeinflußt.[26] Nach Wiederaufnahme der unterbrochenen Sitzung verteidigte Reisch die Refinanzierungspolitik umfassend. Als Motiv für die Entscheidung, die Situation in der CA in Schwebe zu lassen, führte er die Aussicht auf einen internationalen Kredit an den Bund an.

"Durch die Währungspolitik müssen jene Mittel vermieden werden, durch welche die Wirtschaft krank und zum Niedergang getrieben werde. Dies würde zweifellos geschehen, wenn die Bankleitung aus

[24] 100. GR v. 12.6.1931.

[25] 100. GR v. 12.6.1931.

[26] Vgl. *Stiefel, D.*, Finanzdiplomatie und Weltwirtschaftskrise. Die Krise der Creditanstalt und ihre Bewältigung, Frankfurt a. M. 1989, S. 60.

lauter Angst um die Währung heute beschließen wollte, kurzerhand keinerlei Eskonte durchzuführen. Von einer Inflation könne nicht gesprochen werden ... Es sei zweifellos, daß dieser Mehrbetrag (die Notenumlaufssteigerung durch die eskontierten Wechsel der Banken, d.V.) heute durch vermehrte Kassenhaltung bei allen Kreditunternehmen und zweifellos auch bei unzähligen Privaten gebunden sei ... Gewiß sei der Abzug von Devisen bedenklich, aber auch hier müsse gesagt werden, daß der Barschatz dazu da sei, die Währung in kritischen Zeiten zu verteidigen. Die Bankleitung müsse sich vor Augen halten, daß durch ängstliche Beschlüsse bei der Verteidigung der Währung der Wirtschaft schwere Wunden zugefügt werden ... Baldigste Hilfe des Auslandes sei in Aussicht. Frankreich schlägt einen konsolidierten Kredit vor, sodaß die emittierten Schatzscheine ein Provisorium darstellten ... Unwiderrufliche Maßnahmen würden den Auslandskredit verschließen."[27]

In einer zusammenfassenden Darstellung von August 1931 wurden die Schwächen des Reisch'schen Konzeptes, der Akkomodierung der Währungsflucht, der Erwartung internationaler Hilfe und der Einführung der Devisenbewirtschaftung ohne Anpassungsmaßnahmen der Währungspolitik deutlich.[28] "Auch die Notenbankverwaltung wird trachten müssen, dem Ansturm auf ihren Devisenvorrat standzuhalten, sie wird sich vor Auge zu halten haben, daß dieser Devisenvorrat ja nicht einen Selbstzweck, sondern nur ein Mittel zur Verteidigung der Währung darstellt, welches sich innerhalb gewisser Grenzen den Bedürfnissen der Wirtschaft anzupassen und daher auch einer Panikstimmung im Rahmen des Möglichen Rechnung zu tragen hat." Es sei "... die Hoffnung berechtigt, daß die Panikstimmung binnen kurzem wieder schwinden und der Devisenabfluß einer gegenläufigen Bewegung Platz machen werde; denn es ist schließlich ganz unwahrscheinlich, daß sich in irgend einem Lande durch eine längere Periode hindurch ein Vakuum an Kapital bilden könnte, das nicht ... wieder ausgefüllt würde." Brauneis stellte fest, daß das Direktorium die Verantwortung nicht mehr allein tragen könne, da er gestehen müsse: "1. Daß er in seinen Erwartungen bisher immer getäuscht worden sei. 2. Heute nach Sachlage der wahrscheinlich letzte Moment sei, in dem überhaupt eine Wahl offen sei. Von ernsten Maßnahmen könne nur abgesehen werden, wenn man Vertrauen in die Hilfe habe, die in den letzten Tagen in Aussicht gestellt worden

---

27 *Reisch*, 100. GR v. 15.6.1931, S. 17f.

28 *Reisch, R.*, Schillingwährung und Oesterreichische Nationalbank, in: *MdVÖBuB* 14. Jg. (1931), S. 213-221.

ist. Hinsichtlich der von französischer Seite in Aussicht gestellten langfristigen Transaktion hege er Zweifel."[29]

Am 16.6.wurden Vorschüsse auf eine Kredit von 150 Mill S der BOE an die österreichische Bundesregierung in den Barschatz eingestellt[30]. Der Kredit war knapp vor einem französischen Ultimatum eingetroffen. Die zurücktretende Regierung Ender unterzeichnete am 16.6.1931 das Abkommen mit der BOE.[31] Bedingung für die kurzfristige Kredithilfe war eine Haftungserklärung des Bundesministers für Finanzen für sämtliche Auslandskredite bei österreichischen Banken. Der Kredit verbesserte unmittelbar die Devisenposition der OeNB und erhöhte die Verpflichtung des Bundes. Neben der Frage der langfristigen Deckung der Bundesschuld blieb nach dem Kredit der BOE die Situation der CA ungeklärt. Der Generalrat der OeNB beschränkte am 17.6.1931 das Refinanzierungskontingent der CA auf weitere 30 Mill S. Um die Schließung der Schalter der CA zu vermeiden, stellte die Bundesregierung 50 Mill S aus dem Vorschuß der BOE unter der Bedingung zur Verfügung, daß die OeNB die nötigen Kredite gewährt, "soweit dies mit dem Schutz der Währung vereinbar sei."[32]

Am 23.6. hob die OeNB den Refinanzierungsstop für die CA auf Druck der Regierung wieder auf. Das ursprüngliche Konzept, die CA zu erhalten und die Zahlungsbilanzkrise durch neue Auslandskredite für die Bank beizulegen, war gescheitert. Noch herrschte die Erwartung, zumindest das Bundesdefizit aus der anfänglichen Übernahme der Verluste der CA durch eine international zu begebende Schatzscheinemission in Bälde decken zu können.

Im Gegenzug zur nun uneingeschränkten Garantie des Bundes für die Verpflichtungen der CA stimmten am 23.6.1931 die Auslandsgläubiger einem Stillhalteabkommen bis 30.6.1933 unter der Bedingung zu, daß eine Schließung der CA vermieden werde. Am 26.6.1931 übernahm der Bund die Generalhaftung für alle Verbindlichkeiten der CA: "Für alle Guthaben aus laufender Rechnung und gebundene Einlagen ... für ausgegebene und neue Kassenscheine und für alle Spareinlagen nach

---

[29] 100. GR v. 15.6.1931, S. 30.

[30] Der Kredit war wöchentlich zu erneuern.

[31] Die Ereignisse veränderten auch die wirtschaftspolitischen Akteure. Vom Ausbruch der CA-Krise bis zur Unterzeichnung des Lausanner Protokolls amtierten die Kabinette Ender, Buresch I, Buresch II und Dollfuß I.

[32] Vgl. *Pressburger, S.,* Das österreichische Noteninstitut, Wien 1976, S. 438.

dem jeweiligen Einlagenstand."[33] Dies erwies sich letztlich als eine Verpflichtung des Bundes im Umfang von 1200 Mill S, nachdem sie die Direktion der OeNB am 23.6.1931 noch auf 370 Mill S geschätzt hatte.[34]

Die Auslandsgläubiger der CA hatten für kurzfristige Devisenkredite und die Aussicht auf einen internationalen Kredit zur Deckung der bei der Stützung der CA entstandenen Verschuldung des Bundes eine staatliche Garantie für ihre Forderungen an die insolvente Bank erhalten. Die kurzfristigen Kredite an OeNB und Bundesregierung machten einen Bruchteil der übernommenen Verpflichtungen aus.

Die Devisennachfrage, eine Komponente des langfristigen Kapitalverkehrs, war durch Stillhalteabkommen bis 1933 ausgeschaltet worden.

### 5.3.3. Zusammenbruch des Golddevisenstandards und Auseinandersetzung um die Kontrolle der Creditanstalt

Die deutsche Bankenkrise und der Zusammenbruch der Danat Bank lösten Mitte Juli einen Run auf die Mercurbank sowie eine neue Welle von Kontenabhebungen und Devisennachfrage aus. Als Deutschland und Ungarn die Devisenbewirtschaftung einführten, wurde eine ähnliche Maßnahme in Österreich abgelehnt.

Seit 17.7.1931 war in der CA unter der Leitung des Generaldirektors A. Spitzmüller ein neunköpfiger Rekonstruktionsausschuß tätig, der bald durch Auseinandersetzungen um die Kontrolle der CA paralysiert wurde. Die OeNB forderte, nachdem sie die CA schon mit 530 Mill S refinanziert hatte, "daß schleunigst Mittel und Wege gesucht werden müssen, die es der Creditanstalt ermöglichen, sich auf andere Weise als durch Inanspruchnahme der Notenbank die zum Betrieb ihres Geschäftes erforderlichen Gelder zu beschaffen."[35] Das Problem blieb im Herbst 1931 ungelöst. Die CA wurde weiter refinanziert. Der Golddevisenstandard befand sich zu diesem Zeitpunkt in Auflösung.

Die Erwartungen eines langfristigen Auslandskredites zur Konsolidierung der kurzfristigen Bundesschuld wurden von Berater Bruins gedämpft, der bei Gewährung eines neuerlichen Kredites moral hazard der Regierung befürchtete. "... Österreich muß selbst die Initiative

---

[33] Vgl. *Stiefel, D.,* Finanzdiplomatie und Weltwirtschaftskrise. Die Krise der Creditanstalt und ihre Bewältigung, Frankfurt a. M. 1989, S. 64.

[34] 102. GR v. 23.6.1932.

[35] 104. GR v. 28.7.1931.

ergreifen. Man habe sich aber an den Völkerbund gewandt, anstatt selbst die Angelegenheit in die Hand zu nehmen ... Wenn nicht bald gehandelt werde, werde die Begebung von Schatzscheinen auf Schwierigkeiten stoßen. Das Fluchtgeld werde zurückkehren, wenn die Regierung das volle Vertrauen der Bevölkerung genieße."[36]

Die bisher gewährten kurzfristigen Kredite wurden nur zum Teil prolongiert, da die BoE selbst mit hohen Devisenabzügen konfrontiert war. Bis 16.9.1931 waren 10 Mill S des Kredites der BIZ und 22 Mill S der BOE zurückgezahlt worden, was das Fehlen eines internationalen lender of last resort in der Zusammenbruchsphase des Golddevisenstandards dokumentiert, der Mittel für einen Stabilisierungsfonds beschaffen und Vertrauen übertragen hätte können.[37]

Die Regierung blieb auf die Deckung der Schatzscheine durch einen internationalen Kredit orientiert. Bundeskanzler Buresch erlangte nach einer am 17.9.1931 vor dem Völkerbund abgegebenen Verpflichtung zu einer restriktiven Linie der österreichischen Wirtschaftspolitik eine Empfehlung des Finanzkomitees des Völkerbundes, Österreich nach Ausgleich des Budgets einen kurzfristigen Schatzscheinkredit von 250 Mill Schilling zu geben.[38] Restriktive Fiskalpolitik und direkte Kontrolle der österreichischen Währungspolitik durch den Völkerbund sollten die Abwertungserwartungen brechen.

Die österreichische Bundesregierung verpflichtete sich gegenüber dem Völkerbund allgemein: "... das Gleichgewicht des Budgets wiederherzustellen und alle notwendigen Maßnahmen zu ergreifen, um die österreichische Währung und den österreichischen Kredit zu erhalten" und im einzelnen zu folgenden Maßnahmen:[39]

---

[36] 104. GR v. 28.7.1931.

[37] Im Golddevisenstandard-"system" fehlte ein Instrument zur kurzfristigen Liquiditätsbeschaffung in Zahlungsbilanzkrisen. Weder BIZ noch das Finanzkomitee des Völkerbundes konnten internationale Liquidität schöpfen. Die USA als größter Kapitalexporteur waren im Völkerbund nicht vertreten. Vgl. *Kindlebergers* These des fehlenden Hegemons: *Kindleberger, Ch., P.,* Die Weltwirtschaftkrise 1929-1939, München 1973, S. 322; ders., Manias, Panics and Crashes. A History of Financial Crises, New York 1978, S. 238, International Public Goods without International Government, in: American Economic Review Vol 76 (1986), S. 1-13, S. 9. Ausschlaggebend für die Verzögerungen der Kreditgewährung waren Differenzen in der Zentraleuropakonzeption zwischen Großbritannien, Frankreich und Deutschland und im Sommer 1931 der Widerspruch zwischen dem Plan einer Zollunion mit Deutschland und den Genfer Protokollen. Vgl. *Beer, S.,* Der "unmoralische" Anschluß. *Klingenstein, M.,* Die Anleihe von Lausanne.

[38] MRP Nr 726, 19.9.1931, S. 4, zit in Stiefel, D., Die große Krise in einem kleinen Land. Österreichische Finanz- und Wirtschaftspolitik 1929-1938, Wien 1988, S. 166.

[39] Erklärung des Bundeskanzlers im Finanzkomitee vom 21.9.1931, *Klingenstein, M.,* Die Anleihe von Lausanne. Ein Beitrag zur Geschichte der Ersten Republik Österreich in den Jahren 1931-1934, Diss. Universität Wien 1964, S. 153.

(1) Gleichgewicht im Staatshaushalt

(2) Ausgabenbeschränkung auf 1,9 Mrd S im Haushaltsjahr 1932, Rückstellungen von 100 Mill S für kurzfristige Verpflichtungen des Bundes

(3) Rückstellungen kurzfristiger Verpflichtungen von 100 Mill S aus den Einnahmen im Haushaltsjahr 1933

(4) Reorganisationsmaßnahmen bei den Bundesbahnen

(5) Wirken auf Budgetausgleich bei Ländern und Gemeinden

(6) Keine Intervention in die Geschäftsführung der CA

(7) Revision der Bankgesetzgebung zwecks stärkerer Information und Überwachung der Banken: Einführung von Monatsausweisen und Mindestreservepflicht nach Kontaktaufnahme mit dem Finanzkomitee

(8) Etablierung eines Beraters bei der OeNB

(10) Zusammenarbeit mit dem Finanzkomitee

Die Erklärung wurde wenige Tage vor der Lösung des Pfundes vom Gold inmitten des Zusammenbruchs des Golddevisenstandards abgegeben. Die Verpflichtung zur Zusammenarbeit mit dem Finanzkomitee beinhaltete implizit das Abgehen von den Zollunionsplänen mit Deutschland. Die im Mai 1931 entstandene Verschuldung des Bundes sollte durch Einnahmenüberschüsse 1932 und 1933 gedeckt werden.

Die Regelung der Garantieleistung des Bundes für die Auslandsschulden der CA, die Einigung zwischen Regierung und Auslandsgläubigern der CA, war ebenso unterblieben wie eine Stellungnahme zur laufenden Auseinandersetzung um die Bank. Da sie weder mit Mittelzufluß, Stärkung des Vertrauens, Anpassungsmaßnahmen oder Regelungen bezüglich der CA verbunden war, hatte die Erklärung keine Stabilisierungseffekte.

Die Kredite wurden erst gewährt, nachdem die Anpassungsmaßnahmen großteils erfolgt waren und bestanden ohne Zufuhr frischer Mittel in der Fristverlängerung für schon gewährte Kredite. Der in Aussicht gestellte Betrag entsprach den kurzfristigen Krediten der BIZ und der BOE von 100 Mill S und 150 Mill S vom Sommer 1931.

Bezüglich der Geldschöpfung war das Ergebnis unzureichend, da auf die laufende Refinanzierung der CA nicht eingegangen wurde. Weiters wurde klargestellt, daß die Bundesregierung keine zusätzlichen Mittel erhalten werde und die Fundierung der Bundesschuld durch Auslandsanleihen erfolgen sollte, nachdem die Bundesregierung selbst Anpassungsmaßnahmen ergriffen hatte.

Die Kontrolle der Fiskalpolitik durch das Finanzkomitee des Völkerbundes wurde unabhängig von einer eventuellen Kreditgewährung wieder aufgenommen; es entsandte im vierten Quartal 1931 Rost van Tonningen als seinen Vertreter.

Als am 21.9.1931 England den Goldstandard aufgab, beschleunigte die verstärkte Währungsflucht die Entscheidung, in Österreich die Devisenbewirtschaftung einzuführen. Es waren unmittelbar keine neuen kommerziellen Kapitalimporte zu erwarten. Mit 23.9.1931 wurde inoffiziell die Devisenbewirtschaftung vom Bundesminister für Finanzen in Form einer Bedarfsprüfung eingeführt, da nicht mehr ausreichend Devisen zur Bedienung der staatlichen Fremdwährungskredite verfügbar waren.[40] Diese Vorgangsweise erwies sich als nicht ausreichend, sodaß am 7.10.1931 offiziell die Devisenbewirtschaftung mit Bundesverfassungsgesetz zum Schutz der Wirtschaft eingeführt und am 16.10. und 18.11.1931 ergänzt wurde. Der Devisenbestand der OeNB betrug Anfang Oktober 1931 - nach einem Verlust von 847,9 Mill S seit Ende April - nur noch 203,6 Mill S.[41] Bei fortgeführter Geldschöpfung und ohne Regelung der Auslandsschulden bremste die Devisenbewirtschaftung trotz mehrfacher Abänderungen den Verlust von Devisenreserven unzureichend.

Die Zusammensetzung des Portefeuilles hatte sich im Herbst 1931 verändert. Stammten am 16.6. 74% des Wechselbestandes von 714 Mill S von der CA, so waren es Ende 1931 64% von 1051 Mill S.[42] 372 Mill S bzw 28% des Gesamtumlaufs von 1311 Mill S stammten nun aus der Refinanzierung anderer Banken, die im Gefolge der CA Krise Kontenabhebungen ausgesetzt gewesen waren. Die im Herbst 1931 eingeleitete Reduzierung des Gesamtumlaufs durch Verringerung des Portefeuilles zwang diese Banken zu Kreditkündigungen.

Der Konflikt bezog sich nun auf die Kontrolle der CA und auf die Behandlung ihrer Auslandsschulden. Ende November setzte das internationale Gläubigerkomitee die Bildung eines Exekutivkomitees unter Vorsitz Van Hengels durch.

Einige Gegner einer weiteren Refinanzierung wollten im November 1931 die CA zur Realisierung ihrer Auslandspositionen zwingen, bevor ihr von der OeNB neue Kredite gewährt würden. Der Generalrat

---

[40] Der Devisenverkehr war von 18.12.1926 bis 23.9.1931 vollständig frei.

[41] *Kernbauer, H.*, Währungspolitik in der Zwischenkriegszeit. Geschichte der Oesterreichischen Nationalbank von 1923 bis 1938, Wien 1991, S. 318.

[42] Vgl. *Kernbauer, H.*, Währungspolitik in der Zwischenkriegszeit. Geschichte der Oesterreichischen Nationalbank von 1923 bis 1938, Wien 1991, S. 318, 323.

beschloß jedoch, die CA bis zum Ende der Verhandlungen über die Leitung der CA zu refinanzieren und setzte gleichzeitig den Diskontsatz von 10% auf 8% herab. Im Dezember 1931 stiegen die Kontenabhebungen wieder an.

Die OeNB wollte in dieser Situation das Wachstum des Zentralbankgeldes begrenzen sowie das Portefeuille verringern, und stand daher vor der Frage, inwieweit sie damit die Geschäftsbanken zu Kreditkündigungen zwingen sollte.

In der Generalratssitzung im Dezember 1931 überlagerten sich die Auseinandersetzungen über die Zusammensetzung der Direktion der CA mit Divergenzen über die künftige Refinanzierungspolitik bzw die Verringerung des Wechselportefeuilles. Die Forderung nach demonstrativer Einschränkung von Portefeuille und Notenumlauf wurde Ende 1931 abgelehnt.[43]

Die Erhaltung der CA wurde mit der Refinanzierung der durch die Krise bei der CA in Liquiditätsprobleme gebrachten Banken verbunden. "Banken und Sparkassen reduzieren schon im eigenen Interesse die Kredite seit langem überall da, wo dies möglich ist. Sie könnten jedoch nicht einen Stillstand der Betriebe herbeiführen und müßten der Industrie den Kredit belassen, den sie braucht, um zu arbeiten."[44] Die Abhebungen würden wiederum durch die ungelöste Situation der CA hervorgerufen. "Die kritische Situation (werde, d.V.) dadurch verschärft, daß im Publikum jedes Vertrauen fehle ... Dieses sei durch den Zusammenbruch der Creditanstalt völlig untergraben worden. Seither seien sieben Monate vergangen, ohne daß die Verhältnisse eine Veränderung erfahren hätten. Man müsse endlich eine Tat setzen und die Creditanstalt wieder aktionsfähig machen. Die Nationalbank nimmt ständig Creditanstalt-Wechsel in ihr Portefeuille, deren Bonität den statutarischen Anforderungen einer Notendeckung nicht entsprechen. Dies sei der Öffentlichkeit bekannt. Die Nationalbank solle auf die Regierung einwirken, daß die Creditanstalt eine aktionsfähige Organisation werde."[45] "Die heute gestellten Ansprüche rühren von den Banken her, nicht nur von der Creditanstalt. Diese Ansprüche wurden wiederum durch Abhebungen seitens der Sparkassen infolge von Rückziehungen von Spareinlagen bei letzteren hervorgerufen. Da seit vielen Monaten die Banken ihrerseits keine neuen Einlagen bekommen, sondern eine

43 109. GR v. 18.12.1931.

44 ebenda, S. 12.

45 ebenda, S. 12f.

Verminderung ihrer Einlagen zu verzeichnen haben, bleibt keine Wahl, als sich bei der Nationalbank zu remobilisieren."[46]

Reisch befürwortete eine weitere Geldschöpfung durch die OeNB. "Es bestünden zwei Möglichkeiten. a) Die Nationalbank hilft, durch Angst und Mangel zurückgezogene Kredite durch solche der Nationalbank zu ersetzen. b) Oder sie müßte durch Kreditverweigerung einen Stillstand von Handel und Verkehr in Österreich herbeiführen." Auch im Fall der weiteren Refinanzierung drohe keine Inflation. Es finde keine Vermehrung der Umlaufsmittel statt, " wenn ausländische Kredite zurückgezogen oder ebensoviele inländische Einlagen zwecks Hortung behoben werden, als bei der Nationalbank behoben werden. Vielmehr werde nur eine Art des Kredites durch eine andere ersetzt. Erst in jenem Augenblick, in welchem die Schilling-Besitzer nach Verwertung ihrer Kapitalien streben, könnten sich Schwierigkeiten geltend machen. Davon könne aber gegenwärtig nicht gesprochen werden. Aus diesem Grunde halte sich Redner verpflichtet, die Verantwortung dafür zu übernehmen, daß er im Interesse der Wirtschaft eventuell auch Maßnahmen ergreife oder zulasse, die dem Buchstaben der Satzungen vielleicht nicht als zulässig erscheinen."[47]

Dabei blieb ungeklärt, wie die Geldnachfrage stabilisiert und Abwertungserwartungen gebrochen werden konnten. Die Stablisierung der Geldmenge und der Inlandsnachfrage stand im Gegensatz zur außenwirtschaftlichen Anpassung und zur Bedienung der Auslandsschulden, der jene Generalräte Priorität einräumten, die den Zweck der Refinanzierung in der Erhaltung der CA und der Aktiva ihrer Kapitalgeber sahen. Auch mit den Interessen der Auslandsgläubiger und der um einen Kredit werbenden Regierung hätte die Stabilisierung der Inlandsnachfrage konfligiert. Reisch befürwortete die Einstellung der CA Refinanzierung, wenn nicht neue Garantien der Regierung zu erhalten wären. Am 26.1.1932 wurde im Generalrat beantragt, die Refinanzierung der CA nach 14 Tagen einzustellen, "wenn bis dahin eine neue Leitung nicht bestellt ist und ihre Funktion nicht aufgenommen habe."[48] Als ein gegenüber der Notenbankleitung kritischer Geschäftsbericht gegen die Empfehlung von Präsident Reisch einstimmig zur Kenntnis genommen wurde, war dessen Niederlage offenkundig.[49]

---

[46] 109. GR v. 18.12.1931.

[47] ebenda, Beilage 2, S. 19f.

[48] 110. GR v. 26.1.1932.

[49] Die Motive für die Änderung des Abstimmungsverhaltens einiger Generalräte sind nicht dokumentiert.

Die Einstellung der Refinanzierung der CA war, wie aus deren Schreiben an die OeNB vom 2.2.1932 hervorgeht, mit dem Fälligwerden der Bundesgarantie gegenüber den Inlandsgläubigern und Forderungen von "200 Mill S und darüber hinaus" verbunden, und somit zu diesem Zeitpunkt keine Option für den Bund oder die OeNB mehr.[50] Generaldirektor Brauneis resümierte die gescheiterte Aktion zur Stützung der CA: "Es sei seit Pfingsten 1931 nicht wirklich gelungen, den Run auf die Creditanstalt abzustoppen. Aus der Creditanstalt-Krise sei eine Vertrauenskrise und eine Währungskrise entstanden."[51] Er konstatierte das Scheitern des Versuches, eine Fundierung für das Defizit aus der ursprünglichen Verlustübernahme von 250 Mill S zu finden und kritisierte die BIZ, keine neuen Stützungskredite gewährt zu haben. "100 Mill S Kredit reichte nicht zur Dokumentation des Vertrauens der BIZ in die Nationalbank."[52] Die Prolongationen des Kredites wurden stets schwieriger. Es bestand ein Konflikt zwischen dem Finanzkomitee des Völkerbundes und der BIZ, der nach einiger Zeit zutage treten mußte.

Während die Abhebungen neuerlich anstiegen und die Devisennachfrage trotz Bewirtschaftung teilweise aus Beständen der OeNB gedeckt werden mußte, deren Währungsreserven nur noch knapp mehr als die gesetzlich vorgeschriebene Deckungsquote betrugen, und das durch den Bund garantierte Refinanzierungskontingent der CA bis auf 1.8 Mill S erschöpft war, beschloß der am 4.2.1932 ohne Reisch tagende Generalrat, den Refinanzierungsbedarf der CA nur noch bis 10.2.1932 zu decken. Er stellte sich damit hinter die Bestrebungen, eine neue Direktion der CA zu installieren. Diese sollte bis 10.2.1932 ernannt sein. Sie sollte dann Abkommen mit den restlichen Gläubigern und Einlegern schließen, um eine Schließung unmöglich zu machen. Die CA sollte nach diesen Vorstellungen erhalten, die Refinanzierung aber eingestellt werden.

So könnte ein Transfermoratorium und die Unterschreitung der gesetzlichen Deckungsquote vermieden werden. Die Rediskontsperre für die CA werde besten Eindruck machen. Bei sofortigem Refinanzierungsstop für die CA sei die Währungssituation noch zu meistern.[53] Neue Kredite erwartete kein Sitzungsteilnehmer. Es wurde die Perspektive

---

[50] Von GR *Rothschild* verlesen im 111. GR v.4.2.1932.

[51] 110. GR v. 26.1.1932.

[52] ebenda.

[53] 111. GR v. 4.2.1932. Der Entscheidungsprozeß in der OeNB wird dadurch charakterisiert, daß GR Krassny am 4.2.1932 erklärte, er sei am 26.1.1932 im Generalrat zum ersten Mal über das Verhältnis von Nationalbank und den zu ihrer Hilfeleistung berufenen Faktoren informiert worden. Bei früherer Kenntnis wäre er für frühere Devisenbewirtschaftung eingetreten.

einer autonomen Stabilisierung verfolgt, was die Notwendigkeit deflationärer Anpassungsmaßnahmen mit sich brachte. Der Berater der OeNB, Bruins, erklärte, Österreich müsse aus eigener Kraft kreditwürdig werden und Generalrat Thaa hielt weitere Auslandskredite "für sinnlos, da von 250 Mill S 190 Mill S zur Rückzahlung notwendig würden, 60 Mill S aber nur den Devisenbedarf von drei Monaten decken. Es sei unwahrscheinlich, daß es gelingt, Preise und Löhne soweit herabzusetzen, daß Österreich trotz Handelshemnisse und ausländischer Abwertungen die Konkurrenzfähigkeit erlangt, welche dem Land die für seine finanziellen Zahlungsverpflichtungen nötigen Devisen und valutarischen Werte zur Verfügung stellen würde."[54] Generalrat Krassny hielt eine Auslandsanleihe nur als "politische Anleihe" für möglich.[55]

### 5.3.4. Der Stabilisierungsversuch von der Einstellung der Refinanzierung der CA bis zum Transfermoratorium

Die Geschäftsführung hatte in der Refinanzierung die statutarische Geldschöpfung mit Zustimmung der Bundesregierung, aber ohne gesetzliche Deckung überschritten.

In der Generalratssitzung vom 9.2.1932, der erstmals der am 6.2.1932[56] vom Bundespräsidenten ernannte V. Kienböck präsidierte, wurde festgestellt, es sei in der letzten Sitzung unwidersprochen geblieben, "daß Wechsel mit zwei Unterschriften, wovon eine die der Creditanstalt ist, als nicht den statutarischen Anforderungen entsprechend bezeichnet wurden", womit die Refinanzierung der CA bis auf einen geringen Rest eingestellt war.[57]

Von der Beschlußfassung über ein Transfermoratorium ersuchte er abzusehen, "da ... Beschlüsse nur im engsten Einvernehmen mit der Regierung gefaßt werden können."[58]

---

54 ebenda, S. 30.

55 ebenda, S. 35.

56 Nach Rücktritt Reischs mit 4.2.1932. Vgl. *Pressburger, S.,* Die Oesterreichische Nationalbank, Wien 1976, S. 458. *Reischs* geldpolitischen Ansichten waren von einer Politik der Geldversorgung sowohl gegenüber den Banken als auch, sofern dies möglich war, gegenüber den Finanzierungsbedürfnissen des realen Sektors geprägt. Entsprechend entwickelte er keine Vorstellung für die Obergrenze der Kapitalimporte und keinen Plan zur Begrenzung der Refinanzierung in der Bankenkrise 1931, der die Abwertungserwartungen brechen hätte können.
Zugleich wurde Bruins durch M. Frere vom Völkerbund als Berater bei der OeNB ersetzt. Ende Jänner 1932 nahm das Kabinett *Buresch* II seine Tätigkeit auf.

57 112. GR v. 9.2.1932.

58 112. GR v. 9.2.1932, S. 15.

Als der am 15.2.1932 zum Generaldirektor der CA bestellte A.van Hengel die Zahlungen der Zinsen an die Auslandsgläubiger der CA einstellte, zu denen er durch das Abkommen mit den Auslandsgläubigern vom 16.6.1931 verpflichtet war, wurde eine weitere Komponente der für die OeNB bedrängenden Devisennachfrage ausgeschaltet.[59] Gleichzeitig wurden Verhandlungen zwischen Regierung und Auslandsgläubigern über die endgültige Regelung der Ansprüche aufgenommen.

Das Ziel der neuen Leitung der OeNB war vorerst, die Abwertungserwartungen durch Verringerung des Zentralbankgeldes zu brechen: "Wenn die Bankleitung den Weg einer restriktiven Bankpolitik weiterschreitet, werde ... die Bevölkerung zu dem Bewußtsein kommen, daß das von ihr gehegte Mißtrauen nicht gerechtfertigt ist und wenn dieser Umschwung durch eine Vermehrung der Geldeinlagen bei den Kreditinstituten seinen Ausdruck findet, dann könne man auch zu einer weiteren Senkung der Bankrate schreiten ... Er habe den Eindruck gewonnen, daß die Bankpolitik im Ausland nicht ungünstig aufgenommen worden sei. Der Umstand, daß es noch zu keiner finanziellen Hilfeleistung an Österreich gekommen sei, liege mehr an den internationalen Verhältnissen, die sehr schwierig seien ... so müsse doch andererseits alles getan werden, um die Voraussetzung für eine günstige Lösung der Österreich berührenden Fragen zu schaffen."

Bei den Banken, abgesehen von der CA, ist die OeNB "bemüht, das Wechselobligo weiter herabzudrücken. Wie weit die OeNB dabei gehen könne, sei natürlich von der Liquidität der Institute und davon abhängig, inwieweit ihnen neue Einlagen zukommen."[60]

Schon zuvor hatte Kienböck im Ministerrat die Bereitschaft der OeNB bekundet, zur Verringerung des mit dem offiziellen Wechselkurs unvereinbar hohen Notenumlaufs Druck auf die Geschäftsbanken auszuüben und ihre Refinanzierung zu reduzieren, bevor die in der Bankenkrise verminderten Einlagen zurückgeflossen und die Giralgeldnachfrage stabilisiert war. "Die Nationalbank nehme von der CA keine neuen Wechsel mehr an und schränke den Wechseleskompte der anderen Banken allmählich ein. ... Das Geld finde noch immer nicht den Weg in die Kreditinstitute, weil das Vertrauen noch nicht in einem ausreichendem Maß zurückgekehrt sei ... Die Höhe des Zinsfußes bilde gegenwärtig nicht das entscheidende Moment, sondern es überwiege die Besorgnis

---

[59] Vgl. *Stiefel, D.,* Finanzdiplomatie und Weltwirtschaftskrise. Die Krise der Creditanstalt und ihre Bewältigung, Frankfurt a. M. 1989, S. 194.

[60] 115. GR v. 22.4.1932, S. 10, 14.

des Publikums, durch ein Moratorium um die Verfügungsmöglichkeiten über die Einlagen zu kommen."

Kienböck betonte die Notwendigkeit, den Notenumlauf zu verringern und den Wechselkurs zu stabilisieren, um Inflationserwartungen zu verringern. Die Fixierung des Wechselkurses war ohne Stabilisierung der Devisenbilanz und ohne internationale Dokumentation des Vertrauens in die österreichische Währungspolitik nicht möglich. Das "Ergebnis seiner Bemühungen sei bisher kläglich ... Das Hauptaugenmerk müsse darauf gerichtet sein, alle Mittel anzuwenden, um den Wert des Schilling im Ausland wiederherzustellen und die durch das Wegwerfen des Schilling anläßlich der Creditanstaltsaffäre ausgelöste Vertrauenskrise zu beheben."[61] Ende März 1932 war die Deckung des Notenumlaufs unter das gesetzliche Minimum gefallen und die OeNB mußte Notensteuer entrichten.

Da die Garantiestaaten auf die Empfehlung des Finanzkomitees des Völkerbundes vom September 1931 ablehnend reagiert hatten, trat die Bundesregierung am 9.5.1932 neuerlich an den Völkerbund mit einem Hilfsansuchen heran. Kienböck verband mit dem Völkerbundkredit die Hoffnung auf die bisher fehlende Erwartungswirkung und eine Erhöhung des Devisenangebotes: "Deshalb sei es von Bedeutung, einen neuen Kredit zu bekommen, um dadurch teils die Bevölkerung günstig zu beeinflussen, teils Erleichterungen bei der Devisenbewirtschaftung eintreten zu lassen."[62]

Kritisch war die Entwicklung der Währungsreserven vor allem, weil das vom Völkerbund entwickelte Konzept, den Schuldendienst für die Auslandsanleihen aus den Devisenerträgen der Devisenbewirtschaftung und aus Überschüssen der Leistungsbilanz zu finanzieren, nicht funktionierte. Die Devisennachfrage des privaten Sektors wurde aus den Einlieferungen gedeckt. Der Regierungsbedarf an Devisen mußte aus den Währungsreserven der OeNB finanziert werden.[63] Ab Mai 1932 war die Aufrechterhaltung der Bedienung der Auslandsschulden infolge der geringen Deviseneinlieferungen zunehmend schwieriger geworden. Lebensmittelimporte konnten nicht mehr bezahlt werden, während gleichzeitig die Vorräte zur Dotierung des staatlichen Schuldendienstes abnahmen. In Anbetracht des erneuten Kreditansuchens an den Völkerbund wurde versucht, die Devisenzuteilung und die Bedienung der

---

61 *Kienböck*, MRP Nr 785 v. 15.4.1932, S. 17-19.

62 Kienböck, 116. GR v. 28.5.1932.

63 115. GR v. 22.4.1932.

langfristigen Auslandsschulden des Bundes aufrechtzuerhalten. Die Deviseneingänge erwiesen sich als zu gering. Immer wieder mußte die OeNB die Bedienung der Kredite des Bundes aus ihren geringen, geborgten Reserven finanzieren. Die OeNB war "von Fall zu Fall nicht dazu in der Lage, den Devisenbedarf zu bedienen."[64]

Die Schuldner zahlten an einen Fonds, der gemeinsam von OeNB und vom Berater der OeNB verwaltet wurde. Bei der Frage der Auslandsschulden spielte der Dienst der Völkerbundanleihe und der Bundesanleihe 1930 eine große Rolle, da für diese beiden Anleihen pfandrechtliche Sicherstellungen gegeben wurden "und überdies die Garantie von neun Staaten bzw das Prestige des Völkerbundes mitwirkten."

Das Wechselkursregime wurde von den Erfordernissen der Bedienung der Auslandsschulden des Bundes bestimmt. Neue Kredite erschienen zur Verhinderung neuerlicher Abwertungserwartungen notwendig. "Die Exporte sinken täglich ... Die Schwierigkeiten seien in erster Linie handelspolitisch. Die Stimmung ist in Österreich pessimistischer als im Ausland. Deshalb sei es von Bedeutung, einen neuen Kredit zu bekommen, um dadurch teils die Bevölkerung zu beeinflußen, teils Erleichterungen bei der Devisenbewirtschaftung eintreten zu lassen."[65]

Am 22.7.1932 wurde auf der 5. Sitzung des Exekutivkomitees der OeNB ein Transfermoratorium erlassen. Die Schuldner von Fremdwährungsverbindlichkeiten hatte Zinsen und Tilgungen fristgerecht beim Auslandsschuldenfonds, der im Rahmen der OeNB eingerichtet worden war, zu hinterlegen. Die OeNB gab dann keine Devisen zur Überweisung der Fremdwährungsbeträge frei. Zugleich wurde begonnen, die abgelaufenen und im Jänner 1932 verlängerten Stillhalteabkommen mit den Auslandsgläubigern neu zu verhandeln, um die Devisennachfrage aus dem Kapitalverkehr weiter zu verringern.[66] Zusammen mit der in Lausanne erzielten Zusage einer international garantierten Anleihe zur Fundierung der Bundesschuld gelang es, die Währungsreserven zu stabilisieren und die Kontenabhebungen zum Stillstand zu bringen. Die Begebung der Anleihe war von einem Abkommen zwischen Bundesregierung und Auslandsgläubigern der CA abhängig.[67]

---

64 *Kienböck*, 116. GR v. 28.5.1932.

65 *Kienböck*, ebenda, S. 16.

66 Vgl. *Pressburger,* a.a.O., S. 453.

67 Art. VI (2) des Protokolls von Lausanne. Vgl. *Klingenstein, M.,* Die Anleihe von Lausanne. Ein Beitrag zur Geschichte der Ersten Republik Österreich in den Jahren 1931-1934, Diss. Universität Wien 1964, S. 158.

*Abbildung 5.1.*

**Gesamtumlauf, Außenkomponente und Wechsel 1931-1937**

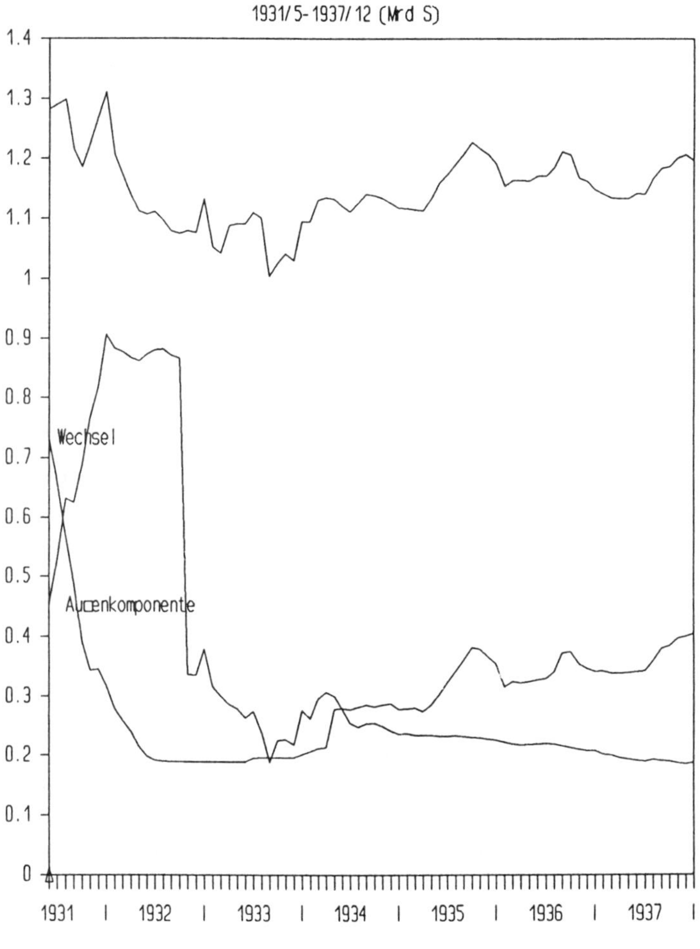

# 6. Kapitel

# Die Stabilisierung 1932-1934

## 6.1. Die Entwicklung des Zentralbankgeldes 1932/8-1934/7

Über die gesamte Stabilisierungsphase vom Transfermoratorium bis zur Aufhebung der Bundesgarantie für die Einlagen der CA im Juli 1934 stagnierte der Gesamtumlauf nahezu bei einer Steigerung von insgesamt 1.3% oder 0.06% monatlich.

*Tabelle 6.1.:*

**Beiträge der Komponenten zum Gesamtumlaufswachstum**

| | Ausland | Wechsel | Bund | Sonstige | Notenumlauf | Verbind | Gesamtumlauf |
|---|---|---|---|---|---|---|---|
| 1932/7-1933/7: | 0.6% | -68.2% | 53.8% | 4.9% | -4.6% | -4.2% | -8.9% |
| 1933/8-1934/6: | 7.6% | 5.9% | -2.9% | -0.4% | 5.2% | 4.9% | 10.2% |

Die Periode zerfällt in eine Phase der einjährigen Deflation des Zentralbankgeldes zum Zweck der Zahlungsbilanzanpassung bis zur Begebung der Lausanner Anleihe, in ihr sollten die Folgen der CA-Krise auf das Zentralbankgeld korrigiert werden. Es folgte eine zweite Phase, in der eine leichte Ausweitung des Gesamtumlaufes bis zum Ende der Bankenkrise erfolgte, sie war auf die Neubewertung der Währungsreserven und auf die Bankenstützung 1933/34 zurückzuführen.

Die Verringerung des Gesamtumlaufs um 8.9% zwischen Transfermoratorium und dem Eintreffen der Anleihemittel wurde dadurch verursacht, daß das Portefeuille um 14.5 Prozentpunkte Gesamtumlaufswachstum stärker eingeschränkt wurde als die Bundesschuld durch die Übernahme der Wechsel der CA stieg und die Gebarung mit sonstigen Aktiven und Passiven um 5 und die Auslandskomponente nur um 0.6 Prozentpunkte Gesamtumlaufswachstum wuchsen.

Das Gesamtumlaufswachstum von 10.2% nach der Lausanner Anleihe ging zu 7.8 Prozentpunkten auf die gestiegenen Währungsreserven und zu 5.9 Punkten auf die Übernahme von Wechseln ins Portefeuille zurück, während infolge restriktiver Verwendung von Anleihemitteln die Bundeskomponente mit 2.9 und die sonstigen Aktiven und Passiven mit 0.5 Prozentpunkten restriktiv wirkten.

Bei sinkenden Geldmengen und Kreditvolumen wurde das Zentralbankgeld seit dem Höhepunkt der Refinanzierung der CA bis zur Verbuchung der Lausanner Anleihe verringert, wobei der Schwerpunkt auf der Reduktion des Notenumlaufs lag.

*Tabelle 6.2.:*

**Notenumlauf und Gesamtumlauf 1931/32**

| | Notenumlauf | Änderung | Gesamtumlauf | Änderung |
|---|---|---|---|---|
| Maximum: | 1205307 | | 1311398 | |
| Datum: | 28.Wo.1931 | | 48.Wo.1931 | |
| Minimum: | 763197 | -36.7% | 991396 | -24.4% |
| Datum: | 7.Wo.1933 | | 35.Wo.1933 | |

## 6.2. Das Transfermoratorium

Obwohl die Devisennachfrage durch Bewirtschaftung und ab März 1932 durch die Einstellung des Kapital- und Zinsendienstes für die Auslandsschulden der CA eingeschränkt worden war, verlor die OeNB Reserven infolge des Devisenbedarfes für die Bedienung der Auslandsschulden des Bundes. In Übereinstimmung mit dem Finanzkomitee wurde auf der 5. Sitzung des Exekutivkomitees der OeNB am 22.7.1932 in Anwesenheit des ausländischen Beraters bei der Nationalbank die Einstellung des Transfers des Dienstes für Auslandsschulden beschlossen und durch eine Verordnung der Bundesregierung geregelt.

Rost van Tonningen akzeptierte diesen Schritt gegen die unmittelbaren Interessen der Auslandsgläubiger vorübergehend als Mittel zur Stabilisierung der Geldnachfrage: "This gradual reconstruction of the finances of the state could not, however, lead to an increase in popular confidence in the currency as long as the National Bank continued to suffer daily loss of foreign exchange. The suspension of transfer at the end of June put an end to this drain, but threatened to disorganise the whole Austrian system of foreign payments. This measure is open to criticism from many sides, but recognition must be given to the fact, that the National Bank has always striven to consider the conditions created by this decree only as a breathing-space to be utilised for preparing the measures required for a final solution of the monetary system."[1]

Die Stabilisierung der Währungsreserven war erforderlich, da die OeNB in die latente Bankenkrise beim Wiener Bankverein eingreifen mußte.[2]

Die Schillingbeträge zur Bedienung der Auslandsschulden wurden bis zum späteren Transfer in den Auslandsschuldenfonds der OeNB eingezahlt und unter den sofort fälligen Verpflichtungen der OeNB in die Bilanz eingestellt.

Im Jänner und April 1933 wurde das Transfermoratorium unterbrochen und der Schuldendienst für die Anleihe 1923/43 und für die Anleihe 1930 in Devisen überwiesen.[3]

Tilgungstermine der beiden Bundesanleihen von 1923 und 1930 wurden eingehalten, um die Begebung einer neuen Anleihe nicht zu erschweren. Die anderen Schuldner zahlten weiterhin die Schillingbeträge ihres Schuldendienstes an den Auslandsschuldenfonds. Außerhalb des Auslandsschuldenfonds wurden die Fremdwährungsschulden getilgt oder in Schillingschulden umgewandelt.

### 6.3. Die Lausanner Protokolle

Die Insolvenz einer weiteren Großbank, extremer Devisenmangel und die lange Dauer bis zum Einlangen der "Lausanner Anleihe" zwangen die Währungspolitik zu Improvisationen bei ihren Stabilisierungsversuchen. Die Kontrolle der Fiskal- und Währungspolitik durch den Vertreter des Völkerbundes erreichte ohne Lösung der fiskal-, zahlungsbilanz- und bankenpolitischen Fragen keine Stabilisierung der Geldnachfrage.

Die Vorgaben für die Sanierung bestanden in der Fixierung eines möglichst wenig abgewerteten Wechselkurses bei möglichst ungehin-

---

[1] *League of Nations,* The Financial Position of Austria, 4th Report, Geneva 1932.

[2] 116. GR v. 28.5.1932.

[3] "The latter payment prevented default on one of the most important of Austria's international issues, thus strengthening the country's credit". *League of Nations,* The Financial Position of Austria, 2nd Quarter of 1933, Geneva 1933, S. 3.

dertem Kapitalverkehr, was die Regelung der Auslandsschulden voraussetzte.

Die Stabilisierung nach der Bankenkrise zielte zwischen 1931 und 1934 mit folgenden Maßnahmen auf die Verringerung der Inflations- und Abwertungserwartungen und neuerliche

- *Kursfixierung:*

  Steigerung der Glaubwürdigkeit der disinflationären Währungs- und Fiskalpolitik in Form der Kontrolle durch den Generalkommissär des Völkerbundes und einen ausländischen Berater bei der OeNB.

- *Fiskalpolitik:*

  Einstellung der laufenden und Verhinderung möglicher Geldmengenfinanzierung von Defiziten des Bundes:

  Beschränkung des Defizits aus laufenden Ausgaben

  langfristige Fundierung der Bundesschuld aus der Stützungsaktion der CA vom Mai 1931,

  Feststellung und Regelung der Verpflichtung des Bundes aus den garantierten Auslandsschulden der CA,

  Aufhebng der Bundesgarantie für die Verbindlichkeiten der CA,

- *Zentralbankgeldangebot:*

  Verringerung des Zentralbankgeldes durch Abschöpfung von Kassenbeständen durch eine Bundesanleihe,

  Sanierung der Folgen der statutenwidrigen Geldschöpfung, Übernahme der Notenbankverschuldung der CA durch den Bund und Senkung der statutarischen Mindestdeckung,

  Neuausstattung der Notenbank mit Devisenreserven in eigener Verfügung,

  Neubewertung der Währungsreserven,

- *Sicherung der Giralgeldnachfrage durch:*

  Verhinderung weiterer Bankenzusammenbrüche durch Fusion und Liquidation von Banken,

- *Konkurrenzbeschränkende Regulierung und Ertragsstärkung der Geschäftsbanken:*

  Kostensenkung, Entlastung von ertragslosen Aktiven, Eigenkapitalzufuhr durch die öffentliche Hand.

- *Devisenbewirtschaftung:*

  Trennung der Devisennachfrage von der Notenbankbilanz durch Verweisung der Nachfrage an den privaten Devisenmarkt,

  vorübergehene Senkung der Devisennachfrage: Verringerung der Devisennachfrage aus den Schulden der Geschäftsbanken durch Stillhalteabkommen mit deren Auslandsgläubigern,

  vorübergehende Einstellung des Devisentransfers für den Schuldendienst staatlicher Anleihen,

- *Zahlungsbilanzmaßnahmen:*

  Wiederaufnahme der Devisentransfers für Auslandsschulden,

  Reliberalisierung des Devisenverkehrs,

  Festsetzung der Zahlungsbilanzposition aus langfristiger Auslandsverschuldung durch Regelung der Auslandsschulden der CA

  Verbesserung der Handelsbilanz durch Beschränkung der Inlandsnachfrage, bewirkt durch restriktive Kreditgewährung sowie Fiskal- und Geldpolitik,

  Abwertung und Kursvereinheitlichung: Neuformulierung des Wechselkurszieles.

Gemeinsamer Angelpunkt aller drei Komponenten der Stabilisierung - Zahlungsbilanz, Fiskalpolitik und Bankenstützung - war die Regelung der Auslandsschulden der CA zwischen Bund und Auslandsgläubigern der Bank. Sie ermöglichte den Abschluß der Zahlungsbilanzmaßnahmen, die Fundierung der Bundesschuld, den Neuaufbau der offiziellen Währungsreserven sowie die Reorganisation des Aktienbankensektors.

Die Erklärung von Bundeskanzler Buresch im September 1931 war auf diese Frage nicht eingegangen. Sie erwies sich als Hindernis für eine Auslandsanleihe an den Bund. In den Lausanner Protokollen vom Juli 1932 wurde dies anerkannt. Der Abschluß des Abkommens im Jänner 1933 ermöglichte die Begebung der Anleihe und damit weitere Maßnahmen zum Abschluß der Stabilisierung nach der Bankenkrise.

Die Stabilisierungsmaßnahmen waren ab dem vierten Quartal 1931 eingeleitet worden. Devisenmangel sowie die latente Bankenkrise bei der Niederösterreichischen Escompte Gesellschaft und beim Wiener Bankverein machten kurzfristig Maßnahmen wie die Verschärfung der Devisenbewirtschaftung und das Transfermoratorium sowie die Stützung und Fusion der beiden Banken notwendig.

Nachdem Bundeskanzler Buresch am 9.5.1932 zum dritten Mal seit Ausbruch der CA-Krise mit dem Hinweis auf die schwindenden Währungsreserven, die zur Bezahlung der Importe nicht mehr ausreichten, an den Völkerbund appelliert hatte, stimmte die französische Regierung Anfang Juni einer Anleihe unter der Bedingung der Erneuerung der in den Genfer Protokollen enthaltenen Erklärung über die österreichische Unabhängigkeit zu.[4] Die Entscheidung hatte sich wegen der widersprüchlichen Zentraleuropapläne Frankreichs und Englands um ein Jahr verzögert.

Das Protokoll von Lausanne wurde am Rande der internationalen Konferenz zur Lösung der Kriegsschulden- und Reparationsfragen am 19.7.1932 unterzeichnet.[5] Es wurde als Schritt zu einer wirtschaftlichen Restrukturierung Zentraleuropas gesehen.[6] Zunächst verzögerte sich sowohl die Einigung über die Regelung der Auslandsschulden der CA, die ab Oktober 1932 zwischen Bundesregierung und Auslandsgläubigern verhandelt wurde, als auch die Ratifizierung der Lausanner Protokolle.

Das Protokoll enthielt insbesondere folgende Regelungen:

Art. IV: Verpflichtung zum Gleichgewicht im Staatshaushalt

Art. V: Verpflichtung zu Kursvereinheitlichung und Reliberalisierung des Devisenverkehrs

Art.VI

(1): Verpflichtung zur Aufnahme einer Regelung mit den Gläubigern der CA in das Reformprogramm der Regierung

(2): Abkommen mit ausländischen Gläubigern der CA unter Vermeidung eines "übermäßigen Drucks auf den Schilling"

(3): Regelung der Schulden der CA bei der Nationalbank, Begebung einer Anleihe von 200 Mill S

Art.VII: Ernennung eines Vertreters des Völkerbundes und eines Beraters bei der Nationalbank

---

4 *Beer, S.*, Der "unmoralische" Anschluß, Wien 1988, S. 134-138.

5 *Klingenstein, M.*, Die Anleihe von Lausanne. Ein Beitrag zur Geschichte der Ersten Republik Österreich in den Jahren 1931-1934, Diss. Universität Wien 1964, S. 155-169.

6 "The fact that the Final Act of the Lausanne Conference provides for such further action emphasises the character of the Austrian scheme as being a first important step in the reconstruction of Central Europe." *League of Nations*, The Financial Position of Austria, 2nd Quarter of 1932, Geneva 1932, S. 2.

Anlage II

Art.I: Ausgleich des Bundesbudgets, weitere Einsparungen für 1932, Freigabe der 100 Mill S für laufende Ausgaben

Art.II: Reformprogramm für die Bundesbahnen

Art.III: Kontrolle der Anleiheoperationen über 75 Mill S durch den Völkerbund

Art.IV: Einwirken der Bundesregierung auf Budgetausgleich der Länder und Gemeinden

Art.V: Meldepflicht für öffentliche und private Kredite mit über 1 Mill S Auslandsverschuldung bei der OeNB[7]

Der Anspruch der Auslandsgläubiger CA auf ein Abkommen über die Regelung ihrer Forderungen an die Bundesregierung wurden grundsätzlich anerkannt, womit ein Hindernis für die Kreditzusage beseitigt war:[8]

"(1) Es besteht Einverständnis darüber, daß die Regelung der CA-Frage in das Programm der finanziellen Reformen, die den Gegenstand des gegenwärtigen Protokolls bilden, aufzunehmen ist.

(2) Die österreichische Regierung wird unverzüglich alles aufbieten, um mit den ausländischen Gläubigern der CA ein Abkommen zu treffen, das der Notwendigkeit Rechnung tragen soll, einen übermäßigen Druck auf den Schilling zu vermeiden."

Mit der Rückkehr zum Wechselkursziel bei freiem Devisenverkehr wurde der Grundsatz der Währungspolitik nach der Bankenkrise statuiert (Art.V).

"Die Währungspolitik Österreichs wird dahingerichtet sein, in möglichst kurzer Frist und unter den notwendigen Vorsichten den bestehenden Unterschied im Werte des Schillings im In- und Ausland abzuschaffen und wird sich dahin orientieren, die gegenwärtigen Beschränkungen des Devisenverkehrs sukzessive und damit auch die Behinderung des internationalen Austauschverkehrs zu beseitigen."[9]

---

7 *Klingenstein, M.*, Die Anleihe von Lausanne. Ein Beitrag zur Geschichte der Ersten Republik Österreich in den Jahren 1931-1934, Diss. Universität Wien 1964, S. 155-162.

8 Das Protokoll von Lausanne, *Klingenstein, M.*, Die Anleihe von Lausanne. Ein Beitrag zur Geschichte der Ersten Republik Österreich in den Jahren 1931-1934, Diss. Universität Wien 1964, S. 158.

9 Zuschrift vom 19.7.1932 an das Präsidium des Nationalrates betreffend den in Genf unterzeichneten Anleihevertrag, Wien, am 19.7.1932, zit. in *Klingenstein, M.*, Die Anleihe von Lausanne. Ein Beitrag zur Geschichte der Ersten Republik Österreich in den Jahren 1931-1934, Diss. Universität Wien 1964, S. 158.

Die für die langfristige Zahlungsbilanzposition ausschlaggebende Festlegung der Auslandsschulden der CA sollte die Höhe des Stabilisierungskurses nicht beeinflussen. Die Wechselkursfixierung setzte die Regelung der Auslandsschulden vor allem der CA voraus. Die Art. V und VI der Lausanner Protokolle legten die Bedingungen für die Wahl des Wechselkursregimes und indirekt das Ausmaß der Deflation des Zentralbankgeldes fest. Ab März 1933, einige Wochen nach dem Abkommen mit den Auslandsgläubigern der CA, wurde damit begonnen, die Schwankungsbreite des Kurses zu verringern und die Reduktion des Zentralbankgeldes zu beenden. Die Mittel der Anleihe sollten zur Fundierung der kurzfristigen Bundesschuld aus der Stützung der CA vom Mai 1931 verwendet und diese Quelle möglicher künftiger Geldschöpfung endgültig ausschließen. Das Zentralbankgeld sollte durch Rückzahlung der Notenbankverschuldung des Bundes verringert werden.

Die vorgesehenen Maßnahmen bauten auf der Verpflichtungserklärung der Bundesregierung vom September 1931 auf, verzichteten aber auf die von der Redaktionskomission zur Untersuchung der wirtschaftlichen Schwierigkeiten Österreichs stammende Forderung nach Preisreduktionen sowie auf die geplante Einführung von Mindestreserven und erweiterter Berichtspflicht der Geschäftsbanken.

Neu hingegen war die Verpflichtung zur Übernahme der Notenbankverschuldung der CA durch den Bund, die Meldepflicht für auf Fremdwährungen beruhende Großkredite und die Kontrolle über 75 Mill S übersteigende Anleiheoperationen des Bundes durch Völkerbundvertreter, eine verschärfte Bindung der OeNB gegenüber der Kreditgewährung an den Staat.

Die Konsolidierung der Währungssituation verzögerte sich durch die Dauer der Verhandlungen mit dem ausländischen Gläubigerkomitee der CA über dessen endgültige Ansprüche nach Ablauf des Stillhalteabkommens vom 16.6.1931. Im August 1933, ein Jahr nach der Zusage im Juli 1932, wurde die Anleihe begeben.

Daher mußte die österreichische Wirtschaftspolitik die Stabilisierungsmaßnahmen im Einvernehmen mit den Gläubigerinstitutionen, aber mit eigenen Mitteln setzen. Die Verschärfung der Devisenbewirtschaftung und der Abschluß der Verhandlungen über den Völkerbundkredit am 15.7.1932 begannen die Geldnachfrage zu stabilisieren. Die Verluste bei Devisenreserven und Spareinlagen und der Anstieg des Wechselportefeuilles kamen im September und Oktober 1932 zum Stillstand. Damit war die Flucht aus dem Schilling ähnlich wie 1922 durch Devisenbewirtschaftung und Zusage eines mit Auflagen für die Fiskal- und Geldpolitik verbundenen Kredites des Völkerbundes gestoppt.

*Tabelle 6.3.:*

**Spareinlagen, Wechsel und Devisenreserven 1932 in Mill S**

| 1932 | Spareinlagen | Wechsel | Devisen-reserven | Goldpreis in % der Parität |
|---|---|---|---|---|
| Jan. | 1962 | 853.3 | 337.4 | 129 |
| Feb. | 1977 | 853.5 | 295.4 | 136 |
| Mar. | 1991 | 841.3 | 267.7 | 129 |
| Apr. | 1990 | 845.7 | 249.1 | 115 |
| Mai | 1965 | 875.1 | 227.6 | 125 |
| Jun. | 1949 | 849.7 | 210.2 | 133 |
| Jul. | 1946 | 866.9 | 193.4 | 129 |
| Aug. | 1940 | 867.0 | 190.6 | 121 |
| Sep. | 1938 | 854.7 | 189.8 | 120 |
| Okt. | 1946 | 322.9 | 189.4 | 120 |
| Nov. | 1958 | 320.8 | 189.1 | 120 |
| Dez. | 1950 | 355.1 | 188.8 | 120 |

Quelle: *MB des ÖIfK* 1933/2, S. 38, 1933/1, S. 14.

Das Budgetdefizit wurde ab 1931 verringert. Da dem Bund 1932 der Kapitalmarkt verschlossen war, wurde um Inflations- und Abwertungserwartungen künftiger Geldschöpfung zu vermeiden, im Abschwung 1932 eine scharfe Parallelpolitik realisiert und das Budgetdefizit gegenüber 1931 um 2.9 Prozentpunkte BNP eingeschränkt.[10] Das Lausanner Protokoll verpflichtete die Bundesregierung zur Einsparung von 45 Mill S für 1932, zur Annahme eines Reorganisationsprogrammes für die Bundesbahn und band die Begebung von Anleihen der Länder und Gemeinden an die Zustimmung des Finanzministers, der Nationalbank und des Völkerbundvertreters.

---

[10] Vgl. *Butschek, F.*, Österreichs Wirtschaft im 20. Jahrhundert, Wien 1985, S. 225.

Bundesdefizite in Prozent des BNP

| 1930 | 1931 | 1932 | 1933 | 1934 | 1935 | 1936 | 1937 |
|---|---|---|---|---|---|---|---|
| 2.3% | 3.1% | 0.2% | 2.7% | 2.5% | 1.7% | 0.4% | 0.7% |

Die schwebenden Schulden des Bundes stiegen von September 1931 bis zum 3.Quartal 1933 um 75 Mill S für die Bankenreorganisation im März 1933 und 15 Mill S für Arbeitsbeschaffung.[11]

Im Zuge der Stabilisierung war die Sanierung der Notenbankbilanz durch Restrukturierung des Geldangebotsprozesses notwendig. Dazu sollte die in der CA-Krise entstandene Komponente des Zentralbankgeldes in Bundesschuld umgewandelt und sukzessive durch Rückzahlung abgebaut werden. Zugleich wurde die CA dadurch entschuldet. Die OeNB sollte durch die Rückzahlung der kurzfristigen Kredite von BIZ und BOE aus den Mitteln der Anleihe wieder volle Verfügung über ihre Währungsreserven erhalten, eine Voraussetzung für die Wechselkursfixierung bei möglichst liberalem Devisenmarktregime. Das Zentralbankgeld sollte durch die Rücklösung von Wechseln der Banken - zumindest im Ausmaß der zufließenden Primärmittel - Erhöhung der Einlagekoeffizienten und Zentralbankgeldvernichtung, Rücklösung von Wechseln aus von der Nationalbank dotierten Mitteln der Industriekredit AG, sowie aus Anleihen und aus der laufenden Gebarung des Bundes verringert werden.

Das Wechselportefeuille wurde durch die formelle Übernahme von 571 Mill S Wechselschulden der CA bei der OeNB in einem Aktivatausch durch den Bund mit 18.8.1932 verringert. Von der Wechselschuld der CA bei der OeNB von 691 Mill S verblieben 120 Mill S Wechsel innerhalb des Rediskontrahmens der CA bei der OeNB im Portefeuille. Die 571 Mill S der garantierten Finanzwechsel der CA übernahm der Bund gegen Belastung des Hafterfüllungskontos und refinanzierte sich dafür derart bei der OeNB, daß die Bundesschuld in die Komponenten A im Ausmaß von 171 Mill S sowie B und C im Ausmaß von jeweils 200 Mill S geteilt und in die Bilanz der OeNB eingestellt wurde.

Die Bundesschuld A sollte ab 1946, die Schuld B aus einer Inlandsanleihe getilgt werden. Die Bundesschuld A wurde, soweit für eine sechsprozentige Mindestdividende der OeNB Aktie notwendig, mit 1% verzinst, Bundesschuld C wurde mit 3% verzinst, die aus dem Bundesanteil am Notenbankgewinn aufgebracht werden sollten. Die Bundesschuld wurde damit zur wichtigsten Einnahmequelle der OeNB. Die Nationalbank war über diese Ertragskomponente eng mit dem Bund verbunden und von Einnahmen aus kommerzieller Refinanzierung unabhängig geworden.

---

11 *League of Nations,* The Financial Position of Austria, 3rd Quarter of 1933, Geneva 1933, S. 8.

Die Bundesschuld B konnte wegen der finanziellen Situation des Bundes nicht im erwarteten Ausmaß getilgt werden. 30 Mill S aus dem Ertrag der Lausanner Anleihe wurden im September 1933 abgebucht. Auch die Inlandsanleihe des Bundes wurde nicht wie geplant zur Zentralbankgeldvernichtung verwendet. Dadurch wurde der Gesamtumlauf weniger als geplant verringert und blieb inflexibel. Der Schuldendienst wurde in Form eines höheren Anteils des Bundes am Notenbankgewinn durch die OeNB subventioniert.[12]

In Abänderung der Deckungsbestimmungen sollte der Gesamtumlauf abzüglich der Bundesschuld A bis 31.12.1936 zu 20%, während weiterer fünf Jahre zu 24% und für den Rest des Privilegs zu 25% durch den Barschatz gedeckt werden.[13] Damit war die seit März 1932 bestehende Notensteuerpflicht beendet und die Zentralbankgeldschöpfung entsprach wieder den Statuten.

Zur Anpassung der Zahlungsbilanz bei möglichst geringer Abwertung des Wechselkurses war geplant, das inländische Kreditvolumen, die Inlandskomponente des Zentralbankgeldes und - damit verbunden - die Kredite der Banken, zu verringern. Die Inlandskomponente des Gesamtumlaufs sollte durch Abbau der Notenbankschuld des Bundes durch eine Anleihe und durch Reduktion des Wechselportefeuilles verringert werden.

Die OeNB hatte schon im Herbst 1931 die Refinanzierung der Banken eingeschränkt, als diese wegen der ungeklärten Situation der CA und der fortdauernden Geldschöpfung Einlagen verloren. Damit war der deflationäre Druck auf das Kreditvolumen über das Ausmaß der Kürzung der Refinanzierung im Umfang des Einlagenwachstums erhöht worden. Eine Zeitlang gab die OeNB bei ihr eingereichte Wechsel unter ihrer Garantie im Privatdiskont auf dem privaten Geldmarkt weiter, um das Portefeuille zu verringern.[14] Die zahlungsbilanzbedingte Liquiditätsverringerung traf die Refinanzierung der Banken und die im Run auf die Banken erhöhte Kassenhaltung des Publikums. Die Deflation sollte den Wechselkurs steigern, wie anläßlich der geplanten Inlandsanleihe festgestellt wurde: "... Wird die Anleihe nur aus Horten aufgebracht, ... wird aber kein Einfluß auf die Parität des Schilling ausgeübt. ... Der Vorteil der Anleihe läge in der Beseitigung eines Gefahrenmoments. ... Handelt es sich um echtes Kapital, so liegt eine Deflation vor, die einen

---

12 Während umgekehrt der Bund die Mindestdividende der OeNB sicherte.

13 117. GR v. 27.7.1932.

14 119. GR v. 9.11.1932, 121. GR v. 17.2.1933, über Einschränkung dieser Praxis: 128. GR v. 9.3.1934.

stärkenden Einfluß auf den Schilling haben müßte."[15] Da die Anleihe nicht zur Geldmengenverringerung eingesetzt werden konnte und das Portefeuille Mittel aus einer neuerlichen Bankenstützung aufnehmen mußte, lag der Schwerpunkt trotz der Verringerung des Zentralbankgeldes bis Mitte 1933 auf der Reduktion des Kreditvolumens der Banken, die durch die Einschränkung der Notenbankrefinanzierung, die Rückzahlung der Auslandsschulden und die Erhöhung der Reserven bedingt war. Sie erzwang die dem Zahlungsbilanzziel entsprechende Verringerung der Einkommen.

## 6.4. Abkommen mit Auslandsgläubigern

Die Begebung der von den Signatarmächten der Anleihe von 1922 garantierten Anleihe sollte die Kreditwürdigkeit des Bundes dokumentieren. Sie sollte Abwertungserwartungen vermindern, da die mögliche Geldschöpfung und Einflüsse der Auslandsschulden auf die Devisennachfrage ausgeschlossen waren.

Voraussetzung dafür war der Abschluß eines Abkommens zwischen Bund und Auslandsgläubigern der CA über die Rückzahlung der durch die Garantieerklärung übernommenen Auslandsschulden der Bank. Im Zuge der Übernahme der CA hatte der neue Direktor, A. van Hengel, im März 1932 unter Bruch des Stillhalteabkommens vom Juni 1931 die Zinszahlung für Auslandsschulden der CA eingestellt und die Übernahme der gesamten Schulden der CA durch den Bund gefordert.

Die Inlandsschulden der CA waren durch die Übernahme der Notenbankverschuldung durch den Bund mit 10.8.1932 und durch die Aufhebung der Bundeshaftung für die Einlagen der Bank am 20.7.1934 geregelt.

Die Gläubiger der CA hatten am 16.6.1931 einem bis 1.6.1933 befristetem Stillhalteabkommen zugestimmt, doch hatte Finanzminister Juch die Gläubigervertreter vor Unterzeichnung des Abkommens darauf aufmerksam gemacht, daß sie nicht damit rechnen könnten, daß ihre Forderungen bezahlt würden, da weder die CA, noch der Bund dazu in der Lage sein dürften.[16]

Die Regelung der CA-Schulden war ausschlaggebend für den weiteren Verlauf der Stabilisierung, weil die Regierungen der Gläubigerbanken

---

15 *MB des ÖIfK* 1932/2, S. 20.

16 Finanzminister *Juch*, MRP 701 vom 15. Juni 1931, zit in: *Stiefel, D.*, Finanzdiplomatie und Weltwirtschaftskrise. Die Krise der Creditanstalt und ihre Bewältigung, Frankfurt a. M. 1989. *Stiefel, D.*, Die Große Krise in einem kleinen Land. Österreichische Finanz- und Wirtschaftspolitik 1929-1938, Wien 1988, S. 196.

der CA in den Völkerbundgremien vertreten waren, in denen sich die Bundesregierung um Kredit bewarb und der Abschluß der Stabilisierung von der Begebung der Anleihe abhing.[17]

Im Mai 1932 hatten die Auslandsgläubiger Forderungen gestellt, denen im Juni ein Gegenvorschlag der Bundesregierung und im Juli 1932 ein Plan Kindersleys gefolgt waren. Am 18.11.1932 wurde zwischen Bundesregierung und Auslandsgläubigern ein "Heads of Agreement" zur vorläufigen Regelung der Auslandsschulden der CA geschlossen.[18]

Die Ratifizierung der Lausanner Anleihe in den Parlamenten der Signatarstaaten verzögerte sich bis zum letztmöglichen Termin und schob die formelle Regelung der Auslandsschulden hinaus. Am 20.12.1932 stimmte das britische Unterhaus der Ratifizierung des Lausanner Protokolls zu, am 26.12.1932 die italienische Kammer und am 28.12. 1931 die französische Kammer, nachdem Ministerpräsident Paul-Bancour die Vertrauensfrage mit der Zustimmung zur Ratifizierung verbunden hatte. Die italienische Ratifizierungsurkunde wurde am 27.12., die britische am 29.12. und die französische Urkunde wurde nach der Zustimmung des Senates am 30.12, dem vorletzten Tag der Ratifizierungsfrist, in Genf hinterlegt.[19]

Am 11.1.1933 wurde das "Londoner" Abkommen zwischen der Bundesregierung und dem "Austrian Credit-Anstalt International Committee" unterzeichnet und die Höhe der zu leistenden Zahlungen festgelegt. Dadurch war der Weg für die weitere Stützung und Restrukturierung von Kreditinstituten im März 1933 und für die Begebung der Anleihe im August 1933 frei. Durch Einbringung der abgewerteten Auslandsaktiva der CA in die Firma GESCO und durch Abschreibung und Neuzeichnung des Aktienkapitals der CA durch den Bund reduzierten sich die Bundesschulden an die Auslandsgläubiger der CA von 421 Mill S auf 212 Mill S, die ab März 1933 zurückgezahlt werden sollten.[20]

---

17 Für eine, die Schuldner und die österreichische Wirtschaftspolitik benachteiligende Verteilung der Verfügungsrechte und die Verflechtung von Gläubigerkomitee, Völkerbundsorganen, Miteigentümern der Schuldner steht exemplarisch Sir Otto Niemeyer. Er war Hauptkassier der BOE, Mitglied des Gläubigerkomitees der CA, Verwaltungsrat der CA, britischer Vertreter bei der BIZ und Delegierter sowohl im Finanzkomitee als auch im österreichischen Kontrollkomitee. Vgl. *Beer, S.,* Der "unmoralische" Anschluß, Wien 1988, S. 108.

18 *Beer, S.,* Der "unmoralische" Anschluß, Wien 1988, S. 147f.

19 *Beer, S.,* Der "unmoralische" Anschluß, Wien 1988, S. 150f.

20 Beträge vgl. *Stiefel, D.,* Finanzdiplomatie und Weltwirtschaftskrise. Die Krise der Creditanstalt und ihre Bewältigung, Frankfurt a. M. 1989, S. 208f.

Die Belastung der Zahlungsbilanz durch Schulden der CA war vorerst ausgeschlossen. Dies reduzierte Abwertungserwartungen und erleichterte die Kursfixierung. Durch Festlegung der verschiedenen Ansprüche war der Weg zur Sanierung des Wiener Bankvereins und der Niederösterreichischen Escompte Gesellschaft freigeworden.

Wegen des Bedarfs an Budgetmitteln für die Rekonstruktion der Niederösterreichischen Escompte Gesellschaft und des Wiener Bankvereins wurde am 27.4.1933 ein Zusatzabkommen geschlossen, das die tatsächliche Aufnahme der Zahlungen vom 1.3.1933 auf März 1935 verschob. Später mußte der Zahlungsbeginn auf März 1936 verschoben werden.[21] Am 29. Jänner 1936 setzte ein neuerliches Abkommen den Zahlungsbeginn für Anfang 1937 fest. Im August 1933 strömten die Mittel verschiedener Ländertranchen der Lausanner Anleihen ein.

## 6.5. Verwendung der Anleihemittel

Die Mittel der Lausanner Anleihe sollten folgende Funktionen erfüllen:

a) Konsolidierung der schwebenden Schuld des Bundes im In- und Ausland, freie Verfügung der OeNB über ihre Währungsreserven

b) Beseitigung der Transferrückstände des Bundes bei der Bedienung der Völkerbundanleihe 1923/43, der Investitionsanleihe 1930 sowie der Südbahnschuld und damit Stärkung seiner Kreditwürdigkeit

c) Wirkungen auf die Zentralbankbilanz
Verringerung der Passiven durch die Rückzahlung der Schuld der OeNB bei der BIZ, Verringerung des Wechselportefeuilles, Verringerung der Anderen Aktiven

d) Signalfunktion für die Währungspolitik[22].

Die in der CA-Krise eingegangene kurzfristige Verschuldung des Bundes im Ausland und die schwebende Schuld bei inländischen Banken wurde ab August 1933 aus der Lausanner Anleihe konsolidiert und der

---

[21] *Stiefel, D.,* Finanzdiplomatie und Weltwirtschaftskrise. Die Krise der Creditanstalt und ihre Bewältigung, Frankfurt a. M. 1989, S. 194-210, S. 238.

[22] Das ÖIfK interpretierte die Anleihe als "die neue und feierliche Bekräftigung der schon seit längerer Zeit erfolgreich betriebenen Währungs- und Finanzpolitik, die sich eine vollständige Erfüllung aller privaten und öffentlichen Verpflichtungen an das Ausland, sowie eine möglichst rasche Normalisierung und Stabilisierung der Währung und des Zahlungsverkehrs" zum Ziel gesetzt hat. *MB des ÖIfK* 1933/ 8, S. 132.

*Tabelle 6.4.:*

**Gesamtumlaufswirkungen d. Lausanner Anleihe von 7.8 1933 bis 30.9.1933 (in Mill S gerundet)**

| Bilanz-summe | Gesamt-umlauf | Noten-umlauf | Verbind-lichk | Sonst. Passiva | Andere Aktiva | Bundes-schuld |
|---|---|---|---|---|---|---|
| -173 | -65 | +90 | -156 | -108 | -142 | -31,5 |

Quelle: Mitteilungen des Direktoriums der OeNB.

Kredit der OeNB bei der BIZ zurückgezahlt. Aus dem Erlös von 237,4 Mill Goldschilling der internationalen Anleihe 1933/53 zahlte der Bund den kurzfristigen Kredit der BOE von 100 Mill S zurück, reduzierte die Bundesschuld B bei der OeNB um 30,5 Mill S und löste Schatzscheindarlehen bei Banken zurück.[23]

Die Transferrückstände der Völkerbundanleihe und der Investitionsanleihe des Bundes von 73 Mill S sowie der Südbahnschuld von 12 Mill S wurden abgebaut und die Transferkonten des Bundes bei der OeNB verringert.

Der Bund übergab dabei der OeNB Devisen gegen Papierschilling. Mit diesem Betrag zahlten Bund und Bundesbahn Kredite bei den Geschäftsbanken zurück, die dafür ihre Notenbankverschuldung reduzierten. Die OeNB selbst zahlte im August 1933 die verbliebenen 90 Mill S des Rediskontkredites der BIZ vom Mai 1931 mit den ihr von der Regierung verkauften Devisen aus der Lausanner Anleihe zurück. Dies verringerte ihre Giroverbindlichkeiten.[24] Die von der BIZ rückgelösten Wechsel wurden in das Portefeuille eingestellt und kompensierten zum Teil dessen Verringerung durch die Einlösung der Wechseln der Kreditinstitute.

Die Höhe der Währungsreserven blieb unverändert, da der Bund nur Devisen in der Höhe der von Bund und OeNB zurückzuzahlenden Verpflichtungen an diese verkaufte und den Rest am Privatclearing-Markt kursstützend, nicht geldmengenwirksam einsetzte. Die Wäh-

[23] Die englische Tranche beschränkte sich auf die Umschuldung des Kredites der BOE.

[24] 125. GR v. 29.9.1933.

rungsreserven waren für die OeNB frei verfügbar und beruhten auf langfristigem Kapitalimport des Bundes.

Der Gesamtumlauf der OeNB wurde durch die Transaktionen der Lausanner Anleihe reduziert. Da die verringerten Verbindlichkeiten der OeNB vorher nicht frei verfügbar gewesen waren, hatte dies keine restriktive Wirkung. Der Notenumlauf expandierte.

Auch die Auslandsschulden der anderen Banken wurden geregelt. Die OeNB dotierte zwischen Juli 1932 und Frühjahr 1935 - mit Unterbrechungen - die Bedienung ausgewählter Auslandsschulden in erster Linie des Bundes mit Devisen. Die massive Rückzahlung der Auslandsschulden erfolgte abseits der Notenbankbilanz unabhängig vom Zentralbankgeldangebot.[25]

Die OeNB versuchte im Gegensatz zur Ungarischen Nationalbank nicht, die Rückzahlung von Auslandsschulden zu bremsen. Die Auslandsschulden wurden unbeschadet der Geltung einer Reihe von Stillhalteabkommen verringert. Stillhalteabkommen zwischen ausländischen Gläubigern der österreichischen Banken- außer der CA - waren 1931 mit Gültigkeit bis 20.1.1932 geschlossen worden. 1932 und im Jänner 1933 wurden sie in einem einheitlichen Abkommen mit den amerikanischen und englischen Gläubigern erneuert und am 15.1.1934 verlängert. Das Abkommen wurde mit 10.12.1934 auf Betreiben der österreichischen Seite nicht mehr prolongiert. Ein großer Teil der Kredite war zu diesem Zeitpunkt schon in privaten Arrangements getilgt worden.[26] Auslandsschulden der CA wurden bis 1937 nicht getilgt, was die laufende Zahlungsbilanz entlastete und die erforderlichen offiziellen Reserven steigerte.

Insgesamt wurden nach der CA-Krise 1932-1935 schätzungsweise 1.7 Mrd S bzw ca 36% der Auslandsschulden zurückgezahlt (Vgl. Tabelle 7.2., S. 186). Die Kreditinstitute verrringerten ihre Auslandsschulden um rund 1.62 Mrd S oder 85%, während die Auslandsverschuldung des Bundes durch die Lausanner Anleihe um 0.68 Mrd S stieg. Der Schwerpunkt der Verschuldung verschob sich mangels kommerziellen Kapitalverkehrs von kurzfristigen Auslandskrediten der Banken zu langfristigen Anleihen des öffentlichen Sektors.

---

[25] So verringerten die österreichischen Banken abgesehen von der CA ihre schon stark abgebauten kurzfristigen Auslandsschulden zwischen 31.12.1932 und 31.3.1934 von 115 Mill S auf 32 Mill S. *League of Nations,* The Financial Position of Austria, 1st Quarter 1934, Geneva 1934, S. 7.

[26] *League of Nations,* The Financial Position of Austria, 4th Quarter 1934, S. 16: "With this, almost the last step has been taken towards restoring normal financial relations between Austria and the Western nations."

## 6.6. Kursvereinheitlichung und Abwertung

Der Abbau der Devisenbewirtschaftung und die Abwertung erfolgten durch schrittweises "Herantasten" an den neuen Kurs. Zuerst wurden in steigendem Ausmaß Handelsbilanztransaktionen auf den freigegebenen privaten Devisenmarkt verwiesen. Wichtige Positionen der Kapitalverkehrsbilanz wurden fixiert. Dann wurden die kursstützenden Devisenmarktinterventionen wieder aufgenommen und schließlich nach dem Einfließen der Devisen aus der Lausanner Anleihe Mittel für den Schuldendienst der Fremdwährungskredite sukzessive zur Überweisung freigegeben. Mit dieser Abfolge war der Einfluß des Kapitalverkehrs auf den Wechselkurs ausgeschaltet worden.

Ab 18.7.1932 war beim Wiener Giro- und Kassenverein ein Markt mit freier Preisbildung für Devisen, die aus nicht ablieferungspflichtigen Erträgen von Exporten stammten, eingerichtet worden. Der Forderung der Lausanner Protokolle nach Kursvereinheitlichung und Abwertung wurde dadurch entsprochen, daß Ablieferungspflicht und Zuteilung von Devisen aus Außenhandelstransaktionen eingestellt wurden.

Ab 21.11.1932 wurden alle Ansuchen Privater um Zuteilung von Devisen auf den Privatclearingmarkt verwiesen, womit der Kurs für den Gütermarkt vereinheitlicht war.

Das Abkommen zwischen der Bundesregierung und den Auslandsgläubigern der CA über die Regelung der Auslandsschulden der Bank vom 11.1.1933 setzte eine wesentliche Position der Zahlungsbilanz fest und legte die Grundlage für die neuerliche Fixierung des Wechselkurses.

Am 23.3.1933 wurde der Privatclearingkurs durch die Goldklauselverordnung gesetzlich als Grundlage für Fremdwährungsschulden und wertgesicherte Schuldverhältnisse anerkannt. Ab 28.3.1933 wurde der Kurs zuerst auf Basis des Londoner, dann auf Grundlage des Pariser Goldankaufspreises an der Wiener Börse verlautbart. Damit war ein einheitlicher Kurs für alle Leistungs- und Kapitalbilanztransaktionen hergestellt. Mit 6.April 1933 wurden die Pflicht, Devisen an die OeNB abzuliefern, vollständig aufgehoben.

Durch die Verbreitung der Transaktionen zum Privatclearing-Kurs und durch ein OGH Urteil wurde die Regelung der Wertsicherung der an Fremdwährungen gebundenen Schulden erforderlich. Dies erfolgte in den Goldklauselverordnungen vom 23.4. bzw 26.4.1933. Damit hatte der Schilling auch de jure die alte Goldparität verlassen, von dem er de facto mit der Devisenbewirtschaftung im Oktober 1931 abgewichen war. Die durchschnittliche Entwertung des Papierschillings gegenüber dem

Goldschilling betrug knapp 22%.[27] Eine neue offizielle Parität wurde nicht mehr festgesetzt. Die Währungspolitik hatte die Rückkehr zur Gold-Devisenbindung bei möglichst wenig abgewertetem Kurs erreicht.

Die Goldklauselverordnungen legten die Vermögenspositionen der Gläubiger und Schuldner aus den verbreiteten wertgesicherten Schuldverhältnissen fest. Zudem stellten sie eine Bindung der Währungspolitik an den herrschenden Wechselkurs dar, der keine weitere Abwertung oder Deflation erforderte. Damit war eine weitere Voraussetzung für die Ausweitung der Nachfrage geschaffen. Eine Reihe von Indizes wirtschaftlicher Aktivität überwand den unteren Wendepunkt im Frühjahr 1933.

Die Aufwertung des Schilling gegenüber Pfund und US-Dollar erleichterte die Freigabe der Kapitalverkehrstransaktionen. Die großen Fremdwährungsschuldner, der Bund und die Geschäftsbanken, lukrierten den Aufwertungsgewinn gegenüber Währungen der Gläubigerstaaten.

Im Juli 1933 bereitete die OeNB die Wiederaufnahme der Interventionen am Devisenmarkt vor und begann wieder, ein Wechselkursziel zu verfolgen.[28] Die Schwankungsbreite des Privatclearingkurses und das Disagio des Schillings wurden verringert. Kurz vor dem Einströmen der Mittel aus der Lausanner Anleihe wurde der Kurs festgesetzt. Vom 22.7.1933 bis März 1938 blieb der Kurs auf 128 S für 100 S Gold fixiert. Der offiziellle Goldpreis orientierte sich seit 6.2.1934 am Goldankaufspreis der Bank von Frankreich.

Zentralbankgeldwirksam wurden die Bewegungen der Zahlungsbilanz nach der Aufwertung der Goldreserven der OeNB im Zuge der Fusion von Wiener Bankverein und CA und der Liquidierung der Niederösterreichischen Escompte Gesellschaft. Mit 27. April 1934 wurden im Zusammenhang mit der Bankenaktion die Devisenreserven der OeNB neu bewertet.

Ende April 1934 wurde der Kurs des Schilling in Zürich mit 100S = 57,0276 SSF fixiert und schwankte bis zur Abwertung der Goldblockstaaten maximal um 2.1 Punkte um seine neue provisorische Parität.

Die Zahlungsbilanz war wieder mit der Notenbankbilanz verbunden. Der Devisenverkehr war nur teilweise dereguliert und die Geldmengenwirkungen von Devisenbewegungen wurden häufig neutralisiert.

---

[27] Vgl. *Bachmayer, O.,* Die Geschichte der österreichischen Währungspolitik, Wien 1960, S. 132.

[28] Vgl. 124. GR v. 7.7.1933. Die OeNB begann mit der Anlegung entsprechender Reserven zur "Sicherung der Bewegungsfreiheit".

Von Kreditrückzahlungen erzwungene Ausgaben- und in der Folge Einkommensverringerung und das Fehlen von Importkrediten verringerten das Handelsbilanzdefizit.[29] Dazu kamen steigende Einnahmen aus dem Tourismus, der den Export von Finanzdienstleistungen und Transiteinnahmen als Devisenquelle ersetzte, und später Deviseneinnahmen aus der Rüstungskonjunktur in Italien und Deutschland.

Der Transfer zur Bedienung der Bundesschulden wurde nach dem Eintreffen der Erträge aus der Anleihe 1933-1953 im Spätsommer nicht mehr unterbrochen und sukzessive auf weitere Verpflichtungen ausgedehnt. Nach der Kündigung des Stillhalteabkommens mit den Auslandsgläubigern der Banken durch die österreichische Seite am 10.12.1934 wurde der laufende Dienst für diese reduzierten Schulden transferiert. Seit 3.Mai 1935 gestattete die OeNB die Wiederaufnahme des Transfers für alle Rückstände aus 1932, am 28.5.1935 für alle Rückstände aus 1933 und 1934.

Am 25.6.1935 erklärte sie sich zur Dotierung der laufenden Fälligkeiten mit Devisen bereit. Der Nettodevisenzustrom war so stark, daß die Deckungsquote im zweiten Quartal 1935 von 24,6% auf 27,6% stieg. Mit der Bedienung der Auslandsschulden zum einheitlichem Wechselkurs war ein weiteres Teilziel der Zahlungsbilanzanpassung erfüllt.

Die Notenumlaufssteigerung erzwang 1931 die Aufgabe der Kursfixierung. Die Deflation ermöglichte die Rückkehr zum Wechselkursziel ab 1933, wobei die Höhe des Kurses vom Devisenmarkt für Leistungsbilanztransaktionen und von der Fixierung der staatlichen Auslandsschuldenposition bestimmt wurde.

Die Ausweitung des Notenumlaufs in der CA-Krise von Mai 1931 bis Februar 1932 erhöhte Abwertungserwartungen, führte zur Einführung der Devisenbewirtschaftung und verursachte den Fall des frei gebildeten Privatclearingkurses.

Zur Erreichung ihres Zieles der Zahlungsbilanzanpassung und der neuerlichen Wechselkursfixierung reduzierte die OeNB den Notenumlauf bis März 1933.

Das Abkommen mit den Auslandsgläubigern der CA im Jänner 1933 und die Aussicht auf die Lausanner Anleihe beendeten die Deflation des Zentralbankgeldes mit März 1933. Nach einer geringen, die Last der

---

29 Vgl. *Butschek, F.*, Österreichs Wirtschaft im 20. Jahrhundert, Wien 1985, S. 53:

Handelsbilanzdefizit in Prozent des BNP

| 1930 | 1931 | 1932 | 1933 | 1934 | 1935 | 1936 | 1937 |
|---|---|---|---|---|---|---|---|
| -5.2 | -5.7 | -3.9 | -2.2 | -2.0 | -1.7 | -1.2 | +0.4 |

Auslandsschulden verringernden Aufwertung wurde die Schwankungsbreite des Wechselkurses ab April 1933 endgültig beschränkt.

*Abbildung 6.1.*

**Notenumlauf und Goldparität 1931-1936**

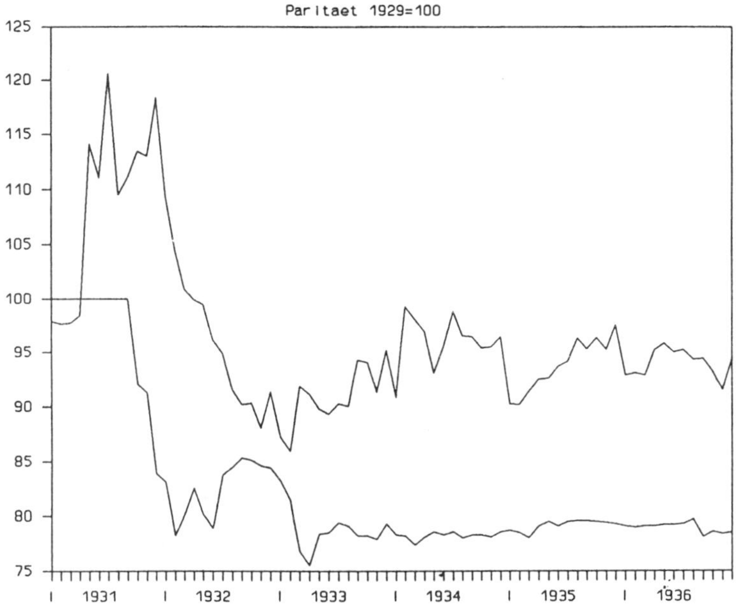


## 6.7. Maßnahmen zur Bankenregulierung

Zur Sicherung einer auf längere Sicht friktionsfreien Giralgeldnachfrage erwies sich die Steigerung der Erträge aller Geschäftsbanken als notwendig. Über die in der Genfer Erklärung vom September 1931 erwähnten Maßnahmen zur Kostenreduktion hinaus sollte die Ertragskraft der Kreditinstitute durch folgende Maßnahmen gefördert bzw subventioniert werden:

- Kapitalzufuhr der öffentlichen Hand, erleichterte Möglichkeit der Kapitalherabsetzung.

- Kapital wurde der CA, dem Wiener Bankverein, der Niederösterreichischen Escompte Gesellschaft und der Gesellschaft für Revision und Treuhändige Verwaltung zugführt.
- Das Kapitalherabsetzungsgesetz begünstigte steuerlich Kapitalherabsetzungen zur Verlustabdeckung.
- Übernahme von ertragslosen Aktiven durch die öffentliche Hand. Die subventionierte Übernahme ertragsloser Aktiva war Ziel der Gesellschaft für Revision und Treuhändige Verwaltung.

  Die Banken sollten damit in die Lage versetzt werden, Industriekredite zu verbilligen.
- Wettbewerbsmindernde Maßnahmen. Neben der Schaffung einer Monopolstellung für die CA im Industriekreditgeschäft. Ab 1934 wurde die Konkurrenz im Passivgeschäft durch Beschränkung der Einlagezinsen reduziert. Die Einlagenverordnung vom 29.4.1933 verbot die vorzeitige Auszahlung gebundener Einlagen. Vereinbarungen, die zwischen der OeNB und den in der Kundmachung des Finanzministeriums vom 10.5.1933 aufgezählten Verbänden von Kreditinstituten über die Höhe der Höchstzinssätze für Einlagen getroffen und von ihm genehmigt wurden, waren für alle Unternehmen dieser Verbände verbindlich.
- Personalkostenreduktion. Die Bankenentlastungsverordnung erklärte für zehn Kreditunternehmungen die Sonder- und Kollektivverträge für erloschen und schrieb geringere Bezüge vor. Die Bankenpensionsverordnung reduzierte die Pensionsausgaben. Die Versuche zur Lösung des Personalkostenproblems der Kreditunternehmen, wurden durch sinkende Umsätze behindert.

Die OeNB erhielt eine bankenaufsichtsrechtliche Funktion durch die im Art V der Anlage II der Protokolle von Lausanne vorgeschriebene Meldepflicht für Auslandsverschuldungen über 1 Mill S. Damit wurde einer unkontrollierten kurzfristigen Auslandsverschuldung wie sie 1923 bis 1931 erfolgt war, vorgebeugt. Zusammen mit den Maßnahmen zur Ertragsstützung sollten die Quellen von erratischen Schwankungen im Mittelaufkommen der Geschäftbanken ausgeschaltet werden.

Am 29.4.1933 wurde die Einlagenverordnung erlassen, die die Höchstzinssätze für Spareinlagen verbindlich regelte. Mit der Mitwirkung an den Habenzinsabkommen konnte die OeNB den Verlust des Einflußes auf die Bankenkonditionen über den Geldmarkt durch direkte Einflußnahme - in den durch die Rücksicht auf die Ertragssituation der Geschäftsbanken gesetzten Grenzen - kompensieren.

Zuletzt muß noch die Reorganisation des Bankensektors 1933 und 1934 besprochen werden. Neben den allgemeinen bankpolitischen Maßnahmen zur Ertragssteigerung wurde im Herbst 1933 eine neuerliche Kapitalzufuhr bei der Niederösterreichischen Escompte Gesellschaft und beim Wiener Bankverein notwendig. Mit der Stützungsaktion war schon nach der vorläufigen Einigung mit den Auslandsgläubigern der CA Ende Oktober 1932 begonnen worden. Sie waren vor der Schwierigkeit gestanden, das erforderliche Kapital aufzubringen.[30] Die Maßnahmen mündeten in einer Umgruppierung innerhalb des Sektors der Aktienbanken und in einer weiteren Stärkung der CA. Dabei war die OeNB in einer starken Position gegenüber der Regierung, da sie über die zur geplanten Aktion notwendige Expertise und einen unverzichtbaren Teil der finanziellen Mittel verfügte: "Es bestehe ein starker Zusammenhang zwischen Nationalbank und Regierung wie er früher nicht üblich gewesen sei. Die Nationalbank habe einen starken Druck auf die Regierung ausgeübt. Dagegen können Wünsche der Regierung, welche nur Reflexe des Publikums seien (!, d.V.), nicht berücksichtigt werden."[31]

Die Gesellschaft für Revision und Treuhändige Verwaltung sollte 100 Mill S vom Bund und 40 Mill S von der OeNB zur Übernahme von Aktiven erhalten und dafür den beiden Banken rediskontfähige Wechsel und Eigenkapital übergeben.

Als Mittelerfordernis waren zunächst 140 Mill S vorgesehen, von denen der Bund 100 Mill aufbringen sollte. M. Frere, der Berater bei der OeNB genehmigte die Freigabe von 50 Mill S aus einem Sperrkonto zur Bedienung der Auslandsschulden des Bundes bei der OeNB. Der Vertreter des Völkerbundes Rost van Tonningen stimmte der Begebung von 50 Mill S Bundesschatzscheinen zu. Die OeNB brachte 40 Mill S aus ihrer Pensionsreserve auf.

Im Laufe des Jahres 1933 erhielt die Niederösterreichische Escompte Gesellschaft 65 Mill S für Aktiva und 10 Mill S Eigenkapital, der Wiener Bankverein 44 Mill S für Aktiva, 12 Mill S durch Kapitalherabsetzung und 7 Mill Eigenkapital von der Gesellschaft für Revision und Treuhändige Verwaltung, zusammen 138 Mill Schilling.[32] Als Ende 1933 ein

---

30 *Kienböck*, 122. GR v. 23.3.1933.

31 ebenda, vgl. auch Ministerrat vom 18., 19. 3. 1933 in dessen Verlauf *Kienböck* seinen Plan für die Bankenaktion durchsetzen konnte, wenngleich er um ein Programm zur Förderung der mittelständischen Wirtschaft im Ausmaß von 40 Mill S ergänzt werden mußte. Vgl. *Ackerl, I., Enderle, G.,* Protokolle des Ministerrats der 1. Republik, Bd 3, S. 487-547.

32 Vgl. *Stiefel, D.,* Finanzdiplomatie und Weltwirtschaftskrise. Die Krise der Creditanstalt und ihre Bewältigung, Frankfurt a. M. 1989, S. 222f.

neuerlicher Zuschußbedarf von 38 Mill S absehbar war, entschloß man sich zur Liquidierung der Niederösterreichischen Escompte Gesellschaft und, um der CA eine Monopolstellung als einziger der früheren Großbanken zu verschaffen, zur Fusion des Wiener Bankvereins mit der CA, die auch das Bankgeschäft der Niederösterreichischen Escompte Gesellschaft erhielt und Aktiva um 60 Mill S erwarb.[33] Die CA erhielt neues Aktienkapital von der Gesellschaft für Revision und Treuhändige Verwaltung im Ausmaß von 25 Mill S, die diese wiederum von der OeNB erhalten hatte.

Die OeNB, über die Gesellschaft für Revision und Treuhändige Verwaltung Mehrheitseigentümerin der Niederösterreichischen Escompte Gesellschaft und deren Wechselgläubiger, löste die Bank auf und übernahm deren Industriekonzern samt den uneinbringlichen Außenständen in die von ihr gegründete Österreichische Industriekredit Aktiengesellschaft.

Die Generalversammlung der OeNB genehmigte die Firmenbeteiligung, die 28 prozentige Aufwertung der Devisenbestände und die Aufwertung ihres Aktienkapitals um 12 Mill S am 27.4.1934.

Die Aktion begegnete von Anfang an vielfacher Kritik. Generaldirektor Brauneis erklärte seine alleinige Verantwortung für die Bankenaktion und äußerte Bedenken bezüglich der CA auf allgemeinem wirtschaftlichen, sowie auf finanz- und bankpolitischem Gebiet, doch habe er daraus keine Folgerungen ziehen können, weil für eine andere Lösung nicht hinreichende Mittel zur Verfügung stünden.[34]

Nach der Ausschaltung der beiden Banken bestand das Portefeuille der OeNB nur noch aus den Finanzwechseln der Industriekredit AG, die sukzessive in kleinen Beträgen rückgelöst wurden, sodaß das Portefeuille nach Abbau der Rediskonte, die im Februar 1934 im Gefolge der Einlagenabhebungen notwendig geworden waren, ab Juli 1934 nahezu konstant blieb.

---

[33] Der Hintergrund der Bankenaktion ist nicht völlig geklärt. *E. H. Wolf* vermutet die Stützung der CA und der OeNB sowie Konzentration aller macht- und personalpolitischen Entscheidungen über weite Bereiche der österreichischen Industrie bei OeNB und CA als eigentliche Zwecke der späteren Liquidation der beiden Banken. Vgl. *Wolf, E. H.,* Katastrophenwirtschaft, Zürich 1939, S. 144, S. 99; *Stiefel, D.,* Finanzdiplomatie und Weltwirtschaftskrise. Die Krise der Creditanstalt und ihre Bewältigung, Frankfurt a. M. 1989, S. 217 sieht zumindest im März 1933 eine wohlvorbereitete Aktion. Die Monopolisierung des Kreditangebotes für größere Industriebetriebe und die unmittelbare Ertragssteigerung der CA aus der Aktion ermöglichten die Aufhebung der Budesgarantie im 10. CA Gesetz vom 20.7.1934, ebenda S. 225.

[34] 131. GR v. 23.4.1934.

Mit der Übertragung der Geschäftsfelder des Wiener Bankvereins auf die CA und deren daraus folgenden Monopolstellung am Markt für große Industriekredite war die Ertragsfähigkeit der CA weiter gestärkt, sodaß die Bundesgarantie für die Einlagen bei der CA mit 20.7.1934 aufgehoben und der Bund von potentiellen Verpflichtungen befreit wurde. Damit war die CA-Krise bankpolitisch beigelegt.

Von nun an lag der Schwerpunkt auf Regulierungsmaßnahmen zur Ertragssteigerung bei Geschäftsbanken. Diesem Zweck dienten Regelungen zur Befestigung der Segmentierung der Kredit- und Einlagenmärkte durch die Schaffung einer Monopolstellung der CA für Kredite an große Industriebetriebe, die Organisation der anderen Kreditinstituts-Sektoren in der Genossenschaftsnovelle und im Sparkassen-Verwaltungsgesetz sowie die Einrichtung eigener Spitzeninstitute zur Aufnahme der Liquiditätsreserven der jeweiligen Sektoren.

Da die Funktionen der Preise auf den Kredit- und Einlagemärkten eingeschränkt waren, wirkte die Geldpolitik direkt auf die Märkte ein. Die Einlagenzinsen wurden mit 26.6. 1935 durch Gesetz herabgesetzt.

Die Maßnahmen wirkten auf die Vermögensposition vor allem der Großbanken. Die Abschätzung des Einflusses auf die Kreditgewährung bedarf der Analyse der Veränderung von Unternehmenskontrolle und Organisation.

Der Bund gewann nach der Lausanner Anleihe Kreditwürdigkeit am inländischen Kapitalmarkt. Die Signalwirkung der Lausanner Anleihe ermöglichte die Begebung der Losanleihe 1933. Von deren Ertrag wurden 20 Mill S zur Rückzahlung der Notenbankschuld des Bundes verwendet. Wegen anderweitiger Verwendung der Anleihemittel wurde die in der Bankenkrise entstandene Liquidität somit nicht im geplanten Ausmaß verringert. War die Verringerung des Zentralbankgeldes nur teilweise erfolgreich, so entlastete die Konversion der Völkerbundanleihe 1923-43 die Zahlungsbilanz durch dreijährige Tilgungsfreiheit und Zinssenkung.

Dies erleichterte die Einhaltung des Wechselkurszieles. "With the termination of the standstill agreements ... and the conversion of the 1923 Loan, Austria has consolidated its credit position to such an extent that its currency can hardly be shaken by foreign action."[35]

Das Zentralbankgeld war durch die Unmöglichkeit, die Verschuldung des Bundes und der Industriekredit AG rasch zu reduzieren, starr geworden. Die Steigerung der Risken durch die Bankenkrise und die

---

[35] *League of Nations,* The Financial Position of Austria, 4th Quarter 1934, Geneva 1934, S. 7-13.

*Tabelle 6.5.:*

**Bundesschulden in Mill S**

| | 1932 | 1933 | 1934 | 1935 | 1936 | 1937 |
|---|---|---|---|---|---|---|
| Auslandsschuld | 1254 | 1193 | 1651 | 1697 | 1682 | 1312 |
| Kurzfrist. Schuld | 203 | 94 | 179 | 132 | 175 | 120 |
| Schatzscheine | 75 | 68 | 154 | 107 | 150 | 95 |
| Gesamt | 2473 | 3078 | 3582 | 3806 | 3972 | 3690 |
| Nettoemissionen Bund, Länder, Gemeinden | 4 | 429 | 188 | 224 | 91 | 241 |

Quelle: *MB des* ÖIfK 1938/6, S. 142, 146.

folgende Stabilisierungspolitik führte zu erhöhter Kassenhaltung bzw zur Erhöhung der Reserven der Geschäftsbanken und in der Folge zu einem Liquiditätsstau am Geldmarkt. Zugleich kündigten Banken Kredite. Kapitalaufnahme über die Börse war für private Unternehmungen nahezu unmöglich geworden, sodaß die Außenfinanzierung der Unternehmen fast völlig zum Erliegen kam.

Die 1931 gewährten Überbrückungskredite hatten die Kosten der Einstellung der Bedienung der Auslandsschuld für die österreichische Währungspolitik erhöht. Liquiditätsstützung, Dokumentation des Vertrauens in die Währungspolitik, Einstellung der Geldschöpfung, Maßnahmen für eine langsame Zahlungsbilanzanpassung und die Restrukturierung der Auslandsschulden waren zeitlich weit voneinander getrennt erfolgt. Die Liquiditätshilfe im Mai und Juni 1931 war ohne Maßnahmen zur Zahlungsbilanzanpassung oder zur Verringerung der Inflationserwartungen unter Ermutigung der laufenden Geldschöpfung gewährt worden. Die Anpassung an die Umkehr der Kapitalströme war ohne Unterstützungskredite durchgeführt worden.

Die Entwicklung von Bankeinlagen, Zahlungsbilanz und Budgetsaldo verlief ab 1934 stetig. Die Erreichung der Stabilisierungsziele war dadurch eingeschränkt, daß Finanzkrise und Stabilisierung den realen Sektor einer Reihe von Schocks ausgesetzt hatten. Das Verhältnis von monetärem zum realen Sektor war verändert und die Steigerung der

Auslastung und die Ausweitung der Kapazitäten verzögert: "Von einem funktionierenden Geldmarkt kann noch nicht gesprochen werden, da die Zurückhaltung der Geldgeber anhält. Auch die Thesaurierung im Publikum dürfte noch nicht abgenommen haben ... und einen recht beachtenswerten Umfang haben."[36]

---

[36] 134. GR v. 27.6.1934.

# 7. Kapitel

# Gespaltene Konjunktur und Stagnation 1934 bis 1937

## 7.1. Die Entwicklung des Zentralbankgeldes

Nach Abschluß der Stabilisierung im Gefolge der Bankenkrise wurde wieder ein Wechselkursziel eingehalten und ein Reserveziel angestrebt. Ein Teil der Devisen wurde nicht geldmengenwirksam verbucht, um Schwankungen der Zahlungsbilanz zu neutralisieren. Die Bewegungen des Wechselportefeuilles wurden angesichts des Liquiditätsüberhanges am Geldmarkt von der Gebarung eines Instituts zur Liquidierung ertragsloser Bankenaktiva bestimmt, an dem die Notenbank beteiligt war.

Von Juli 1934 bis Ende 1937 stieg der Gesamtumlauf um 7.4 Prozent oder 0.18 Prozent monatlich. Die expansiven Effekte der Aktivseite und Teile des Notenumlaufes wurden zum Aufbau der Liquiditätsreserven der Kreditunternehmungen verwendet. Die sofort fälligen Verbindlichkeiten der OeNB expandierten um 8.4 Prozentpunkte, der Notenumlauf sank dagegen zwischen Juli 1934 und Ende 1937 im Ausmaß eines Prozentpunktes des Gesamtumlaufswachstums.

Die Steigerung der Außenkomponente hätte allein ein Gesamtumlaufswachstum von 11 Prozent bewirkt, wäre dies nicht durch die kontraktive Wirkung der Verringerung des Portefeuilles im Umfang von 6.5 Prozentpunkten kompensiert worden. Die Gebarung mit sonstigen Aktiven und Passiven trug 3.5 Punkte zum Gesamtumlaufswachstum bei. Restriktiv auf die Entwicklung des Notenumlaufs wirkte neben dem Aufbau von Liquiditätsreserven der Kreditunternehmen die Neutralisierung von Devisen, die der OeNB in größerem Ausmaß zuflossen als in den geldmengenwirksamen Positionen ausgewiesen wurden. Devisen und Gold wurden unter anderen Aktiven verbucht.

Der Gesamtumlauf war infolge der in der Bankenkrise entstandenen starren Inlandskomponente inflexibel. Ab Juli 1934 folgte er der Veränderung der ausgewiesenen Währungsreserven. Expansiv wirkte die Steigerung der ausgewiesenen Reserven im Jahr 1935. Der Gesamtumlauf stieg von Juli 1934 bis zu seinem Maximalwert im September 1935 um 8%.

Reserveverluste verringerten den Gesamtumlauf zu Ende 1935 und vom Herbst 1936 bis Sommer 1937.

Der Geldschöpfungsprozeß blieb nach der Bankenkrise erstarrt. Die Immobilisierung der Zentralbankgeldkomponenten nach der Bankenkrise zeigt die Entwicklung des Variationskoeffizienten der Entstehungskomponenten und des Gesamtumlaufs.

*Tabelle 7.1.:*

**Schwankungen der Gesamtumlaufskomponenten Variationskoeffizienten (Wochenstände)**

| | Auslands-komponente | Inlands-komponente | Noten-umlauf | Gesamt-umlauf |
|---|---|---|---|---|
| 1923/1-1931/4 | 0.32 | 0.25 | 0.17 | 0.17 |
| 1931/4-1932/2 | 0.38 | 0.24 | 0.06 | 0.05 |
| 1932/3-1934/6 | 0.12 | 0.05 | 0.06 | 0.03 |
| 1934/6-1937/12 | 0.10 | 0.02 | 0.04 | 0.03 |

Die Geldschöpfung verlor nach dem Ausbruch der CA-Krise den Rhytmus ihrer Schwankungen, die auf einen Bruchteil zurückgingen. Bilanzpositionen der OeNB wurden starr. Die Zentralbankgeldwirkungen von Transaktionen wurden stärker neutralisiert. Die Komponenten schwankten gegenläufig. Der Gesamtumlauf schwankte weniger als seine Komponenten. Der Zusammenbruch des internationalen Kapitalverkehrs und der Liquiditätsstau am inländischen Geldmarkt ließ die Komponenten erstarren.

Die OeNB hatte in der Periode von 1934 bis 1937 mittels ihrer regulären Bankgeschäfte geringen Einfluß auf die Höhe des Gesamtumlaufes. Sie beeinflußte diese durch Veränderung der anderen Aktiven und Passiven.

Da ein Teil des Devisenzustroms unter anderen Aktiven verbucht wurde, konnte die OeNB die Höhe des Gesamtumlaufes in engen Grenzen beeinflußen. Darauf weisen auch die Kausalitätstests, die für die gesamte Periode zwischen Februar 1932 und Dezember 1937 die Sterilisierungsthese stützen und eine von der Auslands- zur Refinanzierungskomponente verlaufende Kausalität aufweisen. (Siehe Anhang, S. 231-234)

*Tabelle 7.2.*

## Gesamtumlauf, Fremdwährungsschulden und Währungsreserven 1932-1937 in Mill S und Prozent

| | | 1932 | 1933 | 1934 | 1935 | 1936 | 1937 |
|---|---|---|---|---|---|---|---|
| 1 | Gesamtumlauf | 1099 | 1055 | 1126 | 1196 | 1155 | 1205 |
| 2 | Notenumlauf | 880 | 917 | 944 | 945 | 897 | 894 |
| 3 | Verbindl. | 219 | 138 | 182 | 251 | 258 | 311 |
| 4 | Bundesschuld: | 662 | 623 | 623 | 623 | 619 | 611 |
| 5 | 4 in % v. 1 | 60% | 59% | 55% | 52% | 54% | 51% |
| 6 | Wechsel | 379 | 275 | 236 | 225 | 207 | 187 |
| 7 | 6 in % v. 1 | 34% | 26% | 21% | 19% | 18% | 16% |
| | Devisen: | | | | | | |
| 8 | Barschatz | 189 | 189 | 242 | 243 | 243 | 243 |
| 9 | Deckungsquote | 23% | 24% | 28% | 26% | 27% | 26% |
| | In And. | | | | | | |
| 10 | Aktiva | 29 | 42 | 52 | 120 | 105 | 63 |
| 11 | Nettobest. | 90 | 219 | 311 | 370 | 379 | 445 |
| 12 | 11 in % v. 1 | 8% | 21% | 28% | 31% | 33% | 37% |
| 13 | Fremdwährungsschuld Mill S | 4747 | 3795 | 3172 | 3041 | 2457 | 2287 |
| 14 | 11 in % v. 13 | 5% | 8% | 13% | 17% | 19% | 25% |
| 15 | BNP | 9550 | 9020 | 8350 | 9140 | 9319 | 9822 |
| 16 | 13 in % v. 15 | 49.7 | 42.1 | 35.3 | 33.3 | 26.4 | 24.7 |
| 17 | Debt/Export Ratio in % | 377 | 320 | 262 | 235 | 178 | 132 |

Quelle: *MB des WIfW* 9/10/1938, S. 230, *Kausel, A., Nemeth, N., Seidel, H.*, Österreichs Volkseinkommen 1913-1963. Wifo Sonderheft 14, Wien 1965, S. 42, Protokolle d. Generalratssitzungen 121, 128, 139, 145, 151, 158; Fremdwährungsschulden einschließlich Reliefkredite, Abkommen mit Auslandsgläubigern der CA und Fremdwährungsanleihen von Inländern

Nach 1934 wurde der Barschatz konstant gehalten und Währungsreserven wurden unter anderen Positionen aufgebaut.

Außerhalb des Barschatzes erhöhte die OeNB ihre Vorsichtskasse an Nettodevisenreserven, wobei der Goldanteil und der Bestand in eigenen Tresoren ständig erhöht wurde.

Da der Gesamtumlauf infolge der Neutralisierung von Devisenzuflüssen langsamer wuchs als die Devisenreserven, stieg die Deckung durch die offiziellen Währungsreserven. Abwertungserwartungen gegenüber möglichen Reservewährungen motivierten die Steigerung des Goldanteiles an den Währungsreserven. Devisenleihgeschäfte wurden ab 1934 eingestellt.

Für die Zukunft war steigender Devisenbedarf aus der Aufnahme der Rückzahlung der internationalen Anleihen des Bundes und der Aufnahme der Tilgung der Auslandsschulden der CA zu erwarten. Die OeNB konnte den Ertragsentgang aus dem Verzicht auf Veranlagung in Devisen tragen, da der zur Dotierung der Dividende notwendige Erlös durch die Verzinsung der Bundesschuld A sichergestellt war. Weiters wurden Erträge an die Industriekredit AG zum Verlustausgleich weitergegeben.

*Tabelle 7.3.:*

**Zusammensetzung der Währungsreserven 1932 und 1937 in Mill S und Prozent**

| | 1933 | 1937 |
|---|---|---|
| Nettobestand | 311 | 445 |
| Gold | 213 | 441 |
| in % | 68.5% | 99.1% |
| in eig.Tresor | 94 | 411 |
| in % | 30.2% | 92.4% |

Quelle: Protokoll d. 128. GR der OeNB v. 9.3.1934, 158. GR v. 28.1.1938.

Da die Parität nicht gesetzlich festgesetzt wurde, blieb nach 1931 die Bewertung der Goldbestände variabel.

*Tabelle 7.4.:*

**Goldpreis der Währungsreserven pro kg fein (lt.Bilanzen d. OeNB)**

| 1932 | 1933 | 1934 | 1935 | 1936 | 1937 |
|---|---|---|---|---|---|
| 4715 | 4715 | 5999,83 | 5963,69 | 5976,26 | 5976,35 |

Sie erfolgte zunächst mit dem Durchschnittspreis des letzten Semesters des Goldankaufspreises der Bank von Frankreich, umgerechnet mit der Wiener Notierung für Zahlung Paris, ab 1.7.1936 mit dem börsentäglichen Durchschnitt des Goldpreises in London, umgerechnet zum Durchschnittskurs des englischen Pfundes in Wien, jeweils verringert um einen Promillesatz für die Transportspesen.[1]

Das Wechselportefeuille bestand nach 1932 praktisch zu Gänze aus den von der Industriekredit AG übernommenen Finanzwechseln.[2] Diese wurden nach Maßgabe des Betriebsergebnisses dieser Firma zu annähernd 10-20 Mill S jährlich zwischen Ende 1934 und Ende 1937 rückgelöst. Die Wechsel aus Bankenstützungen waren an die Stelle der üblichen Refinanzierung getreten. Trotz der Diskontsatzsenkung von 5% auf 3,5% zwischen 1933 und 1935 war das Portefeuille verringert worden.

Die Geschäftsbanken stockten seit 1933 ihre Notenbankguthaben deutlich auf. Die Wechselfinanzierung spielte bei ihrer Liquiditätsversorgung keine Rolle mehr.

Die Bundesschulden bei der OeNB wurden entgegen den ursprünglichen Plänen wegen der Budgetprobleme des Bundes von 1934 bis 1937 nur um ca 20 Mill S auf 612 Mill S verringert. Die Rückzahlung der Auslandskredite war zunächst im Weg der Flucht aus der Währung erfolgt und fand nach 1931 in verschiedenen Formen (Abkommen mit Gläubigern, Tilgung in Inlands- und Fremdwährung, durch Aufwertung des Schilling gegenüber den Währungen der Gläubigerländer) am privaten Devisenmarkt ohne Rückgriff auf die offiziellen Währungsreserven statt.

---

1 Vgl. 151. GR v. 29.1.1937.

2 Ende 1935 waren von einem Portefeuille von 225 Mill S 207 Mill S von der Industriekredit AG rediskontiert. 8% des Portefeuilles waren Warenwechsel. Vgl. 145. GR v. 7.2.1936.

Die Tilgung von Auslandskrediten durch die Geschäftsbanken erzwang die Verringerung des inländischen Kreditvolumens und die entsprechende Reduktion der Inlandsnachfrage sowie die Verbesserung der Handelsbilanz. Die gestiegene Vorsicht und das erhöhte Liquiditätsbedürfnis der Kreditunternehmen sowie die Versuche zur Steigerung des Eigenkapitals verstärkten die restriktive Wirkung.

Die - mit Vorsicht zu interpretierenden - Schätzungen lassen auf eine jährliche Verringerung der Fremdwährungsschulden einschließlich der (ebenfalls mit restriktiven Effekten verbundenen) Kursgewinne von fast 5% des BNP schließen. Die Fremdwährungsschulden Österreichs wurden von 45% des BNP 1932 auf 19% des BNP 1937 reduziert. Nur die Rückzahlung der Lausanner Anleihe und die vom Bund anerkannte Auslandsschuld der CA von 212 Mill S waren bis Ende 1937 noch nicht aufgenommen worden. Die Auslandsschuld des Bundes betrug 1937 1.282 Mrd S, die gesamte Auslandsverschuldung Ende 1935 3.04 Mrd S.[3] Diese hohe Geschwindigkeit der Rückzahlung beruhte auf der Einschränkung der Inlandsnachfrage. Kapitalimporte von Privaten hatten seit der CA-Krise nicht mehr in nennenswertem Umfang stattgefunden. Ein Ländervergleich bestätigt den negativen Zusammenhang zwischen der Bedienung der Auslandsschulden und der Verringerung von Geldmenge und Einkommen in den dreißiger Jahren.[4] Geldmengen- und reales BNP-Wachstum der Gruppe von "Heavy Defaulters" waren höher als jene der "Light Defaulters", zu der auch Österreich zählte. Beim Kapitalmarktzugang während der Jahre 1940-1981 ergab sich kein signifikanter Unterschied zwischen beiden Gruppen.

### 7.2. Schwacher Aufschwung bei schrumpfenden Finanzmärkten

Das Muster der Erholung nach 1933 unterschied sich von der Struktur des Aufschwunges 1926. Der Aufschwung trat später ein, war schwächer und die Rolle der Finanzmärkte bei der Finanzierung war stark reduziert. Bankenkrise und Deflation hatten die Unternehmenswerte verringert, dagegen Risken und Finanzmarktstörungen gesteigert. Während 1926 die Wendepunkte der Indizes der Gütermärkte den Geld- und Kapitalmärkten innerhalb von etwas mehr als einem halben Jahr folgten, erreichte der Produktionsindex Ende 1933 rund zwei Jahre

---

3 *MB des WIfW* 6/1938, S. 142

4 Vgl. *Eichengreen, B.,* Historical Research on International Lending and Debt, in: Journal of Economic Perspectives Vol 5 (1991), S. 149-169, S. 157-159.

*Tabelle 7.5.:*

**Untere Wendepunkte der Konjunktur 1926 und 1932/33**

| Monatsgeld d. Wiener Börse | Industrie-Aktien-kurs-Index | Produktions-Index | Index d. Allgem. Geschäftsganges |
|---|---|---|---|
| Dez. 1925<br>Sept. 31-Feb. 32 | Dez. 1925<br>Dez. 1933 | Juli 1926<br>Dez. 1933 | Aug. 1926<br>Feb. 1933 |

Quelle: *MB des ÖIfK*, Die Entwicklung der österreichischen Wirtschaft 1923-1932, Wien 1932, S32f., Werte f. 1925/26 saisonbereinigt, *MB des ÖIfK* 1937/2, 1938/2.

nachdem die Geldmarktzinsen 1931/32 zu sinken begonnen hatten, seinen Tiefstand. Der Industrieaktienindex wies keinen Vorlauf gegenüber der Produktion mehr auf und erreichte seinen Wendepunkt gleichzeitig mit dieser.

Seit 1933 stieg der Produktionsgüterindex. Ab 1934 stiegen Aktienkurse und Verbrauchsgüterindex. Großhandelspreisindex und Lebenshaltungskosten blieben nahezu unverändert. Die auf Weltmarktpreisen beruhenden reagiblen Preise stiegen ab 1935. Die Zinssätze auf Geld- und Kapitalmärkten sanken kontinuierlich.

Die gestiegene Liquiditätspräferenz der Anleger, vor allem die erhöhte Reservebildung der Banken, erhöhte die Differenz zwischen kurz- und langfristigen Zinssätzen. Die Liquidität staute sich am Geldmarkt. Die Transmission zum Kapitalmarkt war behindert, dies resultierte 1935/36 in einer Differenz von bis zu 4.5 Prozentpunkten zwischen dem Zinssatz für sofort behebbaren Spareinlagen von 2,5% und der Rendite festverzinslicher Wertpapiere von 6-7%.

Seit 1928 lag die Rendite festverzinslicher Wertpapiere über der Aktienrendite und spiegelt die außergewöhnliche Verfassung der Kapitalmärkte wider.[5]

Die gestiegene, über Jahre hin hohe Differenz zwischen kurz- und langfristigen Zinsen, der Verlust des Vorlaufes des Aktienindex vor der

[5] Vgl. *MB des ÖIfK* 1935/2, S. 24.

Industrieporduktion, die gesunkenen Umsätze auf den Finanzmärkten, der Zusammenbruch der Liquidität am Geldmarkt, die Verringerung des Kreditvolumens bei sinkenden Zinsen und gleichzeitiger Zunahme besser besicherter Kredite und Verpflichtungen der öffentlichen Hand sind Indikatoren für die Zunahme der Finzmarktstörungen.

Die gestiegene Reservehaltung der Banken äußerte sich im zunehmenden Anteil der sofort fälligen Verbindlichkeiten der Notenbank am Gesamtumlauf, im gesunkenen Verhältnis von Reserven zu Einlagen, in der Erhöhung des Anteils der Effekten und in der Verringerung des Anteils der Beteiligungen an der Bilanzsumme der Aktienbanken.[6]

Depression und Bankenkrise hatten die Unternehmenswerte verringert, Risken und Konkurswahrscheinlichkeiten erhöht. Auf einigen Märkten für Risiken, wie jene für Privatdiskonte, Bankaktien und neu emittierte Aktien, war die Liquidität völlig zusammengebrochen. Die von Banken gekürzten Kredite wurden von keinen anderen Kreditunternehmungen übernommen. Das Kreditvolumen sank.

Ein weiterer Indikator für die geänderte Transmission zwischen monetärem und realem Sektor ist das Verhältnis zwischen Notenumlauf und Produktionsindex. Wegen des Wechsels der Basis des Produktionsindex ist das Verhältnis der Indizes zueinander bis 1933 und von 1933 bis 1937 in der Grafik zum Notenumlaufs- und Produktionsindex nicht vergleichbar und gesondert zu betrachten. Das Verhältnis änderte sich 1929 als der Produktionsindex abgesehen von einer kurzen Gegenbewegung 1931 drastisch bis zu seinem Tiefpunkt 1933 unter den Notenumlaufsindex zu fallen begann.[7]

Der Notenumlauf war schon 1930 gegenüber der wirtschaftlichen Aktivität inelastisch geworden, da die OeNB ihre Vorsichtskasse an internationalen Reserven nach der Bodencreditanstaltskrise aufgestockt hatte. Während der CA Krise wurde er durch die Bankenfinanzierung ausgeweitet, die 1932 z.T. durch Bundesschuld ersetzt wurde.

Da die Reduktion des Gesamtumlaufes durch die Starrheit der Inlandskomponente begrenzt war, sollte das Produktionsvolumen in das erwünschte Verhältnis zum möglichst konstant gehaltenen Zentralbankgeld “hineinwachsen”.

---

6 Vgl. *MB des WIfW* 6/1938, S. 138.

7 Der Produktionsindex umfaßte die Produktionsmengen der Braunkohle-, Steinkohle-, Eisenerz-, Edelstahl-, Baumwollgarn-, Papier-, Zellulose-, Holzschliff-, und Pappeerzeugung, also jener Branchen, die am Exportwachstum ab 1934 überproportional partizipierten, und überschätzte daher das Wachstum der Binnennachfrage ab 1934 gegenüber anderen Indizes wie etwa dem Index des allgemeinen Geschäftsganges. Vgl. *MB des Wifo* 1/2 1945, S. 37.

*Abbildung 7.1.*

**Das Verhältnis von Zentralbankgeld zum Produktionsindex**

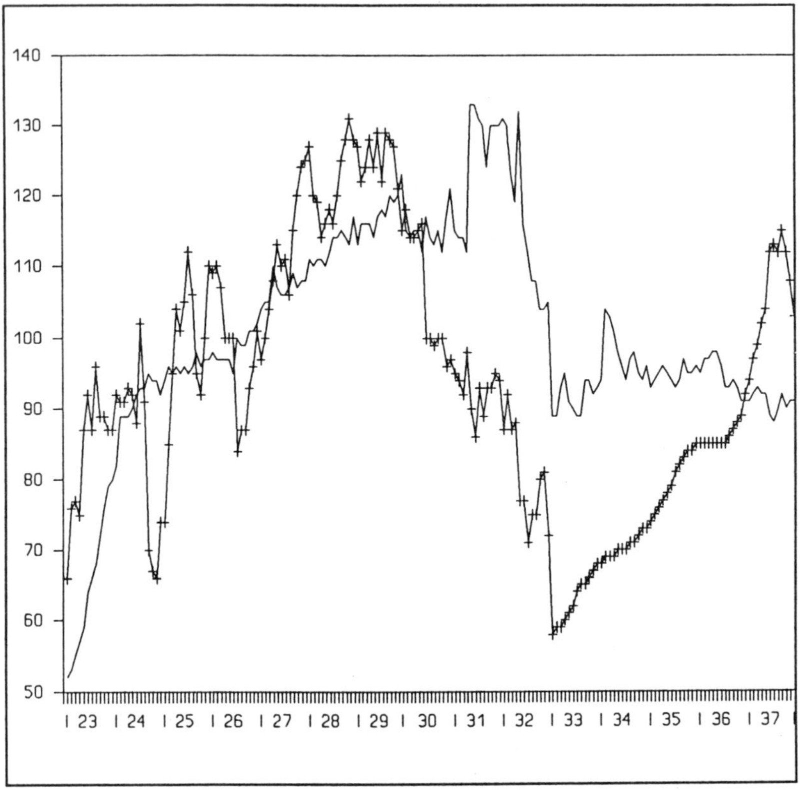


\+ Produktionsindex

\- Notenumlaufsindex

1923-1932: 1923-1932 = 100

1933-1937: 1929 = 100

Quellen: ÖIfK, Die Entwicklung der österreichischen Wirtschaft 1923-1932, Wien 1932; *MB des ÖIfK* 2/1938.

*Tabelle 7.6.*

**Kreditvolumen 1923-1936 (Mill S)**

| | Banken[1] Sparkassen[2] Postspark. | Änd. in % | einschließlich: Raiffeisen-kassen | Genossen-schaften | davon: Kontokor-rent-Kredite der Aktien-banken |
|---|---|---|---|---|---|
| 1923 | 1458 | n.a. | n.a. | n.a. | 1164 |
| 1924 | 2270 | 56% | 2293 | n.a. | 1442 |
| 1925 | 2578 | 14% | 2633 | n.a. | 1566 |
| 1926 | 3729 | 45% | 3834 | n.a. | 2174 |
| 1927 | 4297 | 15% | 4392 | n.a. | 2333 |
| 1928 | 4861 | 13% | 5111 | n.a. | 2502 |
| 1929 | 4664 | -4% | 4861 | 5137 | 2160 |
| 1930 | 3827 | -18% | 4070 | 4295 | 1107 |
| 1931 | 3627 | -5% | 3906 | 4139 | 1018 |
| 1932 | 3783 | 4% | 4057 | 4265 | 1241 |
| 1933 | 3751 | -1% | 4027 | 4228 | 1037 |
| 1934 | 3771 | 1% | 4038 | n.a. | 1018 |
| 1935 | 3722 | -1% | n.a. | n.a. | 867 |
| 1936 | 3988 | 7% | n.a. | n.a. | 771 |

[1] Kredite in laufender Rechnung, Wechsel, Kommunal- u. Hypothekardarlehen enthalten auch Debitoren in Fremdwährung

[2] Kommunal- u. Hypothekardarlehen, Wechsel, sonstige Ausleihungen

Ab 1933 stieg der Produktionsindex, während der Notenumlauf stagnierte. Die Produktionssteigerung nach 1933 war mit keiner Steigerung des Notenumlaufs verbunden. Andere monetäre Aggregate wuchsen kaum. Das Produktionswachstum war nicht außenfinanziert.

Das geänderte Refinanzierungsverhalten der Kreditunternehmungen war auf deren gestiegene Vorsicht gegenüber Kreditrisken und auf das Bestreben der OeNB zurückzuführen, das Wechselportefeuille zu verringern oder gering zu halten. Kreditbeziehungen beruhen auf schwer übertragbarem Wissen. Gekündigte Kredite wurden nicht von anderen Banken ersetzt.

*Tabelle 7.7.*

**Kreditmärkte 1928-1935**

| | I | II | III | IV | V | VI | VII |
|---|---|---|---|---|---|---|---|
| 1928 | 100 | 100 | 100 | 100 | 100 | 100 | 5.2 |
| 1929 | 82 | 109 | 122 | 160 | 167 | 100 | 6.1 |
| 1930 | 99 | 115 | 133 | 195 | 340 | 118 | 3.0 |
| 1931 | 31 | 110 | 133 | 290 | 1008 | 136 | 4.6 |
| 1932 | 42 | 98 | 131 | 316 | 80 | 191 | 3.2 |
| 1933 | 38 | 87 | 137 | 310 | 786 | 173 | 1.3 |
| 1934 | 34 | 75 | 144 | 358 | 2460 | 127 | 1.6 |
| 1935 | 34 | 70 | 154 | 365 | 2220 | 100 | 1.1 |

I Debitoren der Aktienbanken in Prozent von 1928 einschließlich Fremdwährungsdebitoren, 1931 ohne CA
II Kredite der Sparkassen in Prozent von 1928
III Hypothekar- und Kommunalkredite der Sparkassen
IV Umlauf an Pfandbriefen,Kommunalschuldverschreibungen
V Neuemissionen und Konversion von Schilling-Anleihen von Gebietskörperschaften und öffentlichen Stellen
VI Konkurse im Wochendurchschnitt
VII Differenz Kreditzinsen - Rendite d. Staatspapiere

Quelle: *MB des ÖIfK* 1938/2; *MB des WIfW* 1938/6; *Scheriau, W., Gallhuber, P.,* 150 Jahre Sparkassen in Österreich, Band 3, Wien 1969, S. 150; *Statistisches Handbuch d. Rep. Öst.,* laufende Jg.; *Wagner, M., Tomanek, P.,* Bankiers und Beamte, Wien 1983; *Mitteilungen d. Direktoriums d. OeNB.*

Die Geschäftsbanken schränkten ihre Forderungen durch Kreditkürzungen ein und rationierten die Kreditnehmer durch Mengenbeschränkung.[8] Die gesamten aushaftenden Kredite der Aktienbanken waren 1937 noch um rund 18% geringer als 1928. Ergebnis der gestiegenen Kreditrisken und der Umstrukturierung im Aktienbankensektor war

[8] Vgl. dazu auch neben den gestiegenen gesamtwirtschaftlichen Kosten der Finanzintermediation: *Bernanke, J.,* Nonmonetary Effects of the Financial Crisis in the Propagation of the Great Depression, in: American Economic Review 73 (1983), S. 242-277.

*Abbildung 7.2.*

**Durchschnittliche Renditen**

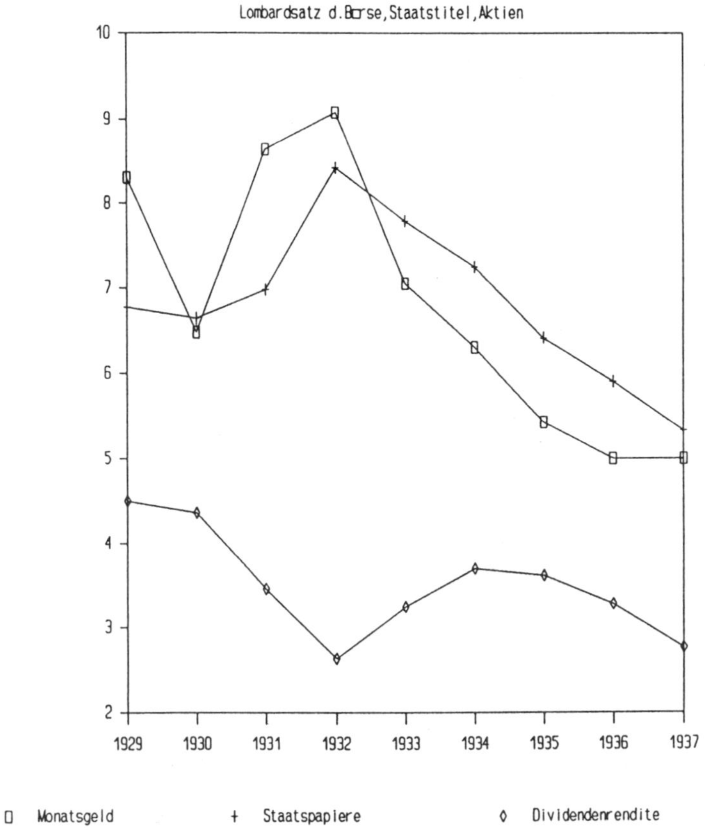


die Verringerung des Kreditvolumens. Sie schwächte den Aufschwung nach 1933 ab. Innerhalb des Kreditvolumens fand eine starke Verschiebung von den Kontokorrentkrediten zu den stärker gesicherten Hypothekardarlehen statt.

Die Kontokorrentkredite der Aktienbanken betrugen 1936 nur noch 31% von ihrem Höchststand 1928. Sie waren seit 1928 verringert worden.

Der Liquiditätsmangel in der Bodencreditanstaltskrise 1929 und in der CA-Krise 1931/32 steigerte den Lombardsatz der Wiener Börse (oberste Linie der Grafik bis 1932). Der Anstieg der Rendite der Staatspapiere war auf den Verfall ihrer Kurse und die verringerte Kreditwürdigkeit des Bundes infolge der in der CA-Krise 1931 übernommenen Verpflichtungen zurückzuführen. Den Finanzmärkten fehlte die Grundlage eines risikolosen Zinssatzes der Schulden der öffentlichen Hand. Die Aktienrendite lag in der ungewöhnlichen Renditenhierarchie aufgrund der geringen Rentabilität der Aktiengesellschaften unter den Renditen festverzinslicher Wertpapiere und unter dem Zinssatz für Monatsgeld.

### 7.3. Wechselkurs

Die Wechselkurspolitik blieb an einem möglichst niedrigen Kurs zum Gold und an der Bedienung der Auslandsschulden orientiert. Daraus resultierte die Beschränkung des Wachstums des Zentralbankgeldes. Auslandskredit an private Schuldner war nach der CA-Krise nicht zu erhalten.

Anläßlich der französischen Abwertung von ca 29,8% am 26.9.1936 stand im Generalrat eine Schillingabwertung trotz sinkender Beschäftigung außer Diskussion.[9] Die Regierung befürchtete, durch Abwertung eine Lohn-Preisspirale in Gang zu setzen und eine auslastungssteigernde Reallohnsenkung nicht durchsetzen zu können.

Die Grundlage für die Berechnung des Goldkurses wurde geändert. An Stelle des Goldankaufskurses der Bank von Frankreich wurde es innerhalb einer zweiprozentigen Schwankungsbreite der OeNB freigestellt, im Einvernehmen mit dem Bundesministerium für Finanzen eine geeignete Grundlage "für die Aufrechterhaltung der Stabilität der Währung" zu wählen. Dies bedeutete die Bindung an den Goldankaufspreis in London und den US $ als "der letzten Weltwährung, deren Mechanismus dem des Goldstandards am nächsten kommt".[10]

Der Verzicht auf Abwertung des Schilling verringerte die Last der Bedienung der Auslandsverschuldung weiter und reduzierte Abwertungserwartungen. Wertsicherungsklauseln wurden durch das Verbot von Goldklauseln vom 27.4.1937 in allen privatrechtlichen Verpflichtungen untersagt, womit die mit der Kassenscheinverordnung vom November 1933 begonnene Zurückdrängung der Abwertungserwartungen aus privaten Verträgen abgeschlossen war.

---

9 *Kienböck*, 149. GR v. 13.10.1936, S. 5.

10 149. GR v. 13.10.1936.

*Tabelle 7.8.*

**Aufwertung des Schilling 1932-1938**

| | Schilling pro 100 $, 1 Franc, 1 Pfund: | | |
|---|---|---|---|
| | Dollar | Franc | Pfund |
| Devisenmittelkurse 1932/2 | 711,4 | 27,9 | 34,5 |
| Privatclearingkurs 1933/4 | 889,4 | 31,9 | 36,6 |
| Privatclearingkurs 1938/1 | 533,0 | 17,8 | 26,6 |

Quelle: *Mitteilungen des Direktoriums der OeNB,* Statistsche Übersichten

Die starke Verringerung der Geldmenge in der CA-Krise, das schwache Zentralbankgeldwachstum und die Einschränkung des Kreditvolumens hatten eine kompetitive Deflation bewirkt.

Die Fixierung des Wechselkurses, die Aufwertung gegenüber den Goldblock-Währungen 1936, die Rückzahlung von Auslandsschulden und die Steigerung der Währungsreserven war durch die Beschränkung der Inlandsnachfrage zusammen mit der Devisenbewirtschaftung ermöglicht worden.

Mit 1.11.1936 endete die Tätigkeit des Beraters bei der OeNB, M. Frere, womit der Abschluß der Stabilisierung nach der Bankenkrise durch die Aufhebung der Kontrolle der österreichischen Währungspolitik dokumentiert wurde.[11]

## 7.4. Kommentare und Empfehlungen zur Währungspolitik in der Depression

Die Einschätzungen der monetären Konjunkturtheorie von Mises, Hayek und des Konjunkturforschungsinstitutes stimmten mit jenen der Geschäftsberichte des Direktoriums der OeNB bezüglich der langfristigen Orientierung am Golddevisenstandard mit festen Wechselkursen und endogenen Geldmengen, der Beurteilung der monetären Expansion 1927-1929 in den Leitwährungsländern als inflationäre Ursache des

[11] Schreiben des Generalsekretärs des Völkerbundes v. 25.9.1936, 149. GR v. 13.10.1936.

Konjunkturzyklus und der Tiefe der Depression sowie in ihrem Antiinterventionismus überein, dem eine an langfristigen Gleichgewichten ausgerichtete Stabilitätsvermutung des privaten Sektors zugrunde lag.

Aus allen diesen Gründen folgte unvermeidlich eine Deflation. Die Währungspolitik hatte in den Augen der monetären Konjunkturtheorie durch die Kreditexpansion in den USA zwischen 1927 und 1929 und durch die Zinssatzsenkungen nach 1929 das Ausmaß der Fehlallokationen erhöht und die Depression hervorgerufen.[12] Deren Ursachen lägen in den "Fehlleitungen der Produktion - und nicht im Preisverfall, der nie jenen katastrophalen Umfang angenommen hätte, wenn man nach der Krise von 1929 dem Liquidationsprozeß seinen Lauf gelassen hätte."[13]

Die Zirkulationskredittheorie sah die Kreditschöpfung der Banken als Ursache der Konjunkturschwankungen, da diese in der Kreditexpansion den Geldzins unter den güterwirtschaftlich bestimmten natürlichen Zins senkte, so die relativen Preise verzerrte und die Produktionsumwege verlängerte. Ein Teil der im Aufschwung getätigten Investitionen erwies sich nach dessen Ende als Fehlinvestitionen. Preissteigerungen und Mangel an Reserven der Banken beenden den Aufschwung. In der folgenden Deflation kann der Zins unter den natürlichen Satz sinken und dort eine Zeitlang verweilen bis ein neuer Zyklus beginnt.

Riskoneutrale Unternehmen und auf lange Sicht vollkommene Finanzmärkte, frei von Informationsproblemen, machten die Entscheidungen von Unternehmenswerten und Risken unabhängig. Eine Restriktion war langfristig ohne Kosten und nur vorübergehend mit einem Verweilen des Zinssatzes unter seinem natürlichen Niveau verbunden.[14] Eine Deflation zur Korrektur von Eingriffen und Rückkehr zu langfristigen Gleichgewichten brachte Effizienzgewinne, die Verzögerung der Anpassung langfristig Effizienzverluste.[15]

Die Stabilitätsvermutung und die normative Ausrichtung auf Kapitalmobilität und Goldstandard als langfristig angemessene Währungs-

---

12 Vgl. *Hayek, F.A.,* Geldtheorie und Konjunkturtheorie, Wien 1929, Salzburg 1976 RP.

13 *Hayek, F.A.,* Was der Goldwährung geschehen ist, 1932 Salzburg 1965 RP., S. 22.

14 Vgl. *Mises, L.,* Geldwertstabilisierung und Konjunkturpolitik, Jena 1928 zit. nach: Monetary Stabilization and Cyclical Policy, in: *Kirzner, I. (ed),* Classics in Austrian Economics, London 1994, S. 33-112., S. 77ff.

15 Dies wurde in wiederholter Kritik am New Deal vorgebracht. So z.B. *Mises, L.,* Das Währungsproblem, in: *MdVöBuB* 17. Jg. (1934), S. 172: "Dadurch (Verhinderung von Unternehmenszusammenbrüchen durch Einsatz öffentlicher Mittel, d. V.) hat man aber jene Mittel ausgeschaltet, die in früheren Depressionszeiten schließlich die Anpassung der Wirtschaft, der Preise und der Löhne an die gegebenen Verhältnisse bewirkt und damit die Voraussetzung für die Gesundung geschaffen haben."

ordnung - unabhängig von ihrem aktuellen Zusammenbruch - ließen für eine Stabilisierung der Inlandsnachfrage und Verzögerung der Zahlungsbilanzanpassung und Tilgung von Auslandsschulden keinen Raum.

F.A. Hayek hatte von der englischen Währungspolitik vergeblich die Zahlungsbilanzanpassung durch Einschränkung des "Kreditüberbaus" - entsprechend dem Verlust an Währungsreserven - gefordert, als diese 1931 vom Goldstandard abging.[16]

Zahlungsbilanzziele waren der Verringerung des Zentralbankgeldes durch die OeNB nach der CA-Krise zugrunde gelegen. Nach dem Ende der Bankenkrise führte das Konjunkturforschungsinstitut zustimmend die außenwirtschaftliche Anpassung und neuerliche Kursfixierung auf die Kreditrestriktion zurück: "Dieser Kreditpolitik ist es vor allem zu danken, daß es nicht nur möglich war, den Schilling so bemerkenswert stabil zu halten, sondern außerdem nicht unbeträchtliche Kreditrückzahlungen vorzunehmen."[17]

Angesichts der asymmetrischen Anpassungserfordernisse des zusammenbrechenden Golddevisenstandards hatte die Orientierung auf lange Fristen restriktive Folgen.

Auf mittlere Sicht wurde eine Zufuhr neuer Mittel nicht erwartet. Nach der Bankenkrise verhinderte dies die gesunkene Kreditwürdigkeit. Nach 1933 erwiesen sich der Zusammenbruch von Kapitalmobilität und Golddevisenstandard als dauerhaft. "Austria's borrowing power abroad, if it can be restored in the future, will be absorbed, in the first instance, by the consolidation of the amount of existing foreign short- or medium term liabilities. ... It is evident from the foregoing, that domestic as well as the foreign credit markets, even if they are able to absorb Austrian consolidation loans, will provisionally be entirely closed to any long term credit operation for financing investments."[18]

Nach dem Scheitern der internationalen Währungskonferenz Anfang 1933 wurde der Zusammenbruch des internationalen Kapitalverkehrs als Beschränkung der Kreditschöpfung und Verringerung der Wachstumschancen zur Kenntnis genommen: "Es läßt sich also auf Grund der Konstellation der drei Reihen (Geld-, Kapital-, Gütermarkt, d.V.) mit großer Wahrscheinlichkeit sagen, daß der Tiefpunkt der Krise in Öster-

---

16 Vgl. *Hayek, F.A.,* Geldtheorie und Konjunkturtheorie, Wien 1929, Salzburg 1976 RP, S. 32f.

17 *MB des ÖIfK* 1936/6, S. 122ff.

18 *League of Nations,* The Financial Position of Austria, 1st Quarter 1932, Geneva 1932, S. 8.

reich überschritten, daß aber die Aufwärtsentwicklung über das erste Stadium noch nicht hinausgekommen ist und daß insbesondere die Kreditausweitung, die die späteren Stadien der früheren Konjunkturanstiege mit großer Regelmäßigkeit begleitete und ihnen einen schärferen Auftrieb gegeben hatte, bisher nicht eingetreten ist. Die bereits erzielte Besserung der Lage geht auf die weitvorgeschrittene Anpassung der Produktion an die Krisenlage zurück. Die bisher noch nicht eingetretene Kreditausweitung, die für die Konjunktur internationaler Natur sein muß, um längere Zeit anzuhalten, läßt sich sowohl aus dem konstanten, in den letzten Jahren eher noch sinkenden Preisniveau als auch den gleichzeitig sinkenden Zinssätzen schließen. ... Der heute praktisch vollkommen lahmgelegte Kapitalverkehr, besonders für langfristige Kredite, der gedrosselte Außenhandel und die Währungsunsicherheit verhindern gegenwärtig und aller Voraussicht nach noch geraume Zeit, die Möglichkeit einer internationalen Kreditausweitung. ... Aber die Unmöglichkeit der Erweiterung des internationalen Kreditgebäudes aus den genannten Ursachen ist ein Umstand, durch den sich die gegenwärtige Situation des Konjunkturanstieges von den meisten früheren wesentlich unterscheidet. Solange dieser Umstand gegeben ist, ist damit zu rechnen, daß die raschere konjunkturelle Aufwärtsbewegung, die in einem gewissen Stadium der Konjunktur meist eingetreten ist, diesmal ausbleiben wird und daß die kommende Aufwärtsentwicklung im Verhältnis zum letzten Konjunkturaufschwung nur sehr langsam vor sich gehen wird oder vielleicht wieder ganz ins Stocken gerät. Die Chancen eines ähnlich raschen Konjunkturanstieges wie 1926 erscheinen gegenwärtig viel geringer."[19]

Gestiegene Risken und gesunkene Unternehmenswerte ließ risikoaverse Banken[20] und Anleger das Angebot an Mitteln zur Außenfinanzierung auf Finanzmärkten mit asymmetrischer Information einschränken. Die gestiegenen Finanzmarktstörungen traten als Liquiditätsstau am Geldmarkt zutage. "Auf dem Geldmarkt ist die Entwicklung im Laufe des Jahres 1934 von der Lage der früheren Jahre nicht unerheblich verschieden, insofern als sich eine außerordentliche Geldflüssigkeit bemerkbar gemacht hat. ... Die Geldflüssigkeit drückt sich namentlich in den hohen Barbeständen der Banken aus. ... Die Herkunft der Beträge liegt in der Richtung von Schuldenrückzahlungen, Liquidationen un-

---

19 *MB des ÖIfK* 1935/2, S. 66f.

20 *Stiglitz, J.E.,* Capital Markets and Economic Fluctuations in Capitalist Economies, in: European Economic Review Vol 36 (1992), S. 290-294.

rentabel gewordener Geschäfte, Abstoßung von Vorräten usw. Andererseits mangelt es an einer entsprechenden unmittelbaren Anlagemöglichkeit in der Industrie."[21]

In der Analyse seiner Reihen für den Geld-, Kapital- und Gütermarkt stellte das Konjunkturforschungsinstitut Anfang 1935 eine untypische Konstellation für die Jahre 1931 bis 1933 und einen beginnenden Aufschwung seit Anfang 1934 fest, der sich jedoch bis Anfang 1935 nicht richtig einstellte. Die Ursache dafür wurde in der fehlenden Kreditexpansion gesehen.

Die Störungen am Kreditmarkt wurden als von der Wirtschaftspolitik verursacht und durch Konkurrenz behebbar angesehen. "Nun sind auch Fälle rein technischer Geldknappheit denkbar, in der Depression zB, wenn die Banken in übertriebener Vorsicht selbst Kredite für gewinnbringende Unternehmungen verweigern, weil etwa die Haftungsbestimmungen für die Banken verschärft, die Umsatzbeteiligung abgestellt oder der Einfluß des Staates, bzw der Notenbank, auf die gestützten Banken ein zu großer geworden ist. ... Im Allgemeinen aber wird die technische Kapitalknappheit bei Konkurrenz auf dem Kapitalmarkt von selbst behoben, indem die Banken genügend Ersatzzahlungsmittel zur Finanzierung von Gewinngeschäften zur Verfügung stellen. Der echte Aufschwung finanziert sich selbst, es bedarf nicht der kreditpolitischen Ankurbelung."[22]

Das Ergebnis gestiegener Unsicherheit diagnostizierte Kienböck Anfang 1938. "Es sei charakteristisch, daß, obwohl die Währung in Ordnung und der Sparsinn der Bevölkerung reichlich vorhanden seien, die Geschäftslust sich nicht auf der Höhe, auf der sie stehen sollte, halte und daß auf diesem Gebiet immer noch große Zurückhaltung und Unentschlossenheit zu bemerken sei."[23]

---

[21] *MB des ÖIfK* 1935/2, S. 23.

[22] *Dobretsberger, H.*, Zur Frage der volkswirtschaftlichen Liquidität, in: *MdVöBuB* 3/4 1935, S. 66.

[23] *Kienböck*, 158. GR v. 28.1.1938, S. 7.

# 8. Kapitel

# Übersicht über die Währungspolitik der Oesterreichischen Nationalbank im internationalen Umfeld

## 8.1. Die Periode des Golddevisenstandards

Die Fixierung der Wechselkurse nach der Währungskonferenz von 1922 und die Etablierung des internationalen Golddevisenstandards (zwischen der Goldbindung des englischen Pfundes 1925 und Stabilisierung des französischen Franc 1928) war nicht mit der Bereitschaft der Teilnehmerländer verbunden, die dem Goldstandard entsprechenden Anpassungsmechanismen auf die Geldmengen wirken zu lassen. Defizitländer verhinderten die Reduktion der Geldmenge. Überschußländer - vor allem die USA und Frankreich - verhinderten die Passivierung ihrer Leistungsbilanz, sterilisierten die Devisenzuflüsse und dehnten statt dessen ihre internationale Kreditgewährung aus.[1] Reparationen, Konkurrenz um das für zu gering gehaltene Währungsgold und die Signalfunktion von Wechselkurs und Währungsreserven motivierten Behinderungen des Anpassungsmechanismus.[2]

In einer Gruppe von 21 Ländern einschließlich Österreichs wurden zwischen 1927 und 1931 zwischen 10% und 40% der Änderung der Inlandskomponente des Zentralbankgeldes durch Änderungen der Auslandskomponente kompensiert, während die Goldstandardregeln eine parallele Veränderung erfordert hätten.[3] In Jahresdaten gemessen, entsprachen zwischen 1927 und 1931 die Veränderungen von Inlands- und Auslandskomponente nur in 19% bis maximal 35% der vom Völkerbund erfaßten Zentralbanken den Anpassungsmechanismen des Goldstandards.

Jene Länder, die - wie etwa Österreich - das Problem der Verteilung der Kriegs- und Folgelasten durch Inflation und anschließende Stabilisierung gelöst hatten, hatten den Wechselkurs zur Stützung des Ver-

---

1 *Eichengreen, B.*, Golden Fetters. The Goldstandard and the Great Depression 1919-1939, Oxford 1992, S. 206.

2 *Eichengreen, B.*, Golden Fetters. The Goldstandard and the Great Depression 1919-1939, Oxford 1992, S. 198-203.

3 *Eichengreen, B.*, International Monetary Instability Between the Wars: Structural Flaws or Misguided Policies ?, in: *Eichengreen, B. (ed),* Monetary Regime Transformations, Aldershot 1992, S. 379f.

trauens in ihre Fiskal- und Währungspolitik fixiert. Sie mußten ebenso wie die Kapitalimportländer den Abfluß von Devisenreserven bremsen, um die Enstehung von Abwertungserwartungen zu vermeiden.

### 8.1.1. Anpassungsbehinderung durch österreichische Währungspolitik

Die österreichische Währungspolitik verfolgte nach der Stabilisierung 1922 ein Wechselkursziel und versuchte, Kapitalimporte zu induzieren. Die Wechselkursbindung sollte das Geldschöpfungspotential beschränken und die Inflationserwartungen gering halten. Die Kapitalimporte sollten die durch die Hyperinflation versiegte Geldvermögensbildung ersetzen und die offiziellen Reserven dotieren.

Der Devisenmarkt wurde nach Hyperinflation und Bewirtschaftung in destabilisierender Abfolge der einzelnen Maßnahmen liberalisiert. Nach der Stabilisierung des Wechselkurses ließ die Währungspolitik unbeschränkt Kapitalimporte zu, bevor inländische Kapitalmärkte Breite und Liquidität entwickelt hatten.[4] In den Unternehmensbilanzen waren die Verzerrungen durch die Hyperinflation nicht korrigiert. Die Grundlagen für Urteile über die Rentabilität des Realkapitals waren unzureichend.

Kapitalimporte finanzierten die Börsenhausse von 1923 und verursachten überschießendes Geldmengenwachstum. Als sich die Ertragserwartungen der Portfolio-Investoren nicht realisierten, bremste die OeNB den Abzug der Kapitalimporte durch Kurssicherungsgeschäfte und durch Erhöhung des Diskontsatzes, um Reserveschwund, Abwertungserwartungen und künftige Kapitalimporte gefährdende Bankenzusammenbrüche zu vermeiden.

Die Verringerung der Geldmenge wurde verhindert und das Zinsdifferential ausgeweitet, um entsprechend den Risikoprämien Kapitalimporte zu induzieren. Die Inlandskomponente der Geldschöpfung wurde zu Gunsten der Auslandskomponente zurückgedrängt. Hohe Währungsreserven sollten Abwertungserwartungen bei auftretenden Reserveschwankungen dämpfen.

Das Handelsbilanzdefizit blieb konstant hoch und wurde bis 1931 aus der steigenden Auslandsverschuldung finanziert.

Das Ende der Hausse und die Sicherung der Kapitalimporte durch die OeNB verursachten Veränderungen in den Finanzierungsbeziehungen, die die Risiken bei einer kleinen Gruppe von Banken konzentrierten. Die

---

[4] Dazu *McKinnon, R.,* The Order of Economic Liberalization. Baltimore 1991, S. 13ff.

Außenfinanzierung erfolgte großteils durch die Banken, die kurzfristige Kapitalimporte in Kredite transformierten und Beteiligungen an den Unternehmen hielten. Industrieunternehmen waren am Eigenkapitalmarkt nach 1924 verstärkt rationiert. Die Umsätze der Finanzmärkte sanken seit 1924. Der Börsenumsatz schrumpfte bis 1928 auf 30% seines Höchststandes von 1924.[5] Neuemissionen waren nur in äußerst geringem Umfang möglich. Die Kapitalerhöhungen der Kapitalgesellschaften sanken von 468 Mill S 1924 auf durchschnittlich 84 Mill S 1927-1929.[6] Wegen der Beschränkung der Unternehmen am Aktienmarkt dehnten die Banken neben der Kreditexpansion im Zuge der Kurspflege ihre Beteiligungsportefeuilles aus. Das Portefeuille der Beteiligungen der CA stieg mit Schwerpunkten in wenigen Sektoren bis 1930 auf 100% des Aktienkapitals.[7]

Das durch Kursfixierung und Zinsdifferential induzierte Angebot kurzfristiger Auslandskredite traf mit Verringerung des Eigenkapitals im Aktienbankensektor und mit geringer Rentabilität der Banken und der Industrie zusammen. Der Bankenmarkt war gegenüber 1913 durch die Verringerung des Währungsgebietes und durch die Hyperinflation geschrumpft.

Die Anzahl der Banken war gestiegen und die Konkurrenz hatte zugenommen.[8] Die Wiener Großbanken hatten zwischen 1913 und 1925 25% des ausgewiesenen Eigenkapitals sowie 60% des Fremdkapitals verloren.

Kapitalimporte und Reexporte ermöglichten es den großen Aktienbanken, die Anpassung ihrer Umsätze an die geringe Rentabilität zu vermeiden.[9] Sie dehnten Umsätze und Beschäftigung aus, ohne Eigenkapital und Gewinn zu verbessern. In der Kreditexpansion zwischen

---

5 *MB des WIfK* 1938/6 und *MB des Wifo* 1945 1/2.

6 Ohne Bankaktien. Vgl. *Rutkowski, H.,* Der Zusammenbruch der österreichischen Credit-Anstalt für Handel und Gewerbe und ihre Rekonstruktion, Berlin 1934, S. 73. Möglicherweise wurde das bestehende Eigenkapital als zu gering und die Wahrscheinlichkeit riskanter Gebarung als zu groß angesehen, wenn die Eigentümer weitere Risiken auf neue Teilhaber abwälzen konnten.

7 *Stiefel, D.,* Austria's Banks at the Zenith of Power and Influence, in: *Matis, H.(ed.),* The Economic Development of Austria since 1870, Aldershot 1994, S. 367.

8 Anzahl der Aktienbanken 1918:32, 1923:72, 1927:34. Vgl. *Wärmer, G.,* Das österreichische Kreditwesen, Wien 1936.

9 Bilanzsumme der großen Wiener Aktienbanken in Prozent des BNP des Bundesgebietes:1913: 63%, 1924: 23%, 1925: 25%, 1926: 30%, 1927: 29%, 1928: 33%, 1929: 35%, 1931-1936: 26%. Siehe *März, E.,* Österreichische Bankpolitik in der Zeit der großen Wende 1913-1923. Am Beispiel der Creditanstalt für Handel und Gewerbe, Wien 1981, S. 437, *Statistisches Handbuch der Republik Österreich* 1924-1937. *MB des WIfW* 1938/6.

1923 und 1928 stieg die Bilanzsumme der Aktienbanken um 161%. Die Kreditoren nahmen um 117% , die Dividende um 8% zu, während der ausgewiesene Reingewinn um 18% sank.[10] Die Kurswerte der Banken sanken stärker als jene der Industrieunternehmen.[11] Geringe Erträge und verschlechterte Kapitalstruktur erhöhten das Risiko der Einleger. Die kurzfristige Auslandsverschuldung der Banken und die Verschuldung der Unternehmen stiegen bis 1929. Inländische Industrieunternehmen erhielten nahezu keine langfristigen Auslandskredite.[12] Sinkende Vermögenswerte, schrumpfende Eigenkapitalmärkte und zunehmende Konkurse verringerten die Fähigkeit von Übernahme und Diversifikation der steigenden Risken.

Die Deckungswerte wurden reduziert - der Aktienindex sank von 1924 bis 1929 um 37% - und waren weniger liquide, da der Markt enger geworden war. Der gesamte Börsenumsatz war um 78% gesunken.[13] Das Risiko von Unternehmenskonkursen und Kreditverlusten nahm zu. Die wöchentlichen Konkurse stiegen von 2 im Jahr 1923 auf 11 in den Jahren 1928 und 1929.[14] Gegen Sanktionen des Kapitalmarktes sicherten sich die Aktienbanken durch Kurspolitik.[15]

Die Bankengesetzgebung entwickelte, von Interventionen der Eigentümervertreter beeinflußt, keine wirksame Bankenaufsicht. Dies nahm der OeNB die Möglichkeiten zur Kontrolle von Auslandspositionen und Kreditrisiken der Geschäftsbanken. Der OeNB gelieferte Bilanzdaten der großen Aktienbanken erwiesen sich als miteinander nicht vergleichbar.[16] Der Mangel an Transparenz der Bankbilanzen hinderte Anleger

---

10 *MB des WIfW* 1938/6, S. 138. Beschränkt wurde die Kreditexpansion durch den Eigenkapitalmangel der Unternehmen. "Die Unternehmen haben durch die Inflation einen großen Teil ihres Betriebskapitals verloren und verfügen nicht über genügend eigene Mittel für die Inanspruchnahme kurzfristiger Kredite. Das sei die Ursache dafür, daß einerseits über ungenügende Kreditgewährung geklagt werde, andererseits aber notorischer Geldüberfluß herrscht." Siehe *Reisch* in der 50. GR.-Sitzung v. 4.3.1927.

11 Während die Kapitalerhöhungen aller börsenotierten österreichischen Aktiengesellschaften 1923-1930 auf 55% ihres Niveaus von 1913-1923 fielen, sanken jene der Banken auf 46%. Vgl. *Morgenstern, O.,* Kapital- und Kurswertänderungen der an der Wiener Börse notierten österreichischen Aktiengesellschaften 1923 bis 1930, in: Zeitschrift für Nationalökonomie und Statistik 3. Jg. (1932), S. 255.

12 *MB des WIfK* 1938/6, S. 145f.

13 Vgl. Tabelle 4.1., S. 107.

14 *MB des WIfK* 1938/2.

15 Die Niederoesterreichische Escompte Gesellschaft hatte bei ihrer Liquidation ein Drittel ihrer Aktien im eigenen Portefeuille. *Rutkowski, H.,* Der Zusammenbruch der österreichischen Credit-Anstalt für Handel und Gewerbe und ihre Rekonstruktion. Berlin 1934, S. 61.

16 87. GR v. 23.5.1930.

daran, Geschäftsbanken zu disziplinieren, die systematische Risken anhäuften. Die OeNB appellierte an die Banken "dem begreiflichen Wunsch (der Nationalbank, d.V.) nach mehr Information aus eigenem Antrieb nachzukommen", wozu Anreize fehlten.[17]

Die Geschäftsbanken setzten mit der Kumulation systematischer Risken ihre Kreditgeber einem moral hazard - Verhalten aus, von dessen Konsequenzen die Währungspolitik infolge ihrer Ziele, Kursfixierung und Sicherung des Zuganges zum internationalen Kapitalmarkt, betroffen war.

Selbst ohne Einblick in die Bilanzpositionen der Geschäftsbanken, deren kurzfristige Auslandskredite die Währungsreserven dotierten, trug sie die Folgen von deren Geschäftspolitik durch Teilnahme an Stützungsaktionen, Hereinnahme von Finanzwechseln, Kurssicherungsgeschäfte und Haltung hoher Währungsreserven, um Schwankungen der Währungsreserven und Abwertungserwartungen zu dämpfen.

Die Verlangsamung des Wachstums der Auslandsverschuldung bedingte eine Deflation. Der Übergang zu restriktiver Geldpolitik in den Gläubigerländern im Sommer 1928 reduzierte die Kapitalimporte und beendete zusammen mit der Wende der Inlandskonjunktur die Kreditexpansion. Die Verteuerung der Auslandskredite erhöhte den Druck auf die Bankerträge.

Zwischen den Banken wurden die Kreditrisiken durch eine Pyramide von Fusionen konzentriert, die in der von der OeNB patronisierten Fusion von Bodencreditanstalt und CA im Herbst 1929 abgeschlossen wurde. Die CA repräsentierte 1930 mehr als 50% des Aktienkapitals der Wiener Großbanken. Die Konzentration der Risken erhöhte das systemische Risiko der erzwungenen Änderung der Währungspolitik zur Sicherung des Finanzsystems.[18]

Der Verfall der Aktienkurse in der Folge des Börsenkrachs vom Oktober 1929 wurde durch die fixen Wechselkurse übertragen und verringerte die Vermögen von Unternehmen und Geschäftsbanken.

Die Aufdeckung des Kapitalverlustes der CA im Mai 1931 erhöhte die Unsicherheit über die Solvenz anderer Geschäftsbanken. Die Währungspolitik blieb auf lange Sicht an ihrem Wechselkurs- und Stabilitätsziel, und in Abhängigkeit davon, an der Sicherung des Zugangs zum Kapitalmarkt orientiert. Zwischenzeitlich hat sie durch Übergang zur

---

[17] 80. GR v. 22.11.1929.

[18] Vgl. *Davis, E.P.*, Debt, Financial Fragility and Systemic Risk, Oxford 1992, S. 115ff.

Sicherung des Finanzsystems, insbesondere einer individuellen Bank, die Zielverletzung vergrößert und Anpassungserfordernisse erhöht.

Die Ansprüche der Auslandsgläubiger und die insolvente Bank wurden erhalten. Der Bund rekapitalisierte die Bank und garantierte deren Einlagen in einem Ausmaß, das seine Kapitalmarktfähigkeit überstieg. Die OeNB refinanzierte die Banken während des Runs und die CA über zehn Monate bis zur Entscheidung des Konflikts über die Kontrolle der Bank. Die offiziellen Verlustschätzungen erlangten keine Glaubwürdigkeit. Sie konnten Zweifel über die Sicherheit der Einlagen bei anderen Banken nicht zerstreuen und einen Run nicht abwenden, in dessen Verlauf die OeNB diese refinanzierte.

Die Liquiditäts- und Solvenzkrise weitete sich auf andere Banken aus, was Kontenabhebungen, die Verringerung der Geldmenge und in der Folge Kreditkürzungen und den Verfall der Vermögenswerte nach sich zog. Die Unmöglichkeit der Fundierung der in der Bankenstützung eingegangenen Verschuldung des Bundes erhöhte Inflations- und Abwertungserwartungen. Abzug oder bedingte Prolongation von Auslandskrediten verursachten bei aufrecht erhaltener Wechselkursfixierung eine Zahlungsbilanzkrise. Laufende Geldschöpfung, mögliche Monetisierung der Staatsschuld und die Insolvenz der größten Kapital importierenden Bank erhöhten die Abwertungserwartungen und erzwangen in einer spekulativen Attacke vorübergehend die Aufgabe des Wechselkurszieles.

Die Wahrnehmung der Funktion des internationalen lender of last resort wurde durch den Mangel an Finanzierungsinstrumenten, Hegemonialprobleme und durch Gegensätze der Gläubigerländer verhindert, denen sich Österreich durch die Zollunionspläne mit Deutschland ausgesetzt hatte. Überbrückungskredite, Anpassungsmaßnahmen, die Übertragung von Vertrauen in die Währungspolitik und Restrukturierung der Auslandsschulden erfolgten in geringem Ausmaß und zeitlich getrennt über zwei Jahre. Die Anpassungslasten wurden zwischenzeitlich allein durch inländische Nachfrageeinschränkung getragen. Devisenkredite, wie jener der BIZ unter der Auflage weiterer Geldschöpfung und Ausweitung der Bundesgarantie für Verbindlichkeiten der CA, erhöhten die Kosten der Einstellung der Bedienung der Auslandsschulden für die Währungspolitik.

## 8.2. Die Währungspolitik in Österreich nach der Bankenkrise

Die Einstellung der Refinanzierung der CA im Februar 1932 und die Aussicht auf die Finanzierung der ungedeckten Bundesschuld durch eine neue international garantierte Anleihe im Juli 1932 stabilisierte die Geldnachfrage.

Die Währungspolitik ging zum Zahlungsbilsanzziel der Tilgung von Auslandsschulden und zum Ziel neuerlicher Wechselkursfixierung über. Die OeNB reduzierte die Zentralbankgeldmenge zwischen Herbst 1931 und dem Eintreffen der Mittel der Lausanner Anleihe 1933.[19] Die Tilgung von Auslandsschulden der Banken erzwang nach Einstellung der Notenbankrefinanzierung zusammen mit dem Verfall der Dekkungswerte und der Erhöhung der Reserven die Verringerung des Kreditvolumens und die Einschränkung der Nachfrage. Gemeinsam mit der sukzessive gelockerten Devisenbewirtschaftung ermöglichte diese die Zahlungsbilanzanpassung.

Wegen der Starrheit der Inlandskomponente des Zentralbankgeldes lag der Schwerpunkt der Einschränkung auf der Reduzierung der Bankkredite, die durch das geänderte Refinanzierungsverhalten der OeNB und die restriktive Geschäftspolitik der Großbanken durchgesetzt wurde.

Die Währungspolitik verhinderte Insolvenzen von Banken, verstärkte aber Druck auf die Liquidität. Das Portefeuille wurde auf Wechsel der CA, der in Liquidation befindlichen Niederösterreichischen Escompte

---

[19] Die rapide Ausweitung des Gesamtumlaufs in der CA-Krise hatte die Geldmengenverringerung durch Kontenabhebungen nicht kompensiert. Danach schränkte die OeNB die Refinanzierung von Geschäftsbanken ein, denen durch Kontenabhebungen Mittel entzogen worden waren. 1932/33 wurde das Zentralbankgeld reduziert, danach das Wachstum des Notenumlaufs beschränkt. Dieses erreichte bis 1937 das Niveau von 1929 nicht mehr. Dagegen bemerkte *Kienböck, V.*, Währung und Wirtschaft. Vortrag vor dem Niederösterreichischen Gewerbeverein am 17. 10. 1947. Wien 1947: ... "Somit ist die Behauptung einer Deflationspolitik unter meiner Amtsführung eine gänzlich unwahre bloße Erdichtung." ... "Der Index der Zentralbankgeldmenge lag in den Dreißiger Jahren immer über dem Index des Bruttonationalproduktes. Wie hoch die Beträge waren, die durch Hortung dem Geldumlauf entzogen wurden, läßt sich nicht abschätzen." *Kernbauer, H.*, Währungspolitik in der Zwischenkriegszeit. Geschichte der Oesterreichischen Nationalbank von 1923 bis 1938, Wien 1991, S. 402,, S. 395: "Abgesehen von der Wechselkurspolitik" sei "Kienböck rechtzugeben." , ebenso *Butschek, F.,* Österreichs Wirtschaft im 20. Jahrhundert, Wien 1985, S. 53. Handelsbilanzdefizit in S. 57, ähnlich *Stiefel, D.,* Die große Krise im kleinen Land. Österreichische Finanz- und Wirtschaftspolitik 1929-1938, Wien 1988, S. 306.

Gesellschaft und des Wiener Bankvereins beschränkt und Refinanzierungen anderer Kreditunternehmungen wurden abgewiesen.[20]

Zahlungsbilanz- und langfristiges Wechselkursziel behinderten die OeNB bei der Sicherung des Finanzsystems, die die Ausbreitung der Liquiditätskrise eindämmen hätte können[21] und von der Geschäftsleitung der OeNB auch zugesagt war.[22] Die unwirksame und unvollständige Wahrnehmung der Funktion des lender of last resort vertiefte die Depression, da sie die Geldmengenverringerung nicht stoppen konnte.[23]

Das Scheitern des ursprünglichen Sanierungsversuchs, unvollständige Einlagengarantie, ungedeckte Verschuldung des Bundes und Geldschöpfung hatten bei aufrechtem Wechselkursziel Währungsflucht und Kontenabhebungen bei jenen Banken erhöht, denen die OeNB ab Herbst 1931 Liquidität entzog. Nach der Änderung der Währungspolitik und Einleitung der Anpassung aus eigenen Mitteln unter Kontrolle des Vertreters des Völkerbundes und nach der Dokumentation und Übertragung des Vertrauens durch Bereitschaft zur Garantie einer Auslandsanleihe an den Bund, ermöglichte die Restrukturierung der Auslandsschulden die Festlegung großer Komponenten der langfristigen Zahlungsbilanzposition.

Die Einigung zwischen Bund und den Auslandsgläubigern der CA im Jänner 1933 ermöglichte die Festsetzung der künftigen Zahlungsbilanzposition sowie die Lösung der Krise bei weiteren Großbanken. Nachdem die aus der Auslandsverschuldung der CA resultierende Position der Kapitalverkehrsbilanz festgelegt worden war, wurde die neuerliche Fixierung des Wechselkurses und damit die Festlegung des entsprechenden Zentralbankgeldangebotes begonnen. Die Schwankungsbreite

---

20 "Bei anderen Banken abgesehen von der Creditanstalt ist die Notenbank bemüht, das Wechselobligo weiter herabzudrücken." Kienböck in der 115. GR v. 22.4.1932. Zur Verringerung des Zentralbankgeldes wurden zeitweise bei der OeNB eingereichte Wechsel von dieser mit ihrer eigenen Haftung versehen am privaten Markt weitergegeben. 121. GR v. 17.2.1933

21 *Wolf, Ch. jr.*, A Theory of Nonmarket Failure: Framework for Implementation and Analysis, in: Journal of Law and Economics 22 (1979), S. 107-139, S. 108.

22 *Reisch, R.*, Die höheren Aufgaben einer modernen Notenbank, insbesondere in Krisenzeiten, in: *MdVÖBuB* 8. Jg. (1925), S. 193-207, S. 202-206. 1931 war *Reisch* bereit, den Widerspruch zwischen lender of last resort-Funktion und Wechselkurs durch Lockerung des Wechselkurszieles und Einführung der Devisenbewirtschaftung zu entschärfen.

23 Wirkungen fehlender oder ineffizienter lender of last resort in: *Bordo, M.D.*, Financial Crises, Banking Crises, Stock Market Crashes and the Money Supply: Some International Evidence 1870-1933, in: *Capie, F., Wood, G.E. (eds)*, Financial Crises and the World Banking System, London 1985. *Schwartz, A.*, Real and Pseudo-Financial Crises, in: *Capie, F., Wood G.E. (eds)*, Financial Crises and the World Banking System, London 1985.

des Wechselkurses wurde im März 1933 eingeschränkt. Die Reduktion des Zentralbankgeldes wurde vor der Begebung der Lausanner Anleihe beendet. Nach dem Einlangen der Anleihe Mitte 1933 war die Kapitalmarktfähigkeit des Bundes hergestellt und die Deflation abgeschlossen.

Nach der Beilegung der Bankenkrise 1933/34 wurde der Wechselkurs im April 1934 neuerlich an goldkonvertible Währungen gebunden und wertete bis 1937 gegenüber allen den Goldblock verlassenden Währungen auf. Nach 1934 wurde das Wachstum des Zentralbankgeldes beschränkt und der Notenumlauf weiter reduziert. Die Steigerung des Gesamtumlaufes zwischen 1933 und 1937 ging auf eine Erhöhung der Liquiditätsreserven der Kreditunternehmen zurück, während der Notenumlauf sank. Ein Teil des Devisenzustroms wurde neutralisiert und damit das von der Auslandskomponente ermöglichte Zentralbankgeldwachstum nicht ausgeschöpft. Das Wechselportefeuille wurde auf die im Zuge der Bankenstützungen übernommenen ertragslosen Aktiva beschränkt, die sukzessive abgebucht wurden. Ende 1936 enthielt das Portefeuille keine Warenwechsel mehr.

Der Notenumlauf war als Ergebnis dieser Politik zu Jahresende 1937 um ca 3% höher als Ende 1932, aber um ca 14% unter dem Endstand des Krisenjahres 1930.

Geänderte Refinanzierung und restriktive Kreditpolitik hatten das Zentralbankgeldwachstum beschränkt und das Kreditvolumen soweit verringert, daß mit Hilfe der noch bestehenden Elemente der Devisenbewirtschaftung die Leistungsbilanz trotz der Aufwertung 1937 annähernd ausgeglichen war und die Auslandsverschuldung abgebaut wurde.

Die Bemühungen um langfristiges Auslandskapital waren über die gesamte Periode von 1923 bis 1937 erfolglos geblieben. Bis 1931 wurden wegen der geringen Rentabilität und der geringen Eigenkapitalbasis österreichischer Unternehmen überwiegend kurzfristige Auslandskredite an Banken gewährt. Nach der Bankenkrise zwischen 1931 und 1933, in der bei beschränktem internationalen Güterverkehr Auslandsschulden getilgt worden waren, waren die binnenwirtschaftlichen Voraussetzungen für eine durchhaltbare Zahlungsbilanzentwicklung weitgehend erfüllt. Die internationale Kapitalmobilität war fast völlig zusammengebrochen.

## 8.3. Die Währungspolitik der OeNB nach 1931 im internationalen Vergleich

Die CA-Krise dehnte sich direkt über die Geschäftsverbindungen der Bank nach Polen und Ungarn, indirekt durch Erwartungseffekte nach Deutschland zur zentraleuropäischen Bankenkrise aus. Die Verbindung mit Reparationsfragen vertiefte die außenpolitischen Gegensätze und behinderte die Ansätze zur Kooperation der Notenbanken. Die Unfähigkeit zur Eindämmung der zentraleuropäischen Bankenkrise brachte alle Schuldnerländer unter Abwertungsdruck und als Folge mußte das britische Pfund im September 1931 vom Gold gelöst werden.

Der einsetztende Devisenzustrom zu den Gläubigerländern resultierte nicht in einer Expansion der Geldmenge in diesen Ländern, da Bankenkrisen und Depression die Geldnachfrage verringert hatten.[24] Die Schuldnerländer büßten ihre Währungsreserven durch Abwertungserwartungen und Kreditkündigungen großteils ein. Um Abwertungserwartungen zu begrenzen lösten sie ihre Währungen trotz verbreiteter Devisenbewirtschaftung nicht vollständig vom Goldstandard. Ihre Notenbanken waren bei der Stützung des Bankensystems behindert und waren gezwungen, die Zentralbankgeldmenge sinken zu lassen, um in kompetitiven Deflationen ihre Währungsreserven am statutarischen Minimum zu halten oder wieder zu erhöhen. Der Geldmengenverringerung in den Schuldnerländern stand keine Expansion in den Gläubigerländern gegenüber.

Die sechs Hauptgläubigerländer USA, Frankreich, Großbritannien, Belgien, Niederlande und Schweiz verzeichneten 1930 Zuflüsse an internationalen Reserven von 4.6 Mrd US $ und 1931 Zuflüsse von weiteren 2.7 Mrd $. 26 Gläubigerländer einschließlich Österreichs, verloren 1931 2.3 Mrd $ und 1932 6.2 Mrd $ an internationalen Reserven. In den Gläubigerländern stieg die aggregierte Geldbasis 1929/30 um 8.4% und 1930/31 um 22.1%, während die Geldmengenschätzung nur um 0.6% und 1% wuchs. Die Geldbasis von 21 Schuldnerländern fiel 1930 um 4.1%, 1931 um 1.5%. Die Schätzung für M1 wuchs 1930 noch um 0.1% und fiel 1931 um 8.6%.[25] 1931/32 sank die Geldmenge in Frankreich um 1.1%, in den USA um 7.9%. Dieser Prozeß verstärkte sich noch bis 1933.

---

24 *Eichengreen, B.*, Golden Fetters. The Goldstandard and the Great Depression 1919-1939, Oxford 1992, S. 248f.

25 Vgl. *Eichengreen, B.*, Golden Fetters. The Goldstandard and the Great Depression 1919-1939, Oxford 1992, S. 249.

Besonders die zentraleuropäischen Schuldnerländer waren von den kontraktiven Wirkungen des Zusammenbruchs des Golddevisenstandards betroffen. Ihren Reserveverlusten stand keine Geldmengenexpansion in den Gläubigerländern mit expansiven Rückwirkungen gegenüber. Ihre Reserven, Geldbasis und Geldmengen sanken rasch. In kompetitiven Deflationen versuchten sie dem Reserveverlust entgegenzuwirken.

Eine steigende Anzahl von Ländern löste ihre Währungen in unterschiedlichem Ausmaß bis 1935 vom Golddevisenstandard, am konsequentesten die skandinavischen Länder und die Staaten des Sterlingblocks.[26] Trotz länderspezifischer Abweichungen unterschied sich die Entwicklung von Industrieproduktion und Geldmenge in den verschiedenen Währungsblöcken, die sich nach dem Ende des internationalen Golddevisenstandards ab 1931 etablierten, deutlich voneinander.

Obwohl die Goldblockländer Zuflüsse an Währungsreserven verzeichneten, expandierten ihre Geldmengen in geringerem Ausmaß als jene der anderen Währungsblöcke. Die Goldreserven der Goldblockländer wuchsen zwischen 1929 und 1934 um 2.16 Mrd US $, jene der USA um 0.96 Mrd $, der Sterlingblockländer um 0.27 Mrd US $, während die Reserven der Devisenverkehrsländer um 0.4 Mrd US $, Lateinamerikas um 0.27 Mrd $ und Japans um 0.31 Mrd US $ sanken.[27]

Die Länder, die die Konflikte um die Verteilung der Kriegsfolgen durch Hyperinflation und Stabilisierung gelöst hatten oder nach Phasen hoher Inflation erst ab Mitte der zwanziger Jahre in das Währungssystem des Golddevisenstandards eingetreten waren, ersetzten zumeist die Goldbindung nicht oder nur unvollständig durch ein anderes währungspolitisches Regime. Abwertung blieb in diesen Ländern mit Inflation identifiziert.

Der internationale Goldstandard übertrug nach der Bankenkrise die monetäre Kontraktion, indem den Kapitalabzügen aus den Defizitländern nicht entsprechend wachsende bzw sogar schrumpfende Geldmengen in den Überschußländern gegenüberstanden und indem er die Möglichkeiten der Zentralbanken zur Stützung der Geschäftsbanken während der Bankenkrisen einschränkte und nach der Bankenkrise

---

26 Die relativ erfolgreiche Wirtschaftspolitik der Sterlingblockländer in der Depression widersprach den gegen die "Stabilisierungstheoretiker" gerichteten Empfehlungen der monetären Konjunkturtheorie. *Hayek* hatte das Abgehen Englands vom Goldstandard 1931 kritisiert. *Hayek, A.,* Was der Goldwährung geschehen ist. 1932, Salzburg RP 1965.

27 *Eichengreen, B.,* Elusive Stability. Essays in the history of international finance, Cambridge UK 1990, S. 243.

eine Reflation verhinderte.[28] Je vollständiger die Loslösung vom Goldstandard erfolgte, desto eher gelang es, den Rückgang der Endnachfrage zu bremsen.

Bis 1936 wuchs die Industrieproduktion in den Goldblockländern gemessen am Stand von 1929 am geringsten. Bis 1933 wurde in diesen Ländern der Zufluß an Devisenreserven, durch die Steigerung der Bargeldhaltung kompensiert. Nach 1933 verlor diese Ländergruppe Devisenreserven.

Die nordeuropäischen Länder, die sich ohne den Zwang von Bankenkrisen vom Goldstandard lösten, konnten hingegen ähnlich den am Pfund-Sterling orientierten Ländern die Freigabe des Wechselkurses zur Stabilisierung der Geldmenge und der Endnachfrage nutzen.

Sowohl in den zentraleuropäischen Ländern als auch in jenen Ländern, die ihre Währungen zwischen 1932 und 1935 vom Goldstandard lösten, sank die Industrieproduktion bis 1933 stärker als in den Vergleichsländern. Die Möglichkeiten zur Reflation zwischen 1933 und 1936 waren am geringsten in den Goldstandardländern und in den Ländern, die erst nach 1932 vom Goldstandard abgingen.

In der Phase des Zusammenbruchs des Golddevisenstandards, in der die Wirkungen der Depression und die Währungspolitik der Reservewährungsländer USA und Frankreich den Bedarf an Zahlungsbilanzanpassung für die anderen Länder ständig erhöhte, erzielte jene währungspolitischen Regimes die besten Ergebnisse, die die Geldmengenverringerung und die Zunahme der Finanzmarktstörungen gering halten konnten oder sich durch Befreiung von der Wechselkursschranke von den restriktiven Mechanismen der Zusammenbruchsphase des Golddevisenstandards abkoppelten und die Möglichkeit zur Nachfrageausdehnung wahrnahmen.

Die geldpolitischen Möglichkeiten zur Abschwächung der Depression, die sich einem kleinen Land ergaben, sofern es sich ohne den Zwang

---

[28] *Eichengreen B.*, International Monetary Instability Between the Two Wars: Structural Flaws or Misguided Policies? in: *Eichengreen, B. (ed),* Monetary Regime Transformations, Aldershot 1992, S. 335-354, S. 388. *Bernanke, B., James, H.,* The Gold Standard, Deflation and the Great Depression: An International Comparison, in: *Bordo, M.D. (ed),* Financial Crises, Brookfield New York 1992 Vol 2, S. 242-275. *Friedman, M., Schwartz, A.,* A Monetary History of the United States 1867-1960, Princeton 1971, S. 300-301, bezogen auf die Bedingungen des Federal Reserve System: "Had the Federal Reserve increased high powered money sufficently to offset the decline in the deposit-currency ratio, ..., the Depression would not have reached the proportions it did.", *Gandolfi, A. E., Lothian, J. R.,* Did Monetary Forces Cause the Great Depression? A Review Essay, in: Journal of Money Credit and Banking, Vol 9 (1977), S. 679-691, *Temin, P.,* Transmission of the Great Depression, in: Journal of Economic Perspectives, Vol 7 (1993), S. 87-102.

einer Bankenkrise vom Goldstandard löste und die Kapitalabzüge beschränken konnte, schöpfte Schweden weitgehend aus.[29] Die schwedische Entwicklung macht deutlich wie wichtig es war, die Auswirkungen von Bankenkrisen auf die Geldmenge zu dämpfen, was einen flexiblen Wechselkurs voraussetzte. 1931 verließ Schweden, beraten von G. Cassel, D. Davidson und E. Heckscher den Goldstandard. Die Riksbank verfolgte ein von K. Wicksell empfohlenes Preisstabilisierungsziel. Die Freigabe des Wechselkurses wurde genutzt, um die Geldmenge konstant zu halten und das Inlandspreisniveau zu stabilisieren. Dies war mit einem Kursverlust der Schwedenkrone verbunden.

Die Geldmenge sank in drei restriktiven Phasen maximal um 2.1%. Bis auf eine Phase 1930/31 kompensierte der Wachstumsbeitrag der Geldbasis stets die leicht restriktiven Impulse der steigenden Bargeldquote und die stark kontraktiven Impulse der Reservequote.[30] Zur dafür notwendigen Ausdehnung der Geldbasis refinanzierte die Riksbank gefährdete Geschäftsbanken, um das Vertrauen in das Bankensystem zu erhalten, kaufte Fremdwährungsaktiva von Inländern und führte expansive Offenmarktoperationen durch.

Zentraleuropäische Länder: Die Finanzinstitutionen des Völkerbundes hatten nach 1919 die Rahmenbedingungen für die Reintegration der zentraleuropäischen Länder in internationale Kapitalmärkte und in den Golddevisenstandard durch eine Reihe wirtschaftspolitischer Maßnahmen hergestellt. Sie hatten in einigen Ländern die Stabilisierung der Geldnachfrage, die Kursfixierung und die Reduktion der Abwertungserwartungen erst ermöglicht. Dabei hatten sie öffentliche Garantien von Krediten an Regierungen koordiniert, die Fiskalpolitik zeitweilig überwacht und die Devisenverkehrsliberalisierung vorangetrieben. Die Rahmenbedingungen der Finanzmärkte blieben mangelhaft im Informationswesen und in der Organisation kurzfristiger Liquiditätsstützungen.

In den späten zwanziger Jahren verschärften außenpolitische Gegensätze die Konkurrenz um internationale Reserven und motivierten Verletzungen der Anpassungmechanismen des Golddevisenstandards durch Kapitalexportländer. Sie behinderten die Kooperation der Notenbanken.

Die zentraleuropäische Bankenkrise erforderte den koordinierten Mitteleinsatz und die Schöpfung internationaler Liquidität zur Siche-

---

[29] *Jonung, L.*, The Depression in Sweden and in the USA, in: *Brunner, K., Meltzer, A.H. (eds),* The Great Depression Revisited, Boston 1981, S. 280.

[30] *Jonung*, a.a.O., S. 297

rung von Golddevisenstandard und freiem Kapitalverkehr. Auf das Ausbleiben rechtzeitiger wirksamer Mittelzufuhr zur Bankenstützung und ausreichender Liquiditätszufuhr für Defizitländer in der Bankenkrise von 1931 antwortete eine Reihe von Ländern nach zwei bis drei Monaten offener Krise mit Einführung der Devisenbewirtschaftung und Einschränkung der Bedienung der Auslandsschulden. Der Run auf die Goldbestände der BOE, eines der Reservezentren, hatte die Desintegration der internationalen Kapitalmärkte zur Folge.

Die zentraleuropäischen Defizitländer, von denen die letzte Krisenphase ausgegangen war, waren dem doppelten deflationären Druck des Rückzugs von Auslandskrediten und der Verringerung der Geldmengen durch Kontenabhebungen in den Bankenkrisen ausgesetzt. Sie waren zu Beginn der Krise in der Wahrnehmung ihrer Funktion als lender of last resort behindert. Einige schwenkten nach zweijähriger Deflation auf Reflation und weitere aktive Desintegration des Währungssystems um. Andere glaubten diesen Spielraum für autonome Währungsmaßnahmen nicht nutzen zu können und behielten die Orientierung am Golddevisenstandard trotz Devisenbewirtschaftung unterschiedlichen Ausmaßes grundsätzlich bei. Polen blieb bei der Goldparität. Die Tschechoslowakei wertete 1934 einmalig ab, behielt jedoch ihre restriktive Geldpolitik bei. Die österreichische Währungspolitik fixierte nach Devisenverkehrsbeschränkungen und Abwertung 1931 neuerlich einen effektiv aufgewerteten Wechselkurs. Bis auf die Tschechoslowakei hatten die zentraleuropäischen Länder ihre Währungen in den zwanziger Jahren nach Hyperinflationen in Form einer Kursbindung stabilisiert. Drei Länder waren besonders stark von der Bankenkrise 1931 betroffen und in unterschiedlichem Ausmaß dem doppelten deflationären Druck ausgesetzt. Sie stellten trotz Devisenverkehrskontrollen nach dem Zusammenbruch des Golddevisenstandards ihr Geldangebot nicht auf ein reflationäres Regime um, das eine Ausweitung der Nachfrage zuließ.

Nach 1933 nutzten Deutschland und in geringerem Umfang auch Ungarn den Wegfall der Wechselkursschranke durch die Einführung der Devisenbewirtschaftung zur Ausdehnung der Nachfrage.

Die Reflationsländer Deutschland und Ungarn dehnten ihren Gesamtumlauf von 1933 bis 1936 aus. In der Tschechoslowakei wurde er reduziert, in Polen blieb er nahezu konstant. In Österreich, wo er 1931 durch die Refinanzierung der CA im Gegensatz zu den Vergleichsländern dieser Gruppe ausgedehnt worden war, stieg er unterdurchschnittlich. Der Notenumlauf stieg in Österreich zwischen 1933 und 1936 am langsamsten in dieser Ländergruppe und schwächer als in Polen. Der Rückgang der Industrieproduktion war in den Ländern mit Bankenkri-

*Tabelle 8.1.:*

**Ländervergleich von Zentralbankgeld Währungsreserven**

| | Währungs-reserven | Notenumlauf | Gesamtumlauf | | Einlagen/ Bargeld | Indust.Prod. | |
|---|---|---|---|---|---|---|---|
| | | | | Änderung gegenüber 1933 in Prozent | | | Änderung gegenüber 1933 in Prozent |
| 1933 | | | | | | | |
| GOLDBLOCK | 128.3 | 104.3 | 106.3 | - | -0.33 | 67.5 | - |
| ABGOLD32 | 83.7 | 119.6 | 113.1 | - | -0.40 | 64.0 | - |
| ABGOLD31 | 91.3 | 93.2 | 102.7 | - | -0.17 | 82.8 | - |
| NORDEUROP | 105.9 | 101.5 | 108.3 | - | -0.05 | 98.0 | - |
| SWE | 196.7 | 113.8 | 135.0 | - | -0.08 | 98.2 | - |
| ZENTR.EUR | 39.9 | 77.2 | 82.2 | - | -0.27 | 76.6 | - |
| CS | 64.1 | 71.8 | 75.8 | - | -0.10 | 94.4 | - |
| ÖSTERR. | 28.8 | 91.3 | 100.5 | - | -0.49 | 62.7 | - |
| DEUTSCHL. | 19.7 | 72.3 | 73.9 | - | -0.55 | 65.1 | - |
| UNGARN | 46.9 | 73.3 | 78.8 | - | 0.07 | 84.2 | - |
| POLEN | 46.0 | 74.9 | 70.0 | - | -0.32 | 56.1 | - |

| 1936 | | | | | | | |
|---|---|---|---|---|---|---|---|
| GOLDBLOCK | 97.0 | 100.4 | 123.9 | 16.6 | -0.31 | 93.2 | 38.1 |
| ABGOLD32 | 134.2 | 154.1 | 164.4 | 45.4 | -0.58 | 103.4 | 61.6 |
| ABGOLD31 | 128.1 | 111.9 | 130.3 | 26.9 | -0.16 | 144.7 | 74.8 |
| NORDEUROP | 177.2 | 130.1 | 146.3 | 35.1 | -0.20 | 164.2 | 67.6 |
| SWE | 244.5 | 156.9 | 177.0 | 31.1 | -0.34 | 168.2 | 71.3 |
| ZENTR.EUR | 44.3 | 89.8 | 100.3 | 22.7 | -0.34 | 107.5 | 41.6 |
| CS | 73.1 | 78.8 | 77.1 | 1.7 | -0.03 | 113.8 | 20.6 |
| ÖSTERR. | 46.4 | 94.5 | 112.4 | 11.8 | -0.59 | 81.8 | 30.5 |
| DEUTSCHL. | 5.7 | 98.8 | 103.4 | 39.9 | -0.66 | 105.5 | 62.1 |
| UNGARN | 51.9 | 87.0 | 108.3 | 37.4 | -0.09 | 129.1 | 53.3 |
| POLEN | 34.5 | 77.2 | 73.3 | 4.7 | -0.18 | 94.3 | 68.1 |

GOLDBLOCK: 1936: Frankreich, Holland, Polen

ABGOLD 31: 1931 vom vollen Goldstandard abgegangen: Schweden, Finnland, Norwegen Dänemark, Deutschland, Österreich, Ungarn, Tschechoslowakei, Estland, Griechenland, Lettland, Großbritannien

ABGOLD 32: 1932-35 vom Goldstandard abgegangen:USA, Italien, Belgien,Rumänien

NORDEUROP: Nordeuropäische Länder: Schweden, Finnland,Norwegen,Dänemark

ZENTR.EUROP: Zentraleuropäische Länder: Deutschland, Österreich, Ungarn. Bargled/Einlagen: Indikator für Bankenkrisen: Differenzen der Logarithmen d. Bargeldkoeffizienten kumuliert seit 1929

Quelle: *Bernanke, J.*, The Gold Standard, Deflation and Financial Crisis in the Great Depression: An International Comparison, in: *Bordo, M. (ed)*, Financial Crises, Vol 2, New York 1992. Ungewichtete Durchschnitte der Jahresendstände der Länderdaten in % ihres Standes 1929: Auslandskomponente, Noten-, Gesamtumlauf, Industrieproduktionsindex. 1925-1929=100. *League of Nations*, World Production and Prices 1937/38, Commercial and Central Banks, Genf 1938.

*Tabelle 8.2.:*

**Verringerung Geldbasis und Geldmengenschätzungen zentraleuropäischer Länder 1931/32 in%**

| | Tschecho-slowakei | Polen | Deutschland | Ungarn | Österreich |
|---|---|---|---|---|---|
| Geldbasis | -7.1 | -7.7 | -13.0 | -19.8 | -12.8 |
| Geldmenge | -6.7 | -10.7 | -11.5 | -7.9 | -18.3 |

Quelle: *Eichengreen, B.,* Golden Fetters. The Goldstandard and the Great Depression 1919-1939, Oxford 1992, S. 305, 307. Österreich: Geldmengenschätzung nach eig. Ber.

sen ähnlich stark wie in Goldstandardländern. Nach 1933 stieg die Produktion als Ergebnis der Reflation in Deutschland und Ungarn am raschesten, in Polen, Österreich und der Tschechoslowakei, wo ab 1934 die Kurse in geringer Schwankungsbreite zu Goldwährungen gehalten wurden, am schwächsten. Das langsame Wachstum der tschechoslowakischen Industrieproduktion zeigt die geringe Wirkung der Abwertung ohne Reflation.

Die ungarische Währungspolitik schöpfte die Möglichkeiten eines zentraleuropäischen Schuldnerlandes, das seine Währung nach einer Hyperinflation an den Goldpreis gebunden hatte und von einer Bankenkrise betroffen war, zum guten Teil aus.[31]

Die Wirkungen der Bankenkrise 1931 wurden durch glaubwürdige Sicherung gegen Inflations- und Abwertungserwartungen in Grenzen gehalten. Eine Garantie für Bankeinlagen dämmte zusammen mit Abhebungsbeschränkungen die Bankenkrise ein. Unmittelbar nach Bekanntwerden der Verluste der CA war es in Ungarn zu Kontenabhebungen und Kreditrückzügen gekommen. Im Juli 1931 wurden dreitägige Bankfeiertage verkündet. Im selben Monat garantierte ein "Gold-

[31] Ungarn hatte seine Währung 1924 mit Hilfe des Völkerbundes nach einer Hyperinflation stabilisiert und die Zentralbank neu gegründet. Im Gegensatz zu Österreich hatten die ungarischen Banken das Aktienkapital der Notenbank von ebenfalls 30 Mill Goldkronen im Inland aufgebracht. Vgl. *Berger, P.R.,* Der Donauraum im wirtschaftlichen Umbruch nach dem Ersten Weltkrieg, Diss. Wirtschaftsuniversität Wien 1982, S. 513.

Pengö" Gesetz die Wertsicherung für Bankeinlagen und andere Obligationen und konnte Abwertungserwartungen und Kontenabhebungen begrenzen.

Die Gründung der "Ungarischen Garantie Bank" nach dem Modell der "Deutschen Garantie- und Akzeptbank", die im Herbst 1932 ihre Geschäftstätigkeit aufnahm, sollte Kreditunternehmungen in Liquiditätsschwierigkeiten auffangen.

Bankenstützung und Einlagengarantie wurden im Gegensatz zur österreichischen Entwicklung nicht budgetwirksam. Das fiskalpolitische Regime blieb unverändert. Die Zahlungsbilanzmaßnahmen beschränkten die Transfers. Die Kapitalflucht und die Rückzahlung von Fremdwährungskrediten wurden durch Kapitalverkehrskontrollen und Stillhalteabkommen eingedämmt. Nach der Einstellung der Kapitalrückzahlungen im Stillhalteabkommen vom Juli 1931 wurde im Dezember 1931 durch ein Moratorium der Zinsendienst für Auslandsschulden suspendiert. Die Währungsreserven sanken trotz der Devisenbewirtschaftung bis 1933 ständig. Die Ungarische Nationalbank griff, obwohl sie einen internationalen Hilfskredit erhalten hatte, aktiv in die Regelung der Rückzahlung der Fremdwährungskredite ein und war im Gegensatz zur OeNB bestrebt, die Schuldrückzahlung in Fremdwährung gering zu halten. Im März 1933 wurde ein Abkommen mit schweizerischen, US- und britischen Gläubigern abgeschlossen, das eine fünfprozentige Rückzahlungsquote in Pengö und darüber hinaus nur freiwillige Rückzahlungen mit Genehmigung der Ungarischen Nationalbank vorsah. Die Industrieproduktion schrumpfte in Ungarn bis 1933 am wenigsten in der zentraleuropäischen Ländergruppe und wuchs bis 1936 nach jener Deutschlands am zweitstärksten.

Die Bankenkrise war in Österreich gemessen an den Einlagenverlusten der Aktienbanken und den Devisenverlusten nach jener in Deutschland am schwersten. Das Zentralbankgeld war durch die Refinanzierung der CA - im Gegensatz zu den anderen zentraleuropäischen Ländern, aber weniger als in anderen Währungsblöcken - bis 1933 über den Vergleichsstand von 1929 gestiegen. Trotz der Bankenkrise von 1931 bis 1933 verlief die Entwicklung ähnlich jener der zentraleuropäischen Länder, die sich stärker am Goldstandard orientierten. Als einziges Land dieser Gruppe erhöhte Österreich zwischen 1933 und 1936 seine Währungsreserven, nachdem sie bis 1933 nach jenen Deutschlands am zweitstärksten gesunken waren. Das österreichische Zentralbankgeldwachstum, einschließlich der Steigerung der Einlagen der Geschäftsbanken bei der OeNB, entsprach zwischen 1933 und 1936 knapp dem Durchschnitt der zentraleuropäischen Länder. Das Notenumlaufswachstum war nach jenem der Tschechoslowakei das geringste dieser Ländergruppe. Die Industrieproduktion wuchs von 1933 bis 1936 etwa so stark wie die Polens und der Tschechoslowakei und entsprach mehr der Entwicklung der zentraleuropäischen Länder mit deflationärer als jener mit reflationärer Wirtschaftspolitik. Die Entwicklung der Industrieproduktion wurde dabei durch das geringe Ausgangsniveau 1929 sowie ab 1933 durch Exporte nach Deutschland begünstigt. Der Industrieproduktionsindex korrelierte stark mit dem deutschen.

Ähnlich der Währungspolitik anderer zentraleuropäischer Schuldnerländer kompensierte die österreichische Währungspolitik trotz der ursprünglichen Ausweitung des Zentralbankgeldes die von der Bankenkrise verursachten Kontenabhebungen nicht. Sie erhöhte durch kompetitive Deflation die offiziellen Währungsreserven bis 1936 stärker als die anderen zentraleuropäischen Länder.

Die Orientierung am Goldstandard bedingte Maßnahmen, deren restriktive Wirkung der Ländervergleich deutlich macht: die späte Einführung der Devisenbewirtschaftung erst nach dem Verlust der Währungsreserven, die unwirksamen Versuche zur Eindämmung der Bankenkrise, die starke Geldmengenverringerung, die auf die Bankenkrise folgende Begrenzung des Wachstums des Zentralbankgeldes, der Wiederaufbau der Währungsreserven und die neuerliche Bindung des Wechselkurses ab 1934.

Im Vergleich lagen die Besonderheiten der österreichischen Entwicklung in der Höhe der Einlagenverringerung in der Bankenkrise, in der budgetwirksamen Rekapitalisierung und der Einlagengarantie für die CA, die die Kreditwürdigkeit des Bundes am Kapitalmarkt überstiegen, in der Ausdehnung der Zentralbankgeldmenge 1931, in der Höhe des unmittelbaren Verlustes an Währungsreserven und in ihrem anschließenden Wiederaufbau, im Ausmaß der Rückzahlung von Auslandsschulden, und - bedingt durch die Lausanner Protokolle - in der Rückkehr zu fixen Wechselkursen bei gleichzeitigem Abbau von Kapitalverkehrskontrollen.

In der Bankenkrise 1931-1933 waren in Österreich etwa im Gegensatz zur Entwicklung in den USA keine Einlagen durch Konkurs einer Bank vernichtet worden, die Geldmenge war durch Abwertungserwartungen, Rückzug von Auslandskrediten und durch den Verlust der Kapitalmarktfähigeit des Bundes im Zuge der Bankenstützung verringert worden.

## 8.4. Wirkungen der österreichischen Währungspolitik nach 1931

Die Unfundierte Verschuldung des Bundes, Geldschöpfung, Unsicherheit über die Liquidität der Bankeinlagen, bedingte Verlängerungen von Auslandskrediten und Währungsflucht wirkten über mehrere Kanäle auf den monetären und den realen Sektor:

Die Geldmengenwirkungen bestanden in der exogenen, einkommensunabhängigen Verringerung des Geldangebotes durch Kontenabhebungen bei gestiegenem Zentralbankgeld und in der Beeinflußung der Faktoren der Geldnachfrage durch gestiegene Inflations- und Abwertungserwartungen.

Die nichtmonetären Effekte entstanden durch die Zunahme der Finanzmarktstörungen infolge der gestiegenen Risken und der reduzierten Unternehmenswerte, durch den Zusammenbruch der Liquidität einiger Finanzmärkte und der verstärkten Mengenrationierung auf den Kreditmärkten.

Die Zahlungsbilanzwirkungen wurden von der Währungsflucht und dem Rückzug oder der bedingten Prolongation der Auslandskredite verursacht.

Die Politikfolgen bestanden in der Notwendigkeit restriktiver Budget- und Zahlungsbilanzpolitik, um die Geldnachfrage neuerlich zu stabilisieren.

Die CA-Krise und die Versuche zu ihrer Eindämmung haben 1931 das Geldangebot verringert und die Faktoren der Geldnachfrage beeinflußt. Die Geldangebots- und Nachfrageänderung waren exogen und nicht von der vorangegangenen Einkommensentwicklung verursacht. 1931 speiste die Ausdehnung des Portefeuilles trotz des Schrumpfens der Auslandskomponente das hohe Zentralbankgeldwachstum. Dieses wurde infolge der Kontenabhebungen durch die kontraktive Wirkung des Multiplikators übertroffen, sodaß die Geldmenge sank.

1932 verursachte die Verringerung des Zentralbankgeldangebotes die Abnahme der Geldmenge zur Hälfte.

Die Umlaufsgeschwindigkeit der M1-Schätzung stieg, da das Geldangebot stärker eingeschränkt wurde als das Sozialprodukt sank. 1933 verursachte wegen der neuerlichen Maßnahmen zur Bankensanierung die Einlagenkomponente des Multiplikators die Geldmengenverringerung. 1934 wirkte die Einlagenentwicklung restriktiv auf die Geldmenge. 1936 beschränkten Reserveverluste Zentralbankgeld und Geldmengenwachstum.

Die Banken- und Währungskrise erhöhte die Unsicherheit über das währungspolitische Regime.

Die Währungsflucht und der Rückzug von Einlagen verringerten die Liquidität der Geschäftsbanken. Die folgende Geldmengenverringerung reduzierte die Erlöserwartungen und die Vermögen der Unternehmen. Das Konkursrisiko stieg. Die gestiegenen Risken und die gesunkenen Vermögen verringerten die Bereitschaft zur Risikoübernahme und erhöhte die Finanzmarktstörungen. Unternehmen schränkten ihre Produktions- und Investitionspläne und die Nachfrage ein.[32] Geschäftsbanken verschärften die Kreditrationierung.

Die Märkte für Risken schrumpften mit den Vermögenswerten in der Bankenkrise und der folgenden Deflation beschleunigt. Der Kurswert der österreichischen Industrieaktien sank von 150% ihres Nominalwertes Anfang 1929 auf 58% 1933. Zwischen April 1931 und Ende 1933 sank der Industrieaktienindex von 73.4 auf 29.4. Die Umsätze auf den Kredit- und Kapitalmärkten mit höherem Risiko sanken weiter. Auf einigen Finanzmärkten, wie dem Markt für Privatdiskonte und jenem für Bankaktien, brach die Liquidität vollständig zusammen.

Der monatliche Umsatz der an der Wiener Börse arrangierten Schlüsse sank von 43 Mill S 1931 auf 11 Mill S 1932 oder auf 20% von 1928 bzw 6% von 1924.[33] Der Absatz hypothekarisch gesicherter Verschuldungstitel stieg dagegen.[34]

Die Kreditunternehmungen schränkten angesichts des gestiegenen Konkursrisikos und der reduzierten Vermögen der Unternehmen das Kreditvolumen, um eine adverse Selektion der Kreditnehmer bei Zinssatzerhöhungen zu vermeiden, durch Mengenrationierung ein. Die Differenz zwischen Kreditzinsen und der Rendite der Staatspapiere nahm ab, obwohl das Kreditrisiko - gemessen an den Konkursen im Wochenschnitt - gestiegen war.

Das Kreditvolumen der Wiener Aktienbanken sank von 2.2 Mrd S 1928 auf 0.86 Mrd S 1936.[35] Die Banken erhöhten ihre Reserven. Die Unternehmen waren seit 1924 am Aktienmarkt rationiert gewesen. Seit

---

32 Vgl. *Greenwald, B.C., Stiglitz, J.E.,* Financial Market Imperfections and Business Cycles, in: Quarterly Journal of Economics Vol 109 (1993), S. 77-114, *Stiglitz, J.E.,* Capital Markets and Economic Fluctuations in Capitalist Economies.European Economic Review Vol 36 (1992), S. 269-306.

33 Tabelle 4.1., S. 107.

34 Ein steigender Anteil risikoärmerer Kredite indiziert nicht direkt beobachtbare Kreditrationierung. *Jaffee, D., Modigliani, A.,* A Theory and Test of Credit Rationing, in: American Economic Review Vol 59 (1969), S. 850-872.

35 *MB des WIfW* 1938/6.

der Bankenkrise wurden sie am Kreditmarkt beschränkt, da die Banken bei gesunkenen Vermögenswerten die Kreditrisiken nicht trugen. Die Großbanken beschränkten die Kreditgewährung auf ihre Konzernbetriebe, deren Verhalten sie kontrollieren konnten. Andere Banken verfügten weder über das Kapital noch über die Informationen, um abgewiesene Kreditkunden der Aktienbanken aufnehmen zu können.

Die verschärften Finanzmarktstörungen verringerten die Möglichkeiten der Unternehmen zur Außenfinanzierung und zwangen sie zur Rücknahme von Investitionen und Produktion.[36] Dadurch wurde die Nachfrage auf den Güter- und Arbeitsmärkten beschränkt und die Steigerung der Kapazitätsauslastung verzögert.[37]

In der Reaktion auf die Nachfragesenkung überwogen Mengeneffekte. Die Unternehmen versuchten nur in geringem Ausmaß, durch Preissenkung die Absatzmengen zu halten. Von der Verringerung des Absatzes von Industrie und Gewerbe in laufenden Preisen zwischen 1929 und 1933 um 37.8% machte der reale Rückgang mit 31.8 Prozent 84% der nominellen Absatzverminderung und Preisreduktionen nur 16% des nominellen Rückganges aus. Vom Rückgang des nominellen BNP um 25.4 Prozentpunkte im selben Zeitraum entfielen 85.8% auf Preiseffekte.[38]

---

36 Die Zunahme der Finanzmarktstörungen verringert die Endnachfrage und verzögert die Steigerung der Auslastung auf verschiedene Weise. Sie erhöht die Risikoscheu der Unternehmen, da die Risken schwerer verteilt werden können. Sie schränken ihre Nachfrage ein. (Vgl. *Greenwald, B., Stiglitz J.E.,* Financial Market Imperfections and Business Cycles, in: Quarterly Journal of Economics Vol 109 (1993), S. 77-114). Mengenanpassungen auf Finanzmärkten verhindern ein weiteres Sinken des Zinssatzes und machen diesen oberhalb des der Vollbeschäftigung entsprechenden Niveaus rigide. (Vgl. *Keynes, J.M.,* The General Theory of Employment, Interest and Money, New York RP 1964, Ch 13; *Kohn, M.,* A Loanable Funds. Theory of Unemployment and Monetary Disequilibrium, in: American Economic Review Vol 71 (1981), S. 859-879. Die gesamtwirtschaftlichen Kosten der Finanzintermediation steigen mit erhöhtem Risiko und gesunkenem Vermögen. (*Bernanke, J.,* Nonmonetary Effects of the Financial Crisis in the Propagation of the Great Depression, in: American Economic Review 73 (1983), S. 257-275)

37 Produktion und Beschäftigung stellen einen riskanten Einsatz bis zum Verkauf der Produktion dar. Bei negativen Nachfrageschocks sinken die erwarteten Verkaufserlöse und das Vermögen der Unternehmen. Sie verringern die Produktion. Variiert die Arbeitsproduktivität mit dem Lohn, senken die Unternehmer die Löhne auch bei Überschußangebot am Arbeitsmarkt nicht ausreichend. Vorübergehende Lohnsenkungen scheitern an Informationsasymmetrien. Die resultierende Arbeitslosigkeit ist unfreiwillig, da für beide Seiten vorteilhafte Transaktionen unterbleiben. Vgl. *Greenwald, B.C., Stiglitz, J.E.,* Imperfect Information, Credit Markets and Unemployment, in: European Economic Review 31 (1987), S. 447-456; *Stiglitz, J.E.,* Capital Markets and Economic Fluctuations in Capitalist Economies, in: European Economic Review Vol 36 (1992), S. 269-309.

38 Vgl. *Kausel, A., Nemeth, N., Seidel, H.,* Österreichs Volkseinkommen 1913 bis 1963, Wifo Sonderheft 14, Wien 1965, S. 38. Eine Reihe von Mengen- und Preisindizes weisen auf eine Fixpreisökonomie mit Mengenrationierung hin.

*Tabelle 8.3.:*

**Indizes für Produktion, Preise, Beschäftigung 1929-1935 (jährliche Änderungsraten)**

| | Produktion | Allgem. Geschäftsgang | Produktionsgüter | Verbrauchsgüter | Großhandelspreise | Industrieaktien | Uns. Besch. |
|---|---|---|---|---|---|---|---|
| 1929 | -22.5 | 0.2 | -12.7 | -0.9 | -3.9 | -22.3 | -0.7 |
| 1930 | -17.1 | -14.2 | -18.3 | 5.0 | -2.3 | -17.1 | -3.5 |
| 1931 | -13.5 | -12.7 | -1.3 | -13.5 | 4.6 | -13.5 | -5.6 |
| 1932 | -19.9 | -20.0 | -19.0 | -18.4 | -4.5 | -19.9 | -8.4 |
| 1933 | -15.3 | 2.8 | 19.3 | -4.6 | 0.0 | -15.3 | -5.7 |
| 1934 | 3.7 | -4.2 | 5.4 | -6.1 | 0.8 | 37.8 | -0.2 |
| 1935 | 16.4 | 11.4 | 28.9 | 6.4 | 0.0 | 27.8 | 1.9 |

Quelle: ÖIfK Österreichs Wirtschaft 1923-32, *MB des ÖIfK* 1938/2, Stand unselbständig Beschäftigter: *Kausel, A., Nemeth, N., Seidel, H.,* Österreichs Volkseinkommen 1913-1963, Wifo Sonderheft 14, Wien 1965, S. 44.

Die Aussicht auf die Fundierung der ungedeckten Bundesschuld durch die Lausanner Anleihe stabilisierte die Geldnachfrage.

Die Tilgung von Schulden, die Festlegung des Wechselkurses und in der Folge der Vermögenspositionen in wertgesicherten Verträgen, das Ende der Deflation des Zentralbankgeldes und die Dokumentation des Vertrauens in die Währungspolitik durch die Völkerbundanleihe ermöglichten die Konjunkturwende.

Der Tiefpunkt der Depression wurde im ersten Quartal 1933 überschritten. Der Kursindex für festverzinsliche Wertpapiere war seit der Zusage der Lausanner Anleihe im August 1932 gestiegen, womit sich die Wiedererlangung der Kapitalmarktfähigkeit des Bundes anbahnte. Die Konkurse hatten Mitte 1932 ihren Höhepunkt überschritten. Der Produktionsindex erreichte seinen unteren Wendepunkt im Jänner 1933, der Index der Umsätze von Produktionsgütern im Jänner/Februar 1933, der Index des allgemeinen Geschäftsganges im April 1933, der Industrieaktienindex im Dezember 1933 und die Verbrauchsgüterproduktion infolge der Verschiebungen in der Verteilung und Verwendung der Einkommen im 3.Quartal 1934.

Nach dem Ende der Geldmengenreduktion bremsten ab 1934 die langsame Steigerung der Vermögen und Kapitalmarktstörungen die Nachfrageausweitung. Die Unternehmen steigerten Produktion und Vermögenswerte aus Innenfinanzierung, bevor ihre Kreditwürdigkeit zunahm.

Infolge der Kreditrationierung und der Kapitalmarktstörungen wuchs die Produktion langsam und hatte im zweiten Jahr des zögernden Aufschwungs das Niveau vor der Verschärfung der Depression durch die Bankenkrise noch nicht erreicht.

## 8.5. Resümee

Die Währungspolitik im weiteren Sinn, Nationalbank und Bund, hat über die gesamte Periode betrachtet Finanzmarktstörungen und Geldmengenschwankungen in Abhängigkeit von ihrem Wechselkursziel verstärkt.

Wegen der Erwartungswirkungen war die Revision des zur Inflationskontrolle verfolgten fixen Wechselkurszieles dann erschwert, wenn seine Voraussetzungen verletzt waren.

Die Induktion von überschießenden Kapitalimporten bevor inländische Kapitalmärkte Breite gewonnen hatten, und die Bremsung ihres Abflußes nach Änderung der Erwartungen behinderte die Anpassung von Leistungsbilanz und Geldmenge. Sie resultierte in der Kumulation von Risken bei den Geschäftsbanken.

Die Währungspolitik, die durch Wechselkursfixierung die Geldschöpfung beschränken und Inflations- und Abwertungserwartungen reduzieren wollte, ging in Verletzung ihres Wechselkurszieles zur Sicherung des Finanzsystems zu Geldschöpfung über.

Sie blieb langfristig auf den Zugang zum internationalen Kapitalmarkt, fixen Wechselkurs und Golddevisenstandard orientiert und ergriff Maßnahmen zur Zahlungsbilanzanpassung und zur Einschränkung der Endnachfrage, die den asymmetrischen Anpassungserfordernissen des zusammenbrechenden Golddevisenstandards ausgesetzt wurde. Das Wechselkursziel und das damit zusammenhängende Zahlungsbilanzziel behinderten die Kompensation der Finanzmarktstörungen.

Monetäre und nichtmonetäre Folgen der Finanzkrise verschärften Unterauslastung und Arbeitslosigkeit und weiteten die Marktstörungen zu umfassendem Institutionenversagen aus.[39] Von den Zielen der Wechselkursfixierung wurde das Stabilitätsziel der Verhinderung von Inflations- und Abwertungserwartungen zeitweilig, das Ziel langfristiger Kapitalimporte nicht erreicht. Die Auslandsverschuldung des privaten Sektors war bis zur Bankenkrise 1931 wegen der hohen Risiken und der geringen Rentabilität des Realkapitals kurzfristig. Nach der neuerlichen Stabilisierung war die internationale Kapitalmobilität zum Stillstand gekommen.

---

[39] Pitelis, Ch., Towards a Neoclassical Theory of Institutional Failure, in: Journal of Economic Studies Vol 19 (1992), S. 14-28. *Ledyard, J.,* Market Failure, in: *Eatwell, J., Milgate, M., Newman, P. (eds),* The New Palgrave. A Dictionary of Economics, Vol. 4, London 1987. Das Fehlen von Märkten, von eindeutigem Gleichgewicht oder Konkurrenz führen zu Ergebnissen,bei denen Transaktionen, die die Tauschparteien besser stellen, nicht zustande kommen. *Wolf, Ch.jr.,* A Theory of Nonmarket Failure: Framework for Implementation Analysis, in: Journal of Law and Economics 22 (1979), S. 107-139.

# Anhang

*Tabelle A1:*

## Komponenten der Änderung des Gesamtumlaufs (Monatsendstände, gerundet)

| | WR | REF | BUND | SNB | NUM | VERB | GESUM |
|---|---|---|---|---|---|---|---|
| 23/1-24/2: | 45.24% | 16.66% | -0.42% | -4.26% | 54.87% | 2.34% | 57.22% |
| Durchschn.: | 3.23% | 1.19% | -0.03% | -0.30% | 3.92% | 0.16% | 4.08% |
| 24/3-24/7: | -8.32% | 18.74% | -0.76% | 2.20% | 10.14% | 1.70% | 11.85% |
| Durchschn.: | -2.08% | 4.68% | -0.19% | 0.55% | 2.53% | 0.42% | 2.96% |
| 24/8-26/7: | 35.52% | -26.35% | -4.39% | 0.07% | 9.37% | -4.52% | 4.85% |
| Durchschn.: | 1.54% | -1.14% | -0.19% | 0.00% | 0.40% | -0.19% | 0.21% |
| 26/8-29/12: | 7.73% | 21.14% | -6.90% | -0.39% | 20.09% | 1.49% | 21.59% |
| Durchschn.: | 0.19% | 0.52% | -0.17% | -0.01% | 0.50% | 0.03% | 0.54% |
| 30/1-31/4: | 10.83% | -19.42% | -1.12% | -0.24% | -9.97% | 0.01% | -9.96% |
| Durchschn.: | 0.72% | -1.29% | -0.07% | -0.01% | -0.66% | 0.00% | -0.66% |
| 31/5-32/2: | -54.21% | 73.25% | -0.06% | -7.80% | 5.36% | 5.80% | 11.17% |
| Durchschn.: | -6.02% | 8.13% | -0.00% | -0.86% | 0.59% | 0.64% | 1.24% |
| 32/3-32/7: | -4.43% | 1.66% | -0.39% | -0.41% | -5.35% | 1.77% | -3.57% |
| Durchschn.: | -1.10% | 0.41% | -0.09% | -0.10% | -1.33% | 0.44% | -0.89% |
| 32/8-34/6: | 7.85% | -59.23% | 48.39% | 4.29% | 0.58% | 0.71% | 1.30% |
| Durchschn.: | 0.35% | -2.69% | 2.20% | 0.19% | 0.02% | 0.03% | 0.05% |
| 34/7-37/12: | 11.04% | -6.45% | -0.71% | 3.48% | -0.98% | 8.35% | 7.37% |
| Durchschn.: | 0.26% | -0.15% | -0.01% | 0.08% | -0.02% | 0.20% | 0.18% |

Quellen: *Mitteilungen des Direktoriums der OeNB,* Statistische Übersichten, eig.Ber.

WR: Währungsreserven
REF: Refinanzierungskomponente
BUND: Bundeskomponente
SNB: Komponente Sonstige Aktiva und Passiva
NUM: Notenumlauf
VERB: sofort fällige Verbindlichkeiten
GESUM: Gesamtumlauf

*Tabelle A2:*

## Korrelation der Gesamtumlaufskomponenten des Gesamtumlaufs - Wöchentliche Veränderung 1923/1-1937/12

| | 1923/1-1924/2 | | 1924/3-1924/7 | |
|---|---|---|---|---|
| | GESAMTUML. | AUSSENK | GESAMTUML. | AUSSENK. |
| GESAMTUML | - | .6990[2] | - | .7835[2] |
| AUSSENK. | .6990[2] | - | .7835[2] | - |
| WECHSEL | .4440[2] | -.1633 | .7539[2] | .3219 |
| BUNDESK. | . | . | . | . |
| SONSTIGE | .1537 | -.4261[1] | .5546 | .4328 |
| NOTENUML. | .4788[2] | .1869 | .7458[2] | .6099[1] |
| VERBINDL. | .1138 | .2467 | -.4504 | -.3872 |

| | 1924/8-1926/7 | | 1926/8-1929/12 | |
|---|---|---|---|---|
| | GESAMTUML. | AUSSENK. | GESAMTUML. | AUSSENK. |
| GESAMTUML. | - | .8762[2] | - | .6476[2] |
| AUSSENK | .8762[2] | - | .6476[2] | - |
| WECHSEL | .7739[2] | .3752[2] | .9384[2] | .3859[2] |
| BUNDESK. | -.0665 | -.0732 | -.6413[2] | -.3876[2] |
| SONSTIGE | .2460 | .2485 | .1402 | .0947 |
| NOTENUML. | .8498[2] | .7370[2] | .9167[2] | .5733[2] |
| VERBINDL. | -.6251[2] | -.5365[2] | -.7708[2] | -.4666[2] |

| | 1930/1-1931/4 | | 1931/5-1932/2 | |
|---|---|---|---|---|
| | GESAMTUML. | AUSSENK. | GESAMTUML. | AUSSENK. |
| GESAMTUML. | - | .7885[2] | - | -.0057 |
| AUSSENK. | .7885[2] | - | -.0057 | - |
| WECHSEL | .9336[1] | .5178[2] | .9396[2] | -.3331[1] |
| BUNDESK. | -.5744[2] | -.3694[1] | -.4391[2] | -.0791 |
| SONSTIGE | -.2614 | -.2642 | .2159 | -.1031 |
| NOTENUML. | .9121[2] | .6065[2] | .7564[2] | .0240 |
| VERBINDL. | -.7716[2] | -.4335[2] | -.3388[1] | -.0387 |

| | 1932/3-1932/7 | | 1932/8-1934/6 | |
|---|---|---|---|---|
| | GESAMTUML. | AUSSENK. | GESAMTUML. | AUSSENK. |
| GESAMTUML. | - | .3017 | - | .1110 |
| AUSSENK. | .3017 | - | .1110 | - |
| WECHSEL | .9840[2] | .2063 | .2382 | .0373 |
| BUNDESK. | -.8196[2] | -.0726 | -.0206 | -.0165 |
| SONSTIGE | .4057 | -.1090 | .3456[2] | -.4853[1] |
| NOTENUML. | .8851[2] | -.0542 | .6925[2] | .1696 |
| VERBINDL. | -.7359[2] | .2453 | -.4585[2] | -.1651 |

| | 1934/7-37/12 | |
|---|---|---|
| | GESAMTUML. | AUSSENK. |
| GESAMTUML. | - | .8676[2] |
| AUSSENK. | .8676[2] | - |
| WECHSEL | -.0435 | -.0991 |
| BUNDESK. | .1979 | .0014 |
| SONSTIGE | .6296[2] | .2471[1] |
| NOTENUML. | -.0874 | -.0602 |
| VERBINDL. | .1928 | .1519 |

2-seit. Signif: [1] -.01 [2] -.001

## Beiträge der Komponenten zur Veränderung des Gesamtumlaufes: Berechnung[1]

| | |
|---|---|
| ZWR | Auslandskomponente |
| ZREF | Refinanzierungskomponente |
| ZBU | Bundeskomponente |
| ZSNB | Sonstige Aktiva - Sonstige Passiva |
| ZNUM | Notenumlauf |
| ZVERB | Sofort fällige Verbindlichkeiten |
| ZGESUM | Gesamtumlauf: Notenumlauf+sofort fällige Verb. |
| ZWR | Gold + Devisen + Valuten |
| ZREF | Wechsel + Effekten + Darlehen gegen Handpfand |
| ZBUND | Bundesschuld bei OeNB + Teilmünzen der OeNB |
| ZSNB | Gebäude + andere Aktiva - Reserven - sonstige Passiva - Aktienkapital |
| ZGESUM | Notenumlauf + sofort fällige Verbindlichkeiten |

## BERECHNUNG

| | |
|---|---|
| dzwr | Differenz zweier aufeinander folgender Periodenwerte von WR |
| dln(zwr) | Differenz der nat. Logarithmen zweier Periodenwerte |

| | |
|---|---|
| AUSSEN | dzwr * dln(zgesum) / dzgesum |
| WECHSEL | dzref * dln(zgesum) / dzgesum |
| BUND | dzbund * dln(zgesum) / dzgesum |
| SONSTIG | dzsnb * dln(zgesum ) / dzgesum |
| NOTENUM | dznum * dln(zgesum ) / dzgesum |
| VERBINDL | dzverb * dln(zgesum) / dzgesum |
| GESUML | dzgesum * dln(zgesum) / dzgesum |

[1] *Schebeck, F.*, Die Komponenten des Geldmengenwachstums, in: MB des Österreichischen Instituts für Wirtschaftsforschung 10/1971, S. 140-162.

*Tabelle A3:*

## Kausalitätstests zwischen Aussen- und Refinanzierungskomponente

1924/2-1932/2

unabhängige Variable:

| AUSLANDSKOMPONENTE | | REFINANZIERUNGSKOMPONENTE | |
|---|---|---|---|
| F(12,73) = | 1,184789 | F(12,73) = | 2,323604 |
| SIGN. NIV. | ,3101796 | SIGN. NIV. | ,1405747E-01 |

Kausalität: Von Refinanzierungs- zu Auslandskomponente

1925/9-1931/4

unabhängige Variable:

| AUSLANDSKOMPONENTE | | REFINANZIERUNGSKOMPONENTE | |
|---|---|---|---|
| F(12,44) = | 1,180236 | F(12,44) = | 3,600582 |
| SIGN. NIV. | ,3264343 | SIGN. NIV. | ,8863365E-03 |

Kausalität: Von Refinanzierungs- zu Auslandskomponente

1933/3-1937/12

unabhängige Variable:

| AUSLANDSKOMPONENTE | REFINANZIERUNGSKOMPONENTE |
|---|---|
| F(12,34) =1.572728 | F(12,34) =3.145824 |
| SIGN. NIV..4242762E-02 | SIGN. NIV..1469022 |

Kausalität: Von Auslands- zu Refinanzierungskomponente

## Koeffizienten der Kausalitätstests

1924/2-1932/2

abhängige Variable:

| REFINANZIERUNGSKOMPONENTE | | | | AUSLANDSKOMPONENTE | | |
|---|---|---|---|---|---|---|
| VAR. | LAG | KOEFFIZIENT | T-WERT | VAR. | KOEFFIZIENT | T-WERT |
| R | 1 | -,7599677E-01 | -,6481794 | A | ,4015602 | 3,623009 |
| R | 2 | -,1239859 | -1,006627 | A | ,1517517 | 1,300999 |
| R | 3 | -,2022176 | -1,635851 | A | ,6865866E-01 | ,5962338 |
| R | 4 | -,1248569 | -,975607 | A | -,614074E-02 | -,5273076E-01 |
| R | 5 | -,1416978 | -1,097139 | A | -,1514583 | -1,337528 |
| R | 6 | ,2536479E-01 | ,1982872 | A | -,1511079 | -1,310828 |
| R | 7 | -,6413990E-01 | -,5092414 | A | ,1021963 | ,8799353 |
| R | 8 | -,1242403 | -1,019500 | A | ,2604979 | 2,676507 |
| R | 9 | ,1378667E-01 | ,1176060 | A | -,5388577E-01 | -,5182004 |
| R | 10 | -,1534086 | -1,011786 | A | -,1437967 | -1,462852 |
| R | 11 | -,3240853E-01 | -,2188424 | A | -,8191537E-01 | -,7944706 |
| R | 12 | ,2754800 | 1,917924 | A | ,1984322 | 2,145010 |
| A | 1 | -1,283932 | -1,906878 | R | -,3882726E-01 | -2,011754 |
| A | 2 | ,1527516 | ,215571 | R | -,4701771E-02 | -,2318971 |
| A | 3 | -,5605633 | -,8013238 | R | -,2201307E-01 | -1,081791 |
| A | 4 | -,8263430 | -1,168061 | R | -,3480178E-01 | -1,651968 |
| A | 5 | ,6712637 | ,9758095 | R | ,2268889E-02 | ,1067209 |
| A | 6 | -,337208 | -,4815249 | R | -,2779211E-03 | -,1319845E-01 |
| A | 7 | ,2390103 | ,3387616 | R | -,2592923E-01 | -1,250613 |
| A | 8 | ,1043679 | ,1765198 | R | ,1144010E-01 | ,5702858 |
| A | 9 | -,27377 | -,4334234 | R | -,8632045E-02 | -,4473236 |
| A | 10 | ,7021789 | 1,175876 | R | -,1567902E-02 | -,6281969E-01 |
| A | 11 | -,2553009 | -,4075931 | R | -,1065275E-02 | -,4369906E-01 |
| A | 12 | 1,35948 | 2,419094 | R | ,8727605E-01 | 3,691258 |

1925/9-1931/4

abhängige Variable:

| REFINANZIERUNGSKOMPONENTE | | | | AUSLANDSKOMPONENTE | | |
|---|---|---|---|---|---|---|
| VAR. | LAG | KOEFFIZIENT | T-WERT | VAR. | KOEFFIZIENT | T-WERT |
| R | 1 | -,1191509E-01 | -,9214452E-01 | A | ,2731450 | 2,360626 |
| R | 2 | -,2049418 | -1,494756 | A | -,3928666E-01 | -,3306931 |
| R | 3 | -,1168225 | -,8022535 | A | ,3453682E-01 | ,3028008 |
| R | 4 | -,9170343E-01 | -,6288754 | A | -,1273744 | -1,044131 |
| R | 5 | -,9699332E-01 | -,6534464 | A | ,1965014E-01 | ,1616845 |
| R | 6 | ,1343951E-01 | ,8877182E-01 | A | ,4018223 | -3,336954 |
| R | 7 | ,7705388E-01 | ,5127531 | A | ,2077183 | 1,542710 |
| R | 8 | -,8299856E-01 | -,5494829 | A | -,7032623E-02 | -,5557370E-01 |
| R | 9 | ,5829683E-01 | ,3825358 | A | ,1053137E-01 | ,9079048E-01 |
| R | 10 | ,4798925E-01 | ,3189446 | A | -,3673230E-02 | -,3374676E-01 |
| R | 11 | -,6287007E-01 | -,4217512 | A | ,1279517E-01 | ,1202429 |
| R | 12 | ,4190340 | 2,873085 | A | ,3537678 | 3,585208 |
| A | 1 | -1,334840 | -1,515620 | R | -,3403327E-01 | -2,003312 |
| A | 2 | -,1990484 | -,2201233 | R | ,2570922E-01 | 1,427254 |
| A | 3 | ,3373605 | ,3885940 | R | -,3570288E-01 | -1,866213 |
| A | 4 | ,8302515E-01 | ,894148E-01 | R | -,1293440E-01 | -,6751464 |
| A | 5 | ,1096209 | ,1185013 | R | -,1740434E-02 | -,8924800E-01 |
| A | 6 | 1,180777 | 1,288283 | R | ,5207511E-03 | ,2618151E-01 |
| A | 7 | -,5485359 | -,5352318 | R | -,1922359E-01 | -,9736907 |
| A | 8 | ,1134502 | ,1177835 | R | ,4911835E-01 | 2,475142 |
| A | 9 | ,2973750 | ,3368117 | R | -,1297553E-01 | -,6480747 |
| A | 10 | -,1228892 | -,1483286 | R | -,7635339E-02 | -,3862534 |
| A | 11 | -,3712144 | -,4583167 | R | ,6262854E-02 | ,3197846 |
| A | 12 | 2,084150 | 2,774931 | R | ,7773392E-01 | 4,056789 |

1933/3-1937/12

abhängige Variable:

| REFINANZIERUNGSKOMPONENTE | | | | AUSLANDSKOMPONENTE | | |
|---|---|---|---|---|---|---|
| VAR. | LAG | KOEFFIZIENT | T-WERT | VAR. | KOEFFIZIENT | T-WERT |
| R | 1 | ,2063399E-01 | ,1970079 | A | ,1871592 | 1,172379 |
| R | 2 | ,4466157 | 5,125509 | A | -,4516320E-01 | -,2808130 |
| R | 3 | ,4375741 | 5,032278 | A | ,1160431 | ,7613190 |
| R | 4 | -,4904093 | -6,041707 | A | ,9111858E-01 | ,5839377 |
| R | 5 | ,1975620E-02 | ,5556714E-01 | A | ,8438218E-01 | ,5010678 |
| R | 6 | -,1498078 | -4,046001 | A | -,3130272E-01 | -,2098358 |
| R | 7 | ,8621836E-01 | 2,428599 | A | -,9985566E-01 | -,6761852 |
| R | 8 | -,9129978E-01 | -3,021668 | A | -,1696286 | -1,167018 |
| R | 9 | ,1585419 | 5,051555 | A | ,7195545E-01 | ,4856951 |
| R | 10 | ,2337436 | 7,134032 | A | ,1742874 | 1,185380 |
| R | 11 | -,1750810 | -4,459292 | A | ,8102227E-01 | ,5658943 |
| R | 12 | -,1756602 | -3,982382 | A | ,1472803 | 1,037154 |
| A | 1 | -,2871751 | -2,892634 | R | -,8727048E-01 | -,5181766 |
| A | 2 | ,5178400E-01 | ,5177477 | R | ,4035438 | 2,880075 |
| A | 3 | -,2572906 | -2,714322 | R | ,1940063E-01 | ,1387519 |
| A | 4 | ,4024347 | 4,147105 | R | ,2520936 | 1,931403 |
| A | 5 | -,1154740E-01 | -,1102605 | R | ,1273719 | -2,227914 |
| A | 6 | -,2430871 | -2,620291 | R | ,2601491E-01 | ,4369421E-02 |
| A | 7 | -,1003833 | -1,093061 | R | -,7671453E-01 | -1,343828 |
| A | 8 | -,6307807E-01 | -,6978255 | R | -,6429677E-01 | -1,323355 |
| A | 9 | ,3525475E-01 | ,3826552 | R | -,4576524E-01 | -,9068318 |
| A | 10 | ,8897717E-01 | ,9731058 | R | ,5719777E-01 | 1,085637 |
| A | 11 | ,3116460E-01 | ,3500116 | R | -,3957069E-01 | -,6267735 |
| A | 12 | ,7427704E-01 | ,8410917 | R | -,8254298E-01 | -1,163750 |

A.: Auslandskomponente: Summe Devisen und Valuten
R.: Refinanzierungskomponente: Wechselportefeuille

## Verzeichnis der Tabellen


2.1. Komponenten des Zentralbankgeldes .......... 46
2.2. Komponenten des Zentralbankgeldes in Prozent .......... 47
2.3. Beiträge der Komponenten zum Zentralbankgeldwachstum .. 48
2.4. Korrelation von Außen- und Wechselkomponente .......... 53
2.5. Korrelation von Zinssätzen .......... 58
2.6. Wechselportefeuille und Warenwechsel 1923-37 .......... 59
2.7. Vergleich verschiedener Einlagenschätzungen 1929-1933 ...... 63
2.8. Geldmengenschätzungen, Multiplikator, Umlaufsgeschwindigkeiten .......... 66
2.9. Komponenten der Geldmengenänderung 1924-36 .......... 67
3.1. Notenumlauf, Preisniveau, Wechselkurs 1922/23 .......... 75
3.2. Gesamtumlaufskomponenten 1922 in Prozent .......... 76
4.1. Kredit- und Kapitalmärkte 1924-1936 .......... 107
4.2. Bankenkennzahlen 1923-36 .......... 109
4.3. Kursindizes Industrie- und Bankaktien .......... 110
4.4. Deckung von Gesamtumlauf und Geldmengenschätzung durch Währungsreserven der OeNB in Prozent .......... 114
4.5. Dividendenpolitik in einigen Sektoren .......... 115
4.6. Geldmengenschätzung und nominelles BNP .......... 129
5.1. Komponenten des Gesamtumlaufswachstums in der Währungskrise .......... 133
6.1. Beiträge der Komponenten zum Gesamtumlaufswachstum.. 158
6.2. Notenumlauf und Gesamtumlauf 1931/32 .......... 159
6.3. Spareinlagen, Wechsel und Devisenreserven 1932 .......... 166
6.4. Gesamtumlaufswirkungen der Lausanner Anleihe .......... 172
6.5. Bundesschulden .......... 182
7.1. Schwankungen der Gesamtumlaufskomponenten .......... 185
7.2. Gesamtumlauf, Fremdwährungsschulden und Währungsreserven 1932-1937 .......... 186
7.3. Zusammensetzung der Währungsreserven .......... 187
7.4. Goldpreis der Währungsreserven .......... 188
7.5. Untere Wendepunkte der Konjunktur 1926 und 1932/33 .... 190
7.6. Kreditvolumen 1923-1936 .......... 193
7.7. Kreditmärkte 1928-1935 .......... 194
7.8. Aufwertung des Schilling 1932-1938 .......... 197
8.1. Ländervergleich von Zentralbankgeld Währungsreserven .. 216
8.2. Verringerung Geldbasis und Geldmengenschätzungen zentraleuropäischer Länder 1931/32 .......... 218
8.3. Indizes für Produktion, Preise, Beschäftigung 1929-1935 .... 224

A1 Komponenten der Änderung des Gesamtumlaufs ............... 227
A2 Korrelation der Gesamtumlaufskomponenten ...................... 228
A3 Kausalitätstests zwischen Aussen- und Refinanzierungskomponente ........................................................................ 231

## Verzeichnis der Abbildungen

1.1. Wechsel 1923-1937 ........................................................ 33
1.2. Bundesschuld 1923-1937 ................................................ 34
1.3. Auslandskomponente und Barschatz 1923-1937 ..................... 35
1.4. Sonstige Aktiva 1923-1937 ............................................ 43
2.1. Gesamtumlauf, Innen- und Außenkomponente, Wochendaten 1923-1937 ........................................................ 60
2.2. Gesamtumlauf, Notenumlauf, sofort fällige Verbindlichkeiten ........................................................ 61
3.1. Notenumlauf 1921-1925 .................................................... 77
3.2. Schillingkurs gegenüber Franc, Pfund ................................ 84
3.3. Schillingkurs gegenüber Dollar, Franken ............................ 85
3.4. Monatsgeld, Diskont- und Privatdiskontsatz ........................ 86
5.1. Gesamtumlauf, Außenkomponente und Wechsel 1931-37 .... 157
6.1. Notenumlauf und Goldparität 1931-1936 ............................ 177
7.1. Das Verhältnis von Zentralbankgeld und Produktionsindex 1923-1937 ........................................................ 192
7.2. Durchschnittliche Renditen ................................................ 195

## Abkürzungen

| | |
|---|---|
| AER | American Economic Review |
| BGBl | Bundesgesetzblatt |
| BIZ | Bank für Internationalen Zahlungsausgleich |
| BOE | Bank of England |
| CA | Creditanstalt, ab 1936 Creditanstalt-Bankverein |
| GR | Generalrat (der Oesterreichische Nationalbank) |
| MB | Monatsberichte |
| MdVÖBuB | Mitteilungen des Verbandes österreichischer Banken und Bankiers |
| MRP | Ministerratsprotokoll |
| OeNB | Oesterreichische Nationalbank |
| OeUB | Oesterreichisch-Ungarische Bank |
| ÖIfK | Österreichisches Institut für Konjunkturforschung |
| RGBl | Reichsgesetzblatt |
| Wifo | Institut für Wirtschaftsforschung |

## Literatur


*Acheson, K., Chant, J.F.*, Bureaucratic Theory and the Choice of Central Bank Goal, in: Journal of Money, Credit and Banking Vol 5 (1973), S. 635-655

*Arndt, S.W. (ed.),* The Political Economy of Austria, Washington D.C. 1981

*Ausch, K.*, Als die Banken fielen. Zur Soziologie der politischen Korruption, Wien 1968

*Bachmayer, O.*, Die Geschichte des österreichischen Währungswesens. Wien 1960

*Baltzarek, F.*, Ludwig von Mises und die österreichische Wirtschaftspolitik in der Zwischenkriegszeit, in: Wirtschaftspolitische Blätter 29. Jg. 1982, S. 127-149

*Beer, S.*, Der "unmoralische" Anschluß. Britische Österreichpolitik zwischen Containment und Appeasement 1931-1934, Wien-Graz 1988

*Benzion, E.*, Die Oesterreichische Nationalbank. Der Staat und das Notenregal, Wien 1927

*Benzion, E.*, Die Verlängerung des Privilegiums der Oesterreichischen Nationalbank, Baden 1930

*Benzion, E.*, Grundlegende Änderungen bei der Oesterreichischen Nationalbank, Wien 1932

*Berger, P.R.*, Der Donauraum im wirtschaftlichen Umbruch nach dem Ersten Weltkrieg, Diss. Wirtschaftsuniversität Wien 1982

B*ericht über die Ursachen der wirtschaftlichen Schwierigkeiten Österreichs,* Redaktionskomitee der Wirtschaftskommission, Wien 1931

*Bernanke, J.*, Nonmonetary Effects of the Financial Crisis in the Propagation of the Great Depression, in: American Economic Review 73 (1983), S. 257-275

*Bernanke, B., J, H.*, The Gold Standard and Financial Crises in the Great Depression: An International Comparison, in: *Bordo, M. (ed),* Financial Crises, New York 1992 Vol 2, S. 242-277

*Blackburn, K., Christensen, M.*, Monetary Policy Credibility: Theories and Evidence, in: Journal of Economic Literature Vol. 27 (1989), S. 1-45

*Blanchard, O.J., Fischer, St.*, Lectures on Macroeconomics. Cambridge Massachusetts 1989

*Bordo, M.D.*, Financial Crises, Banking Crises, Stock Market Crashes and the Money Supply. in: *Capie, F., Wood, G.E.(eds),* Financial Crises and the World Banking System, London 1985

*Bordo, M.D.,* The Lender of Last Resort. Alternative Views and Historical Experience, in: *Bordo, M. (ed),* Financial Crises, Vol 2, New York 1992, S. 281-293

*Bordo, M.D.,* The Impact and International Transmission of Financial Crises: Some Historical Evidence, in: *Bordo, M.D. (ed),* Financial Crises, Vol 2, New York 1992, S. 141-155,

*Borowy, U.,* Das Notenbanksystem in Österreich-Institutionelle Entwicklung und Handlungsspielraum der Zentralbank, Dipl.Arb. Universität Köln 1988

*Bousquet, G.H.,* Zur Währungspolitik der österreichischen Nationalbank, in: *MdVöBuB* 9/10/1926, S. 239-246

*Brunner, K., Meltzer, A.H. (eds),* The Great Depression Revisited, Boston 1981

*Brunner, K.,* Money Supply, in: *Eatwell, Milgate, Newman* (eds), The New Palgrave. A Dictionary of Economics, London 1987

*Bryant, R.C.,* Money and Monetary Policy in Interdependent Nations, Washington D.C. 1980

*Bundesministerium für Handel und Verkehr,* Der Außenhandel Österreichs, Jahrgänge 1925 bis 1937, Wien 1925ff.

*Butschek, F.,* Österreichs Wirtschaft im 20. Jahrhundert, Wien 1985

*Butschek, F.,* Die wirtschaftspolitischen Alternativen der Stagnationsperiode 1933-1937, in: Wirtschaftspolitische Blätter 31. Jg. 1984, S. 234-246

*Cagan, Ph.,* The Monetary Dynamics of Hyperinflations, in: *Friedman, M. (ed.),* Studies in the Quantity of Money, Chicago 1956, S. 25-117

*Calomiris, Ch.W.,* Financial Factors in the Great Depression, in: Journal of Economic Perspectives Vol 7 (1993), S. 61-85

*Capie, F., Wood, G.E. (eds),* Financial Crises and the World Banking System, London 1985

*Clarke, ST.V.O.,* Central Bank Cooperation 1924-1931, New York 1967

*Cottrell, P.L., Teichova, A. (eds),* International Business in Central Europe 1918-1939, New York 1983

*Davis, E.P.,* Debt, Financial Fragility and Systemic Risk, Oxford 1992

*Dobretsberger, H.,* Zur Frage der volkswirtschaftlichen Liquidität, in: *MdVöBuB* 3/4 1935

*Dornbusch, R.,* Exchange Rates and Inflation, Cambridge Mass. 1991

*Dumenil, E., Glick, M., Rangel, J.,* Theories of the Great Depression. Why Did Profitability Matter? in: Review of Radical Political Economics Vol 19 (1987), S. 16-42

*Eatwell, J., Milgate, M., Newman,* P. (eds), The New Palgrave. A Dictionary of Economics, Vol. 4, London 1987

*Eichengreen, B.,* Historical Research on International Lending and Debt, in: Journal of Economic Perspectives, Vol 5 (1991), S. 149-169

*Eichengreen, B.,* Elusive Stability. Essays in the history of international finance, Cambridge UK 1990

*Eichengreen, B.,* International Monetary Instability Between the Wars: Structural Flaws or Misguided Policies? in: *Eichengreen, B. (ed),* Monetary Regime Transformations, Aldershot 1992, S. 354-400

*Eichengreen, B.,* Golden Fetters. The Goldstandard and the Great Depression 1919-1939, Oxford 1992

*Eichengreen, B., Portes, R.,* After the Deluge: Default, Negation and Readjustment during the Interwar Years, in: *Eichengreen, B., Lindert, H.(eds),* The International Debt Crisis in Perspective, Cambridge Mass 1988, S. 12-47

*Eichengreen, B., Watson, M.W., Grossman, R.S.,* Bank Rate Policy under the Interwar Gold Standard: A Dynamic Probit Model, in: The Economic Journal Vol 95 (1985), S. 724-747

*Ellis, H.,* Exchange Controll in Austria and Hungary, in: Quarterly Journal of Economics Vol 56 (1940)

*Epstein, G.,* Political Economy and Comparative Central Banking, in: Review of Radical Political Economics Vol 24 (1992), S. 1-30

*Federn, W.,* Die Kreditpolitik der Wiener Banken, in: *Bunzel, J.,* Geldentwertung und Stabilisierung in ihren Einflüssen auf die soziale Entwicklung Österreichs, München-Leipzig 1925

*Feige, E., Johannes, M.,* Testing the Causal Relationship between the Domestic Credit and Reserve Components of a Country's Monetary Base, in: Journal of Macroeconomics Vol 3 (1981), S. 55-76

*Fishlow, A.,* Foreign Loans, Debt and Economic Development in the 19th and 20th Century, in: *Van Der Wee, A., Aerts, E., (eds),* Debates and Controversies in Economic History, Leuven 1991, S. 117-161

*Fleisig, H.,* War-Related Debts and the Great Depression, in: American Economic Review Vol 66 (1976), Papers and Proceedings, S. 52-58

*Freund, R.,* Die Genfer Protokolle, Berlin 1924

*Friedman, M. (ed.),* Studies in the Quantity of Money, Chicago 1956,

*Friedman, M., Schwartz, A.,* Monetary History of the United States 1867-1960, Princeton 1971

*Friedman, M., Schwartz, A.,* Monetary Trends in the United States and the United Kingdom. Their Relation to Income, Prices and Interest Rates 1867-1975, Chicago 1982

*Gandolfi, A.,* The Stability of the Demand for Money during the Great Contraction 1929-1933, in: Journal of Political Economy Vol 82 (1971), S. 969-983

*Gandolfi, A., Lothian, J.,* The Demand for Money from the Great Depression to the Present, in: American Economic Review Vol 66 (1976), Papers and Proceedings, S. 46-51

*Gandolfi, A., Lothian, J.R.,* Did Monetary Forces Cause the Great Depression? A Review Essay, in: Journal of Money, Credit and Banking Vol 9 (1977) S. 679-691

*Gheneff, P.,* Die betriebswirtschaftliche Entwicklung österreichischer Banken in der Zeit der Inflation 1918-1924, Linz 1985

*Goodhart, Ch.A.E.*, Game Theory for Central Bankers, in: Journal of Economic Literature Vol 32 (1994), S. 101-114

*Gordon, R.J., Wilcox, J.A.*, Monetarist Interpretations of the Great Depression: An Evaluation and Critique, in: *Brunner, K., Meltzer, A.H. (eds),* The Great Depression Revisited, Boston 1981, S. 49-105

*Greenwald, B., Stiglitz J., Weiss, A.*, Informational Imperfections in the Capital Market and Macroeconomic Fluctuations, in: American Economic Review Vol 74 (1984), S. 194-200

*Greenwald, B.C., Stiglitz, J.E.*, Imperfect Information, Credit Markets and Unemployment, in: European Economic Review 31 (1987), S. 444-456

*Greenwald, B., Stiglitz, J.E.*, Financial Market Imperfections and Business Cycles, in: Quarterly Journal of Economics Vol 109 (1993), S. 77-114

*Gutkowski, H.*, Der Zusammenbruch der Oesterreichischen Credit-Anstalt für Handel und Gewerbe und ihre Rekonstruktion, Berlin 1934

*Haberler, G.*, Austria's Economic Development after the Two World Wars: A Mirror Picture of the World Economy, in: *Arndt, S.W. (ed.),* The Political Economy of Austria, Washington D.C. 1981

*Hamilton, J.D.*, Monetary Factors in the Great Depression, in: Journal of Monetary Economics Vol 9 1987, S. 145-169

*Handler, H.*, Geldpolitik, Geldbasis und Geldmenge, in: Wifo Monatsberichte 1/1977, S. 34-46

*Handler, H.*, Capital Mobility Versus Sterilization Policy: A Time Series Approach for Austria, in: Empirica Vol 12 (1985), S. 163-190

*Hayek, F.A.*, Geldtheorie und Konjunkturtheorie, Wien 1929 Salzburg 1976 RP

Hayek, F.A., Was der Goldwährung geschehen ist. 1932, Salzburg 1965 RP

*Jaffee, D., Modigliani, A.*, A Theory and Test of Credit Rationing, in: American Economic Review Vol 59 (1969), S. 850-872

*Joham, J.*, Geld- und Kreditwesen in Österreich, in: Österreichische Zeitschrift für Bankwesen 2. Jg. 1937, S. 48-69

*Jonung, L.*, The Depression in Sweden and in the United States, in: *Brunner, K., Meltzer, A.H. (eds),* The Great Depression Revisited, Boston 1981, S. 280-315

*Kausel, A., Nemeth, N., Seidel, H.*, Österreichs Volkseinkommen 1913-1963, Wifo Sonderheft 14, Wien 1965

*Kernbauer, H.*, Währungspolitik in der Zwischenkriegszeit. Geschichte der Oesterreichischen Nationalbank von 1923 bis 1938, Wien 1991

*Kerschagl, R.*, Die mitteleuropäischen Währungen und Notenbanken, Wien 1929

*Keynes, J.M.*, The General Theory of Employment, Interest and Money. New York $^{R}$1964

*Keynes, J.M.* Indian Currency and Finance, in: Collected Writings Vol I, London 1971

*Keynes, J. M.*, A Tract on Monetary Reform, in: Collected Writings Vol IV, London 1971

*Kienböck, V.*, Das österreichische Sanierungswerk, Stuttgart 1925

*Kienböck, V.*, Währung und Wirtschaft. Vortrag vor dem Niederösterreichischen Gewerbeverein am 17. 10. 1947. Wien 1947

*Kindleberger, CH.P.*, Manias, Panics and Financial Crises. A History of Financial Crises, New York 1978

*Kindleberger, CH.P.*, Die Weltwirtschaftskrise 1929-1939, München 1973

*Kindleberger, Ch., Laffargue, P.*, Financial Crises: Theory, History and Policy, London 1985

*Kirzner, I. (ed)*, Classics in Austrian Economics, London 1994

*Klingenstein, M.*, Die Anleihe von Lausanne. Ein Beitrag zur Geschichte der Ersten Republik Österreich in den Jahren 1931-1934, Diss. Universität Wien 1964

*Klovland, J.T.*, The Stability of the Demand for Money in the Interwar Years. The Case of Norway 1925-1939, in: Journal of Money Credit and Banking Vol 14 (1982), S. 252-264

*Knett, H.*, Die Bankenkommission. Eine Fachkommission für das Bankwesen von 1922 bis 1926. Dipl. Arb. Univ. Wien 1985

*Kohn, M.*, A Loanable Funds. Theory of Unemployment and Monetary Disequilibrium, in: American Economic Review Vol 71 (1981), S. 859-879

*Krottenmüller, G.*, Die österreichische Nationalbank. Ihre organisatorische und funktionelle Stellung in der Wirtschaftsverwaltung, Wien 1975

*Krugman, P.R., Obstfeld, M.*, International Economics. Theory and Policy, New York 1991

*Laidler, D.E.W.*, The Demand for Money. Theories, Evidence and Problems, Cambridge 1985

*Layton, W.T.C., Rist, CH.*, Die Wirtschaftslage Österreichs, Wien 1925

*League of Nations*, Memorandum on Commercial Banks, Geneva 1935

*League of Nations*, Memorandum on Currency and Central Banks 1913-1922, 1913-1923, Geneva 1923, 1924

*League of Nations*, Monetary Review. Geneva 1936, 1938

*League of Nations, Van Tonningen, R.*, The Financial Position of Austria, 1st-19th Report, Geneva 1932-1936

*Ledyard, J.*, Market Failure, in: *Eatwell, J., Milgate, M., Newman, P. (eds)*, The New Palgrave. A Dictionary of Economics, Vol. 4, London 1987

*Lothian, J. R.*, The Demand for High Powered Money, in: American Economic Review Vol 66 (1976), Papers and Proceedings, S. 46-68

*Lothian, J. R.,* Did Monetary Forces Cause the Great Depression? A Review Essay, in: Journal of Money Credit and Banking, Vol 9 (1977), S. 679-691

*Lucas, R.E. Jr., Stockey, N.L.,* Optimal Fiscal and Monetary Policy in an Economy without Capital, in: Journal of Monetary Economics Vol 12 (1983) S. 55-94.

*Matis, H. (ed.),* The Economic Development of Austria since 1870, Aldershot 1994

*März, E.,* Österreichische Bankpolitik in der Zeit der großen Wende 1913-1923. Am Beispiel der Creditanstalt für Handel und Gewerbe, Wien 1981

*März, E., Weber, F.,* The Antecedents of the Austrian Banking Crisis, in: Zeitschrift für Wirtschafts- und Sozialwissenschaften 103. Jg. (1983), S. 497-517

*McCallum, B.T.,* Could a monetary base rule have prevented the Great Depression? in: Journal of Monetary Economics 1990/3, S. 3-26

*McKinnon, R.,* The Order of Economic Liberalization, Baltimore 1991

*McKinnon, R.,* The Rules of the Game: International Money in Historical Perspective, in: Journal of Economic Literature Vol 31 (1993), S. 1-44

*Merkl, A.,* Die Finanzdiktatur der Nationalbank, in: Juristische Blätter 61 (1932), S. 185-189

*Mises, L.,* Über Deflationspolitik, in: Mitteilungen des Verbandes österreichischer Banken und Bankiers 7. Jg. (1924), S. 13-18

*Mises, L.,* Die Rückkehr zur Goldwährung, in: Mitteilungen des Verbandes österreichischer Banken und Bankiers 7. Jg. (1924), S. 106-122

*Mises, L.,* The Foreign Exchange Policy of the Austro-Hungarian Bank, in: The Economic Journal Vol 35 (1925), S. 201-211

*Mises, L.,* Geldwertstabilisierung und Konjunkturpolitik, Jena 1928 zit. nach: Monetary Stabilization and Cyclical Policy, in: *Kirzner, I. (ed),* Classics in Austrian Economics, London 1994

*Mises*, L. Die Ursachen der Wirtschaftskrise. Tübingen 1931

*Mises, L.,* Das Währungsproblem, in: *MdVöBuB* 17. Jg. (1934), S. 171-177

*Morgenstern, O.,* Kapital- und Kurswertänderungen der an der Wiener Börse notierten Aktiengesellschaften 1913 bis 1930, in: Zeitschrift für Nationalökonomie 3. Jg. (1932), S. 201-255

*Mosing, E.,* Studie auf dem Gebiet der österreichischen Bank-und Kreditwirtschaft, Wien 1934

*Mosser, A., Teichova, A.,* Investment Behaviour of Austrian Joint Stock Companies in the Interwar Period, in: *Matis, H. (ed),* The Economic Development of Austria since 1870, S. 397-407

*Neck, R., Wandruszka, A. (Hrsg),* Protokolle des Ministerrats der Ersten Republik. Abteilung VIII Bd. 3, Wien 1983

*Nurkse, R. (League of Nations ed.),* International Currency Experience. Lessons of the Inter-War-Period, Genf 1944
*Obstfeld, M.,* Rational and Self-fulfilling Balance of Payments Crises, in: American Economic Review Vol 76 (1986), S. 72-81
*Österreichisches Institut für Konjunkturforschung,* Monatsberichte des Österreichischen Instituts für Konjunkturforschung Wien 1927-1937.
*Österreichisches Institut für Konjunkturforschung,* Die Entwicklung der österreichischen Wirtschaft 1923-1932, Wien 1932
*Pagano, M., Toell, A.,* Failure of Financial Markets, in: *Eatwell, J., Milgate, M., Newman, P. (ed.),* The Palgrave Dictionary of Money & Finance, London 1992
*Patinkin, D.,* Neutrality of Money, in: *Eatwell, J., Milgate M., Newman, P.,* The New Palgrave. A Dictionary of Economics, Vol 4 London 1987, S. 638-644.
*Pitelis, Ch.,* Towards a Neoclassical Theory of Institutional Failure, in: Journal of Economic Studies Vol 19 (1992), S. 15-28
*Pressburger, S.,* Das Oesterreichische Noteninstitut 1816-1966, Wien 1976
*Puxbaum, H.,* Das mitteleuropäische Bankwesen, Berlin-Wien 1929
*Reisch, R.,* Der Kampf um das Wörgler "Gemeinde-Schwundgeld", in: *MdVöBuB* 15. Jg. (1932), S. 176-180
*Reisch, R.,* Stabilisierung oder Steigerung des Kronenwertes? in: *MdVöBuB* 7. Jg. (1924), S. 1-18
*Reisch, R.,* Meine Duplika in causa "Geldwertpolitik", in: *MdVöBuB* 7. Jg. (1924), S. 93-105
*Reisch, R.,* Die höheren Aufgaben einer modernen Notenbank, insbesondere in Krisenzeiten, in: *MdVÖBuB* 8. Jg. (1925), S. 194-214
*Reisch, R.,* Stellung und Aufgaben der Oesterreichischen Nationalbank innerhalb des Wiederaufbauprogrammes, Wien 1932
*Reisch, R.,* Schillingwährung und Oesterreichische Nationalbank, in: *MdVÖBuB* 14. Jg. (1931), S. 213-220
*Rizzi, H.,* Die österreichische Währungsreform, in: *MdVöBuB* 8. Jg. (1925), S. 1-8
*Sargent, T.,* Makroökonomik, Wien-München[1] 1981
*Sargent, T.,* The End of Four Big Inflations, in: ders., Rational Expectations and Inflation, London 1986, S. 45-108
*Schebeck, F.,* Komponenten des Geldmengenwachstums, in: Wifo MB 10/1971, S. 140-162
*Scheriau, W., Gallhuber, P.,* 150 Jahre Sparkassen in Österreich, Band 3, Wien 1969
*Schicklgruber, W.,* Die Konzernverflechtungen der Wiener Großbanken mit der Wirtschaft Österreich-Ungarns und seinen Nachfolgestaaten auf der Grundlage einer Feldstudie 1913 und einer Feldstudie 1935, Diss. Wien 1980

*Schubert, A.,* The Credit Anstalt Crisis of 1931 - A Financial Crisis Revisited, Diss. University of South Carolina 1985
*Schubert, A.,* The Credit-Anstalt Crisis of 1931, Cambridge 1991
*Schubert, A., Theurl, Th.,* 70 Jahre österreichischer Schilling, in: Oesterreichische Nationalbank (Hg.), Berichte und Studien 1995/1, S. 43-59.
*Schwartz, A.,* Understanding 1929-1933, in: *Brunner, K., Meltzer, A.H.,* The Great Depression Revisited, Boston 1981, S. 5-48,
*Schwartz, A.,* Real and Pseudo Financial Crises, in: *Capie, F., Wood, G.E. (eds),* Financial Crises and the World Banking System, London 1985
*Shapiro, G., Stiglitz, J.,* Equilibrium Unemployment as a Worker Discipline Device, in: American Economic Review Vol 74 (1984), S. 433-444
*Sokal, M.,* Die Banken, in: *Bunzel, J.,* Geldentwertung und Stabilisierung in ihren Einflüssen auf die soziale Entwicklung Österreichs, München-Leipzig 1925
*Spitzmüller, A.,* Die Geldwertpolitik der Österreichischen Nationalbank, in: *MdVöBuB* 7. Jg. (1924), S. 81-92
*Stiefel, D.,* Die Kluft zwischen Wirtschaft und Politik, Veröffentlichung der österreichischen Gesellschaft für Unternehmensgeschichte Nr 13/14, Wien 1989
*Stiefel, D.,* Finanzdiplomatie und Weltwirtschaftskrise. Die Krise der Creditanstalt und ihre Bewältigung, Frankfurt a. M. 1989
*Stiefel, D.,* Die Große Krise in einem kleinen Land. Österreichische Finanz- und Wirtschaftspolitik 1929-1938, Wien 1988
*Stiefel, D.,* The Great Depression in a Small Country: Austria in the World Economic Crisis in the 1930s and it's Significance for the Present Day, in: *Matis, H. (ed.),* The Economic Development of Austria since 1870, S. 466-481
*Stiefel, D.,* Austrias Banks at the Zenith of Power and Influence, in: *Matis, H. (ed.),* The Economic Development of Austria since 1870, Aldershot 1994, S. 351-374
*Stiglitz, J.E., Weiss, A.,* Credit Rationing in Markets with Imperfect Information, in: American Economic Review Vol 71 (1981), S. 343-410
*Stiglitz, J.E.,* Capital Markets and Economic Fluctuations in Capitalist Economies, in: European Economic Review Vol 36 (1992), S. 269-306
*Stiglitz, J.E.,* Principal and Agent, in: *Eatwell, Milgate, Newman (eds),* The New Palgrave. A Dictionary of Economics, London 1987
*Temin, P.,* Transmission of the Great Depression, in: Journal of Economic Perspectives Vol 7 (1993), S. 87-102
*Temin, P., Wigmore, B.A.,* The End of One Big Deflation, in: Explorations in Economic History 87 (1990), S. 483-502
*Tobin, J.,* The Monetary Interpretation of History. A Review Article, in: American Economic Review Vol LV (1955), S. 464-485
*Wärmer, G.,* Das österreichische Kreditwesen, Wien 1936

*Wärmer, G.*, Die Auslandsverschuldung Österreichs, in: *MdVöBuB* 17. Jg. (1934), S. 277-291
*Wärmer, G.*, Kurzfristige Veranlagungen. Ihr Markt und ihre wechselseitigen Funktionen, in: *MdVöBuB* 13. Jg. (1930), S. 60-70
*Wärmer, G.*, Zur Währungspolitik der österreichischen Nationalbank, in: *MdVöBuB* 9. Jg. (1926), S. 292-296
*Wagner, M.*, *Tomanek, P.*, Bankiers und Beamte, Wien 1983
*Walre de Bordes, J.v.*, The Austrian Crown, it's Depreciation and Stabilization, London 1924
*Weiss, B.*, Die Bankenkommission als Instrument der staatlichen Bankenaufsicht in Österreich 1922-1926, Diplomarbeit Universität Wien 1984
*Wicker, L.*, Terminating Hyperinflations in the Dismembered Habsburg Monarchy, in: American Economic Review Vol 76 (1986), S. 350-365
*Wolf, Ch.jr.*, A Theory of Nonmarket Failure: Framework for Implementation Analysis, in: Journal of Law and Economics 22 (1979), S. 107-139
*Wolf, E.H.*, Katastrophenwirtschaft, Zürich 1939
*Ziegler, J.*, Wirtschaftskrise und Bankenreform, Wien 1934
*Zienert, H.*, Die Zahlungsbilanz Österreichs, in: *Exner, W.*, Zehn Jahre Wiederaufbau, Wien 1928, S. 295-360
*Zipser, W.*, Das Zentralbankgeldangebot der Oesterreichischen Nationalbank 1923 bis 1937, Diss. Universität Wien 1993

**FORSCHUNGEN ZUR WIRTSCHAFTS-, FINANZ- UND SOZIALGESCHICHTE**



Band 1 Joachim Liese: Staatskredit und Defizitfinanzierung in der ersten konstitutionellen Periode der Habsburger Monarchie 1860-1867. 1993.

Band 2 Wolfgang Werner: Zur Vorgeschichte der österreichischen Raiffeisenbewegung. 1993.

Band 3 Max-Stephan Schulze: Engineering and Economic Growth. The Development of Austria-Hungary's Machine-Building Industry in the late Nineteenth Century. 1996.

Band 4 Johann Brazda / Robert Schediwy / Gerhard Rönnebeck (Hrsg.): Pioniergenossenschaften – am Beispiel der Konsumgenossenschaften in Großbritannien, Schweden und Japan. 1996.

Band 5 Wolfgang Zipser: Auf der Suche nach Stabilität. Das Zentralbankgeldangebot der österreichischen Nationalbank 1923 bis 1937. 1997.

Peter Lang · Europäischer Verlag der Wissenschaften

Wolfgang Hermann Müller

# Prinzipien wirtschaftlichen Handelns und ihre Anwendung

## Umriß einer Wirtschaftsphilosophie

Frankfurt/M., Berlin, Bern, New York, Paris, Wien, 1996. 145 S., 1 Abb.
ISBN 3-631-30477-3 · br. DM 48.–*

Die enge Verbindung von Wirtschaft und Weltgeschehen verlangt nach einer exakten Untersuchung ihrer Notwendigkeit, Möglichkeiten und Grenzen. Die Ökonomie wird auf ihre erlernbaren theoretischen Prinzipien, die Möglichkeiten ihrer Anwendung und die Bedingungen ihrer praktischen Durchsetzbarkeit hin untersucht. Ergebnis ist eine gründliche Neubestimmung des Verhältnisses von Theorie, Anwendung und Praxis. Die historisch bekannten Wirtschaftsschulen und -richtungen werden auf ihren Geltungsanspruch hinterfragt. Politische und ideologische Rahmenbedingungen werden in ihrem Einfluß auf Privat- und Gemeinwirtschaft erläutert und Modelle zur Überprüfung von Wirtschaftspolitik und Wirtschaftsethik aufgezeigt.

*Aus dem Inhalt*: Wissenschaftsanspruch, Definition und Methoden der Ökonomie · Einfluß von politischen und ideologischen Rahmenbedingungen · Privat- und Gemeinwirtschaft · Wirtschaftsschulen und Wirtschaftsmodelle · Wirtschaftsrecht und Wirtschaftsethik · Ökonomische Begriffsbildung und Wissenschaft · Ökonomie und Philosophie